## 성미산마을 안내

- 성미산학교 본관: 전환의 센터, 마을 집결소
- 성미산학교 별관: 마을기술연구소
- 바로마 성가탁발: 도시 농업, 커뮤니티 텃밭
- 개똥이네, 도토리방과후, 풀잎, 실만: 마을 배움터, 마을 문화
- 고용공동체 맞벗: 교육 담은 공동체 《오늘의 교육》 발간
- 다정한만남: 반찬 가게, 마을 기업
- 동네부엌: 소상공인들의 하늘, 청년들의 자립 실험
- 도토리참가게: 나눔과 자영의 순환
- 마포희망나눔: NGO, 돌봄과 나눔의 관계망
- 망고비야 & 청춘창출: 마을 주점, 마을 기업
- 문턱없는밥집: 돌봄과 나눔의 관계망
- 성미산어린이집, 우리어린이집: 공동육아어린이집, 협동조합
- 생명의 숲: 지역 생태 학습
- 성미산: 자연 놀이터, 숲 생태 학습
- 성미산 마을극장: 마을 식당, 마을 문화, 협동조합
- 소풍가는 고양이: 마을 식당, 청소년들의 자립 실험
- 소행주 1~5호, 함께주택: 마을의 공동 주택, 쉐어 하우스
- 시민의 숲: 시민운동단체
- 작은나무: 마을 카페, 협동조합
- 울림두레생협: 살림의 문화, 안전한 먹거리, 도농 연계
- 우리동생: 동물 병원
- 카라: 동물권 옹호 단체

## 스스로 서서 서로를 살리는 성미산학교

- 주소 | (03969) 서울시 마포구 성미산로 3나길 6
- 홈페이지 | www.sungmisan.net

성미산학교의 마을 만들기

# 마을 학교

별도의 표시가 없는 한 교육공동체 벗이 생산한 저작물은 크리에이티브 커먼즈
[저작자표시-비영리-변경금지 4.0 국제 라이선스]에 따라 이용하실 수 있습니다.
http://creativecommons.org/licenses/by-nc-nd/4.0

# 마을 학교
**성미산학교의 마을 만들기**

ⓒ 박복선 외, 2016

2016년 11월 21일 처음 펴냄
2021년  5월 31일 초판 5쇄 찍음

글쓴이 | 박복선 외
기획·편집 | 이진주, 설원민
출판자문위원 | 이상대, 박진환
디자인 | 이수정
종이 | 화인페이퍼
인쇄 | 보진재
제작 | 세종 PNP

펴낸이 | 김기언
펴낸곳 | 교육공동체 벗
이사장 | 최은숙
사무국 | 최승훈, 이진주, 서경, 설원민, 김기언, 공현
출판등록 | 제2011-000022호(2011년 1월 14일)
주소 | (03971) 서울시 마포구 성미산로1길 30 2층
전화 | 02-332-0712, 070-8250-0712
전송 | 0505-115-0712
홈페이지 | communebut.com
카페 | cafe.daum.net/communebut

ISBN 978-89-6880-028-3 03300

성미산학교의 마을 만들기

# 마을 학교

성미산학교 지음

## 차례

책을 펴내며 · · · · · · · · · · · · · · · · · · · · · · · · · · · · · · · · · · · · · · · 7

여는 글 · 마을이 가장 좋은 학교다 · · · · · · · · · · · · · · · · · · · · · · · · · · 10
성미산학교의 '마을 학교' 만들기 | 스콜라(박복선)

# 1부 스스로 서서 서로를 살리다

성미산에서 놀다 · · · · · · · · · · · · · · · · · · · · · · · · · · · · · · · · · · 38
숲놀이 | 에리카(여희영)

생명이 있는 교실 · · · · · · · · · · · · · · · · · · · · · · · · · · · · · · · · · 56
주제탐구 | 연두(이남실)

우리는 성미산학교의 정원사들 · · · · · · · · · · · · · · · · · · · · · · · · · 70
농사와 원예 | 제인(인혜경)

할머니의 밥상 · · · · · · · · · · · · · · · · · · · · · · · · · · · · · · · · · · · 84
밥살림 프로젝트 | 현영(정현영)

상상이 현실이 되는 놀이터 · · · · · · · · · · · · · · · · · · · · · · · · · · · 96
집살림 프로젝트 | 꽃다지(조승연)

좋은 노동과 지혜로운 교육 · · · · · · · · · · · · · · · · · · · · · · · · · · · 112
농장학교 프로젝트 | 진진(백흥미)

모든 교육이 진로교육이다 · · · · · · · · · · · · · · · · · · · · · · · · · · · 132
지인지기와 굿워크 프로젝트 | 사이다(최경미)

배려가 아닌 적극적인 교육의 권리 · · · · · · · · · · · · · · · · · · · · · 144
장애통합교육 | 노리(김수희)

우리는 문제가 많다 · · · · · · · · · · · · · · · · · · · · · · · · · · · · · · · 160
식구총회 | 심순(권희중)

# 2부 마을이 세계를 구한다

지금의 우리는 이전의 우리와 다르다 · · · · · · · · · · · · · · · · · · · · 176
성미산 지키기 운동 | 소녀(김언경)

골목에서 놀자 · · · · · · · · · · · · · · · · · · · · · · · · · · · · · · · · · · · 190
골목 놀이터 | 하나(김하나)

물건은 버려지지 않는다 · · · · · · · · · · · · · · · · · · · · · · · · · · · · 202
물건 프로젝트 | 엽집(김명기)

학교 대신 텃밭으로! · · · · · · · · · · · · · · · · · · · · · · · · · · · · · · · · · · · · · 216
버뮤다 삼각텃밭 프로젝트 | F4(강다운, 강유진, 오선재, 윤가야)

완전한 연소였다 · · · · · · · · · · · · · · · · · · · · · · · · · · · · · · · · · · · · · · · · · · 232
적정기술 프로젝트 | 완전연소 팀

불은 끄고 관심은 켜고 · · · · · · · · · · · · · · · · · · · · · · · · · · · · · · · · · · 244
절전소 프로젝트 | ㅈㅈㅅ

우리는 왜 협동조합이었나 · · · · · · · · · · · · · · · · · · · · · · · · · · · · 258
협동조합 두더지실험실 | F4(강다운, 강유진, 오선재, 윤가야)

핵핵거리지 마 · · · · · · · · · · · · · · · · · · · · · · · · · · · · · · · · · · · · · · · · · · · · · · 272
저탄소/탈핵 이동학습 | 여인서

파도를 따라 흘러가다 · · · · · · · · · · · · · · · · · · · · · · · · · · · · · · · · · · 282
해외 이동학습 프로젝트 | 오선재

## 3부 나에서 우리로

마을에서 어울리다 · · · · · · · · · · · · · · · · · · · · · · · · · · · · · · · · · · · · · · 296
마을어린이합창단과 성미산오케스트라 | 고예원

나무를 지키는 사람들 · · · · · · · · · · · · · · · · · · · · · · · · · · · · · · · · · · 308
마을 카페 작은나무 지키기 | 지킬(이지훈)

할머니들과의 만남은 늘 즐겁다 · · · · · · · · · · · · · · · · · · · · · 318
할머니의 밥상에서 한글 교실까지 | 남연우

응답하라, 성미산마을 · · · · · · · · · · · · · · · · · · · · · · · · · · · · · · · · · · · 332
성미산학교 학생에서 다정한마켓의 마을 청년으로 | 박민수

아이의 어깨너머로 배우다 · · · · · · · · · · · · · · · · · · · · · · · · · · · 344
반찬 나눔, 그리고 함께 전환하기 모임 | 그래그래(이옥자)

불편하나 자유로운 삶 · · · · · · · · · · · · · · · · · · · · · · · · · · · · · · · · · · 354
벗들과 모여 책을 읽고 기술을 배우다 | 박사(홍순성)

세월호, 외면하거나 감당할 수 없기에 '함께' · · · · · · · · · 366
세월호를 기억하는 사람들 프로젝트 | 강유진

"지금 이대로도 괜찮아" · · · · · · · · · · · · · · · · · · · · · · · · · · · · · · · 380
미니샵에서 성미산좋은날협동조합까지 | 소피아(최경화)

**일러두기**

성미산학교와 마을에는 별명을 지어 부르는 문화가 있습니다. 나이와 위계에서
벗어난 관계 맺기의 방식입니다. 필자와 본문에 등장하는 인물 중 별명이 있는
경우 함께 표기하였습니다.

### 책을 펴내며

"성미산학교는 책 안 내요?"

전에도 이런 소리를 가끔 듣긴 했다. 그런데 최근에는 이런 소리를 하는 사람이 부쩍 늘었다. 게다가 한마디 덧붙인다.

"잘 팔릴 텐데……."

'마을 학교'가 유행이다. 다른 지역은 잘 모르겠지만, 서울과 경기도에는 정신 바짝 차리지 않으면 분간을 하지 못할 정도로 마을과 학교를 연계하는 사업이 많다. 그런데 전혀 반갑지 않다. 과문한 탓인지 모르겠으나, 마을, 학교, 마을 학교에 대한 깊이 있는 논의가 없다. 마을과 학교를 연결하는 게 이렇게 간단한 일이었나?

"성미산학교는 책 안 내요?"

"풀무학교 정도 되면 내야죠."

"네? 풀무학교요?"

마을 학교 사업을 하면서 풀무학교를 잘 모르는 사람이 적지 않다는 것이 충격이었다. 준비 없이 한다는 생각이 들었다. 책을 내기에 부족하다는 생각은 변함이 없다. 나름 열심히 하긴 했지만 이룬 것이 별로 없다. 졸업생들이 어떻게 사는지 좀 보여야 뭔가 이야기할 수 있는 거 아닌가?

그런데 어쩌다 보니 책을 내게 되었다. 이룬 것은 별로 없지만 그래도 먼저 이것저것 해 보았으니 그 경험이라도 나누는 게 좋겠다고 생각했다. 성과보다는 고민을 나누고 싶었다. 마을 학교가 사실은 급진적이고 근본적인 교육 혁명이라는 것을 말하고 싶었다. 예술교육, 방과후학교, 진로교육, 동아리 활동……. 학교에서 주변으로 밀려나 있던 것들을 아예 학교 밖으로 빼내는 일이 벌어지고 있다. 심하게 말하면 학교가 마을을 착취하고 있다. 이러면 안 된다는 말을 하고 싶었다.

그래도 막상 책을 내니 기쁘다. 성미산학교 식구들이 함께 읽을 수 있는 책이 한 권 생겨서 좋다. 동고동락하는 우리 식구들, 좋은 삶을 만들어 가는 동료로서 늘 고맙다. 기꺼이 글을 써 준 식구들, 특히 기획에서 편집까지 정성을 다한 최경미 선생님에게 고맙다.

좋은 마을을 만드는 꿈을 함께 꾸는 성미산마을 사람들도 고맙다. 함께 '전환'을 준비하고 시작하는 자리에 초대하고 싶다. 특히 풀무학교를 가꾸어 오신 분들에게 이 책을 바치고 싶다. 풀무학교가 길을 내서 우리가 용기를 낼 수 있었다. 다들 마을을 버릴 때 오히려 마을을 살린 혜안이 놀랍다.

성미산학교 초대 교장이셨던 조한혜정 선생님께 특별히 존경의 마음을 담아 인사를 올린다. 돌봄에 대해서, 마을에 대해서, 전환에 대해서 많이 가르쳐 주셔서 학교가 방향을 잘 잡을 수 있게 하셨다. 설립 초기에 학교의 어려움을 함께 감당해 주셨고, 지금도 '자매 학교'라고 도움을 아끼지 않으시는 하자작업장학교 김희옥 선생님, 그리고 동료들께도 인사를 전한다.

마을에 있는 교육공동체 벗에서 책을 내게 되어 기쁘다. 누군가 농담으로 했지만, 책이 잘 팔려서 살림에 도움이 되면 좋겠다.

2016년 11월
박복선

여는 글

# 마을이 가장 좋은 학교다
## – 성미산학교의 '마을 학교' 만들기

**스콜라(박복선)** | 성미산학교 교장

## 마을의 귀환

조한혜정은 "근대는 '마을을 버린 사람들'에서 시작해서 '마을을 만드는 사람들'로 끝이 날 것이다"*라고 했다. 근대적 인간인 우리가 어디에서 와서 어디로 가고 있는지를 압축적으로 드러내는 말이다.

근대는 농촌의 젊은이들이 '마을을 버리고' 도시에 있는 공장의 노동자가 되는 것으로 시작되었다. 도시는 자유로웠고, 공장은 물질

---

* 조한혜정 씀, 《다시, 마을이다》, 또하나의문화, 2007, 149쪽.

적 풍요를 약속했다. 과학 기술의 발전은 영원한 진보를 약속했다. 국가는 세상은 공정하고 누구나 노력하면 부자가 될 수 있다고 가르쳤다.

사람들은 대중문화를 통해 소비의 욕망을 키우고, 그것을 해소하는 데서 삶의 의미를 찾게 되었다. 소비의 욕망은 끝을 모른다. 더 많은 물건, 더 좋은 자동차, 더 넓은 집을 사려면 더 많은 돈이 있어야 하고, 더 많은 돈을 벌기 위해서는 목숨을 건 경쟁에서 승리해야 한다. 경쟁도 끝이 없다. 하나의 경쟁에서 살아남으면 곧 다음의 경쟁이 기다리고 있다. 결국 모두 패배자가 된다.

이것의 결과가 최근에 목도하는 총체적인 위기다. 모든 생명들의 공동의 거주지는 심각하게 파괴되었고, 경제는 성장을 멈추었고, 사회는 심하게 흔들리고 있다. 숲은 사라지고, 바다는 오염되고, 대기는 혼탁하다. 언제 어디서 독성이 강한 물질의 습격을 받아 죽을지 알 수가 없다. 피크 오일$^{peak\ oil}$, 기후 변화, 그리고 핵으로 인한 재난은 '대멸종'이 현실이 될 수도 있다고 경고한다. 지금과 같은 방식으로 더 이상의 경제 성장이 가능하지 않다는 것은 이제 상식에 가깝다. 실물 경제가 크게 위축되면서 자본은 투기에 나섰고, 언제 어디서 터질지 모르는 '경제 붕괴'라는 폭탄 돌리기 게임을 하고 있다. 어느 나라도 고실업과 극심한 빈부 격차 문제를 해결할 뾰족한 방도를 가지고 있지 않다.

삶은 나날이 피폐해지는데, 아무리 찾아봐도 의지할 곳이 없다. 마을이 사라지면서 연대 의식과 호혜적 관계망은 나날이 약화되었다. 너무 바쁜 사람들에게 집도 그저 잠을 자는 곳일 뿐이고, 너무 이기적인 사람들에게 가족도 그저 이해가 일치하는 집단일 뿐이다. 각자도생이 길이다. 경쟁에서 패배한 자는 국가가 생색을 내며 나눠 주는 빵 부스러기로 연명할 수밖에 없다.

이런 상황에서 '마을을 만드는 사람들'이 등장한 것이다. 말하자면 '마을을 만든다는 것'은 마을 회관을 짓거나, 취미 생활을 위한 동아리를 만들거나, 이웃들과 안면을 트는 것을 뜻하지 않는다. 물론 이런 소소한 활동들은 삶을 풍부하게 만들어 줄 것이고, 관계를 맺는 첫걸음이라는 점에서 의미가 있다. 그러나 그것들이 '마을의 귀환'이라는 시대적 의미를 충분히 담아낸다고 보기는 어렵지 않을까?

서울의 한 아파트 단지에서 독서실을 만든 것이 공동체 사업의 모범적인 사례로 소개되었다. 이 아파트 단지 주민의 75퍼센트가 초등, 중등 학생을 자녀로 두었다고 한다. 독서실 비용도 만만치 않고, 독서실에서 딴짓이나 하지 않는지 걱정이 되기도 하고, 어린 자녀들이 밤늦게 돌아다니는 것이 불안하기도 했을 테니, 주민들이 반겼을 것이다.

독서실은 입주자대표실과 관리사무소를 합친 50평 규모에 7개 호실과 83석의 자리로 마련되었다. (……) 이곳에서는 학생들이 독서실을 들고날 때 학부모에게 그 상황을 휴대폰 메시지로 보낸다. 또한 가능하면 많은 시간을 공부할 수 있도록 독서실 운영 시간을 새벽 2시까지로 정했다. (……) 독서실에 들어오려면 1년을 기다려야 할 정도로 인기가 높다.*

주민들이 공동의 문제를 잘 풀었다는 점에서 '모범적'이라는 평가에 문제가 있다고 생각하지는 않는다. 주민들의 행복감이 더 높아졌을 것이고, 성공적인 문제 해결은 좋은 학습 경험으로 남을 것이다. 그러나 독서실을 들고날 때 휴대전화 메시지를 보낸다든지, 새벽 2시까지 문을 여는 것을 지지하기는 어렵다. 결국 주민들의 집단적인 이기심을 만족시킨 것에 불과한 것인가? 쉽게 답할 수 없다. 다만 공동체 사업이 자동으로 좋은 삶, 좋은 사회를 만드는 흐름으로 이어지지 않는다는 점은 분명한 것 같다.**

이런 맥락에서 '마을 만들기'에 어떤 지향점 혹은 가치가 들어가 있는지를 따지는 것이 필요하다. 흔히 마을을 '느슨한 연대적 관계망'으로 표현한다. 맞는 말이다. 그 '느슨함'이 마을공동체의 특성이다. 느슨함은 '열려 있는' 혹은 '잡스러운'이란 말로도 바꾸어 쓸 수 있을 것이다. ('폐쇄적'이고 '순수한' 생태공동체나 종교공동체를 떠올려 보라.) 그러나 느슨하다는 것이 '방향 없음' 혹은 '가치 없음'을 의미하는 것은 아니다.

가치와 방향에 대해서는 다양한 의견이 나올 수 있겠지만 '시대적 문제'라는 맥락에서는 간디의 말이 정곡을 찌른다. 간디는 '도시'

---

\* 우미숙 쏨,《공동체도시》, 한울아카데미, 2014, 87~88쪽.
\*\* 다행스럽게 이 아파트 단지의 공동체 사업은 다양한 방식으로 확산되고 심화된 것으로 보인다. 이에 대해서는 [오마이뉴스 특별취재팀 쏨,《마을의 귀환》, 오마이북, 2013]의 〈아파트 공동체, 노원구 청구3차아파트〉 참고.

와 '마을'을 날카롭게 구분한다.

현재 세계에는 두 부류의 사상이 있다. 하나는 세계를 도시들로 나누려는 것이고, 다른 하나는 마을들로 나누려는 것이다. 마을문명과 도시문명은 전적으로 다르다. 하나는 기계와 산업화에 의존하고, 다른 하나는 수공업에 의존한다. 우리는 후자를 택하고자 한다.*

수공업에 의존한다는 것은 무슨 의미인가? 스스로 필요한 것을 만들어 낸다는 의미다. 자립한다는 말이다. 그러나 스스로 필요한 것을 만들어 내기 위해서는 협력이 필수적이다. 누구도 자기에게 필요한 모든 것을 다 만들어 낼 수는 없을 것이고, 굳이 그럴 필요도 없다. 간디에게 마을은 자립과 호혜적 관계가 이루어지는 삶의 터전이었다. 나아가 자립은 자치로 이어지고, 자치는 연대로 이어진다. 말하자면 간디는 경제적으로 자립하고 정치적으로 자치하는 마을들이 연대를 이루는 세상을 꿈꾼 것이다. 자립과 호혜적 관계라니? 자치와 연대라니? 온 세상이 도시화, 산업화되고, 자본이 세계를 지배하고 있는 현실에서? 간디의 말은 좋게 보면 이상적이고 나쁘게 보면 시대착오적으로 들릴 것이다. 그런데 문제는 다른 길은 없다는 것이다. 그것을 깨달은 사람들이 다시 마을을 만들겠다고 하는 것이다. 그렇게 마을이 돌아왔다.

---

* 마하트마 K. 간디 씀, 김태언 옮김, 《마을이 세계를 구한다》, 녹색평론사, 2011, 46쪽.

### 마을살이, 교육의 오래된 미래

사실 교육 문제는 교육 '안'의 문제가 아니다. 특히 근대의 학교는 도시화, 산업화라는 '근대 프로젝트'를 수행하는 충실한 기관이었다. 외형적으로는 다양한 경로를 거쳤지만, 대부분의 국가에서 학교교육은 '부국강병'을 위한 인력을 길러 내는 곳이었다. 이 일을 효율적으로 해낸 데는 '능력주의'나 '공정 경쟁' 같은 이데올로기들의 역할이 있었다.

학교는 이런 이데올로기를 근거로 인력을 선발하고 배치하는 기능을 한다. 몇 개의 과목(특히 언어, 수학 같은)에서 뛰어난 성적을 얻은 사람이 권력과 부를 차지하는 게임은 형식적 공정성만 보장된다면 별 저항 없이 지속된다. 사람들은 끊임없이 무언가를 배우지만, 그것은 모두 경쟁력을 높이는 수단에 지나지 않는다. 이런 배움의 체제에서 흔히 교육의 보편적 목표로 거론되는 것들, 예컨대 삶의 기본기 익히기, 자기 발견과 길 찾기, 전인적 성장, 인문학적 교양 같은 것은 무시되기 십상이다.

근대 프로젝트를 수행하면서 학교는 강한 권력을 갖게 되었고, 자연스럽게 교육을 독점하게 되었다. 학교에서 다루는 것만이 교육이고, 학교에서 주는 점수만이 평가로 인정받았다.

근대 교육은 청소년들을 삶의 현장으로부터 격리 수용하는 데서 출발했다. 그래서 교육이라는 활동은 지역 사회로부터 떨어져 나와 별도의 공간에서 자기 완결적인 구조를 갖게 된 것이다. 다시 말해 교육에 관련된 모든 요소들을 가족이나 지역 사회에서 분리하여 한곳으로 집결시켜 독점하는 것이다.*

오늘날 총체적 위기를 불러온 것은 물론 근대라는 프로젝트다. 그러나 그것을 방조한 교육의 책임 역시 적지 않다. 지금이라도 근대 프로젝트를 수행하는 도구로서의 역할을 던져 버리고, 세상을 구하는 일에 나서야 한다. 근대 교육의 폐해를 예민하게 파헤치는 대안교육 진영에서 '마을'이라는 화두를 갖게 된 것은 이러한 맥락에서다.**

'한 아이를 키우는 데는 온 마을이 필요하다'라는 말이 회자되는 것처럼 마을이 교육적으로 큰 의미가 있다는 것은 널리 인정되고 있다. 마을은 근대에 학교가 교육을 독점하기 전까지 일과 놀이와 배움이 통합적으로 행해지던 장소다. 아이들은 마을에서 친구들과 놀면서, 어른들을 따라 산이나 들을 쏘다니면서 삶의 기술과 자립에 필요한 일들을 배웠다. 아주 오랜 세월 동안 마을이 바로 학교였다.

근대화의 와중에 마을은 사라졌지만 교육학에서는 여전히 지역 사회의 교육적 기능에 관심을 기울이고 있다. 특히 가정과 세계의 '중간 세계'로서의 마을이 사람의 '점진적 성장'에 대단히 중요하며, 오늘날 교육의 위기는 어느 정도 마을의 부재에서 비롯된 것이라는

---

\* 김찬호 씀,《사회를 보는 논리》, 문학과지성사, 2001, 255쪽.
\*\* 처음에 입시 교육의 탈출구를 마련하기 위해 시작된 대안교육은 틀이 갖춰지면서 자연스럽게 마을을 고민하게 되었다. 마을과 분리된 '섬'과 같은 학교의 교육은 아주 빈약하다는 것을 깨달은 것이다. 그래서 어떤 학교는 학교 주변에 마을을 만들었고(예컨대, 충남 금산간디학교), 어떤 학교는 마을 안으로 깊숙이 들어가기 위해 지역 사회 사업을 벌이는가 하면 교사들도 '주민 되기'를 실천하고 있다(예컨대, 충북 제천간디학교). 성미산학교는 처음부터 마을이나 공동체를 기반으로 만들어졌다고 볼 수 있다.

주장은 음미할 만하다.* 두뇌의 단순한 훈련에 머물고 있는 학교교육의 편협함을 벗어나기 위한 방안으로 지역 사회의 자원을 활용하여 삶과 연결된 교육을 해야 한다는 주장도 설득적이다.** 실제로 혁신학교나 교육청의 마을교육공동체 사업에서 학교의 담을 낮추고 지역 사회와 다양하게 만나는 다양한 사례를 볼 수 있다. 그러나 전통적 교육에서의 지역 사회는 대개 부족한 자원을 보충해 주는 보조 교사 역할에 그치고 있다.

마을 만들기라는 관점에서 본다면 학교는 지금과는 아주 달라져야 한다. 영국에 있는 '하트랜드 작은 학교'가 좋은 예가 될 것이다.

하트랜드 마을은 하나의 공동체, 번창하고 아름답고 전통이 살아 있는 좋은 영국 마을입니다. 지금 이 마을에는 도자기 굽는 사람, 집 짓는 사람, 농사짓는 사람, 정원 돌보는 사람, 음악가, 미술가, 시인, 작가 들이 있습니다. 모두가 마을에 있습니다. 우리가 학교를 시작할 때 나는 마을의 도공에게 가서 말했습니다. "우리는 학교를 시작합니다. 정규 도자기 선생님을 모실 여유가 없습니다. 일주일에 한 번 오셔서 우리 아이들을 가르쳐 주시겠습니까?" 그 사람은 "네, 기쁘게 하지요. 날마다 도자기만 만드는 게 지루해졌습니다. 하루를 비워서 아이들을 가르치겠어요" 하고 말했습니다. 그런 겁니다. 그 사람에게 하루분의 돈을 주면 됩니다. 그저 푼돈이지요. 이런 식으로 농부와 집 짓는 이, 목수 같은

---

\* [윤재흥 씀,《울타리와 우리의 교육인간학》, 한국학술정보, 2006, 194~197쪽] 참고.
\*\* [김찬호 씀,《사회를 보는 논리》, 문학과지성사, 2001, 254~276쪽] 참고.

마을 사람들을 찾아다녔습니다. 그 사람들은 하루나 반나절 또는 필요한 시간만큼 옵니다. 와서 실제로 필요한 것들을 가르칩니다. 마을 사람들은 자기들이 관여하고 있기 때문에 학교가 자기들의 학교라고 느낍니다. 아이들은 선생님들 모두를 저마다 잘 압니다. 그저 정보를 배우는 것이 아닙니다. 도공이 도자기를 만들고, 전시하고, 팔고, 도자기에 대해 장부를 정리하는 예를 볼 수 있습니다. 얼마나 생생한 모범인지 상상해 보십시오! 선생님은 그저 교실에 와서 몇 가지를 가르치고는 자기 집으로 달아나 버리고 아무도 그 선생님이 어디에 있는지조차 모르는 그런 것이 아닙니다.[*]

하트랜드에서는 마을 사람들이 교사가 된다. 마을에 있는 도공의 작업장은 바로 교실이다. 아이들은 여기서 도자기 만드는 법을 배울 뿐만 아니라, 도공이 그것을 전시하고 판매하고 장부를 정리하는 과정을 '통째로' 배운다. 이런 활동은 아이들뿐만 아니라 도공에게도 큰 도움이 된다. 이런 돌봄과 가르침의 경험이 그를 문화적으로 고양시키기 때문이다. 아이들과 마을 어른들 사이에는 친밀하고 믿을 만한 관계가 형성되고, 이런 관계망에서 다양한 소통이 이루어진다. 마을 사람들은 아주 적은 돈을 받으면서도(혹은 돈을 받지 않고도) 아이들을 위해서 기꺼이 시간을 낸다. '우리 학교'이기 때문이다. 일하는 법, 관계 맺는 법 등 삶의 기본기를 익히는 것이 하트랜드 학교 교육의 핵심이다. 마을은 단순히 학교가 활용하는 자원이 아니라,

---

[*] 사티쉬 쿠마르 씀, 〈작은 학교가 아름답다〉, 《작은 학교가 아름답다》, 보리, 1997, 23~24쪽.

새로운 삶을 만들어 내는 공동체다.

## '마을 학교'라는 래디컬한 실험

성미산마을 사람들은 마을 만들기가 '공동육아어린이집'에서 시작되었다고 말한다. 1994년 '우리 아이를 우리가 키운다'라는 철학을 구체화한 '우리어린이집'이 문을 열었다. 기존의 유치원 교육에 문제의식을 갖고 있던 부모들이 직접 출자하여 일종의 대안 유치원을 만든 것이다. 어린이집에 대한 수요가 늘어나면서 어린이집도 늘었다. 그러다 우리어린이집 조합원 다섯 가구가 이사를 가는 일이 생겼다. 어린이집을 졸업하는 아이들을 대안학교에 보내기 위해 마을을 떠나게 된 것이다. 다들 서운하고 심란해하는데, 누군가 탄식하듯이 말했단다. "우리 그냥 하나 만들면 안 돼?"[*]

그렇게 해서 2004년 9월 성미산학교가 문을 열었다. 마을 사람들이 마을에 만들어서 그랬는지 다들 '마을 학교'라고 했다. 그러나 '마을 학교'의 구체적인 상에 대해서는 다소 막연한 생각들을 하고 있었다.

그래서 성미산학교를 처음 만들 때 마을이 학교가 되는 그런 학교, 학교 안에 담긴 학생이 아니라 학교 담을 넘어 마을을 공부하는 학생,

---

[*] 학교 설립 과정에 대해서는 [유창복 씀,《우린 마을에서 논다》, 또하나의문화, 2010, 125~158쪽] 참고.

교사도 학교에서 상근하는 사람만이 아니라 마을 주민이, 학부모가 교사가 되는 그런 학교를 꿈꾸었던 것이다.*

이런 정도의 원칙만으로 운영하기에 학교라는 시스템은 너무 복잡하다. 골목에서 노는 것도 위험한 대도시에서, 대부분의 부모가 일을 나가 낮 시간에는 비어 있는 마을에서, 마을 교육이라는 것이 낯선 사람들이 '마을 학교'를 만드는 것은 쉬운 일이 아니었다. 심지어 '마을이 학교에 해 준 것이 없는데 무슨 마을 학교냐, 학부모 학교지'라고 공공연히 말하는 부모들도 있었고, '마을 사람들이 회의하러 드나드는 곳이니 마을 학교냐'라고 묻는 부모들도 있었다.

마을에 대해서, 마을 학교에 대해서 다들 다르게 이해하고 있었고, 대부분은 그것이 대단히 래디컬한 기획이라는 것을 이해하지 못했다. 성미산학교 초대 교장이었던 조한혜정 선생이 마을을 둘러보고 스케치하듯 쓴 글에 담겨 있는 의미를 깊이 이해할 안목이 없었던 것이다.

최근 서울 도심에 심상찮은 일이 벌어졌다. 갓난아이를 공동으로 키우던 이웃들이 모여 작은 학교를 만들었다. 학교 건물 주변에는 조그만 자전거들이 즐비하다. 학교 골목 어귀에는 '나무그늘'이라는 녹색 간판의 유기농 아이스크림 가게가 있고, 가게에 앉아 있으면 아이들이 지나가면서 인사를 하고 간다. 간혹 속상한 일이 있거나 기분이 울적한 아이는 들어와서 어른들이 사 주는 아이스크림을 얻어먹고 가기도 한다.

* 유창복, 앞의 책, 144쪽.

길 건너 큰길에는 '동네부엌'이라는 반찬 가게가 있고, 언제든 외상이 가능한 단골 중국집이 있다. 그 옆집은 생맥주 집인데, 아이들이 잠들 만한 열 시가 넘으면 어른들이 삼삼오오 모여 두런두런 이야기꽃을 피우며 하루의 피로를 풀기도 한다. 자동차 수리소인 '차병원'에서 자동차에 관심이 많은 아이들은 견습공이 되기도 하고, '꿈터'라는 택견 도장은 아이들이 어린 동생들을 가르치는 도제 학습장이자 함께 뒹굴며 만화를 보는 놀이방이기도 하다. 학교 수업을 마친 후에도 아이들은 집에 가기 싫으면 학교에서 논다. 방과후교실에서 어른들이 요가를 하거나 회의를 하면, 그 옆에서 빈둥거리며 귀동냥을 하기도 한다.*

마을의 일상적 삶을 가벼운 터치로 그려 내고 있지만, 문장 하나하나를 곱씹어 보면 만만치 않은 교육적 의미가 담겨 있다. 마을은 다양한 수준의 '비형식적 교육'이 풍부하게 이루어지는 공간인 것이다. 마을에는 믿을 만한 어른('삼촌'과 '이모')이 많다. 자연스럽게 다양한 관계를 맺게 된다. 세대를 넘는 소통이 이루어진다. 좁은 의미의 나(나와 가족)를 넘어 '우리'를 경험한다. 자기 삶의 기반이 되는 장소에 대한 감각이 생긴다. 도제식 학습이나 또래 교수 같은 다양한 학습이 가능하다. '동네에서 세계가 보인다'라는 말이 있듯이, 일상적 삶을 통해 세상의 이치를 깨닫는다. 아이들도 마을의 주민이고, 마을에서 무언가 할 일이 있게 마련이다. 그런 일을 함으로써 공적 세계에 입문하게 되고, 세상을 변화시키는 경험을 한다.

* 조한혜정, 앞의 책, 150~151쪽.

이처럼 마을에서는 다양한 방식으로 배움이 일어난다. 문제는 이런 배움을 '좋은 교육'으로 인정하느냐다. 이런 배움을 진정한 교육으로 인정하지 않는 사람들에게 '마을 학교'는 '마을 사람들이 만든 학교' 혹은 '방과후학교' 이상의 의미를 갖기 어려울 것이다. 이런 배움을 진정한 교육으로 인정하려면 교육을 보는 관점, 삶을 보는 관점을 근본적으로 바꾸어야 한다.

여기서 검토해야 할 것은 마을에서 이루어지는 교육이 지속적인 성장으로 이어지느냐다. 확실히 마을에서는 반짝이는 교육적 경험이 많이 일어난다. 교육학에서 '절정 경험peak experience'이라고 표현하는 것에 가까운데, 그것들은 자발성과 우연성에서 비롯하는 경우가 많다. 그러나 한편으로는 자발성과 우연성에 의한 순간의 배움이 지속적인 성장으로 이어질 것인지, 좋은 삶과 좋은 사회를 만들어 가는 큰 흐름에 연결될 것인지에 대한 의심이 있다. 반짝이는 경험은 더 넓고 깊은 교육적 경험으로 이어져야 하고, 어느 시점에서는 의식적인 언어화 과정을 통해 마음에 자리를 잡아야 한다. 결국 세계관이나 철학으로 정립되어야 한다는 말이다. 이것은 어떻게 가능할 것인가?

먼저 '신중한 교육적 배려'가 있어야 한다. 물론 그것이 우리가 흔히 '학교'라고 부르는 것을 통해서 이루어지는 것은 아니다. 내가 학교 대신 생각하는 것은 자기 철학과 색깔을 가진, 교육적으로 지혜로운 어른이 있는 느슨한 학습공동체다. 마을 학교라는 것이 있어야 한다면 그런 것이리라.

또 하나 검토할 문제는 정말 마을이 있느냐다. 조한혜정 선생의 그림은 아름답고 사실적이다. 그러나 그의 스케치에는 밤늦게야 집에 오는 부모, 좁은 골목길을 달리는 자동차와 오토바이, 소비를 부추기는 대중 매체들, 대형 마트들과 편의점들, 월세를 감당 못 하고 문을 닫은 마을 기업이나 작업실 같은 것은 없다. 예외적인 경우가 있겠지만 대개 마을은 하나의 지향으로 존재할 뿐이다. 마을이 없는데 마을 학교라니?

물론 어떤 지표가 있어서 마을이냐 아니냐를 판별할 수 있는 것은 아니다. 두세 사람이 자립과 호혜의 관계를 맺으면 하나의 마을이 만들어지는 것이라고 할 수 있다. 그러나 마을 학교는 온전한 마을 안에서 자원을 활용하는 수준의 기획이 아니라는 것을 분명히 인식해야 한다. 차라리 마을을 만드는 과정을 학습화하는 데서 마을 학교의 가능성을 찾아야 하는 것 아닐까?

'마을 학교라는 기획'은 대단히 급진적이고, 근본적인 실험이다. 근대적 삶과 교육을 전복한다는 점에서 급진적이고, 좋은 삶, 좋은 마을, 좋은 세상에 대해 끊임없이 질문을 해야 한다는 점에서 근본적이다. 마을 학교는 교육 혁명이다.

## 마을 학교에 대해 알게 된 것, 말하고 싶은 것

"마을 학교가 뭔가요?" 최근 이런 질문을 많이 받는다. 보통은 그냥 웃고 만다. 그런데 마을 학교에 대한 고민이 깊은 사람과 마을 학교에 대해 이야기할 때는 이렇게 말한다. "마을의 교육적 가능성을 구체화하는 것이 마을 학교 아닐까요?" 하나 마나 한 말처럼 보이지만, 나는 '우선 학교라는 패러다임에서 벗어나야 그 다음을 이야기할 수 있다'는 뜻을 전달하고 싶은 것이다. 지금부터는 바로 '그 다음'에 대해 이야기하려고 한다. '마을 학교'라는 화두를 풀기 위해 생각하고 실천해 본 결과 알게 된 것들이다.

### '좋은 마을' 만들기가 '좋은 교육'이다

모든 교육은 '좋은 삶이 무엇인가'라는 질문으로부터 시작되어야 한다. 좋은 삶으로 이어지지 않는 교육이란 도대체 뭐란 말인가? 물론 '좋은 삶'이 무엇인가 말하는 것은 어려운 일이고, 모두가 동의하는 답은 없을 것이다. 그러나 시대가 요청하는 '좋은 삶'에 대해서는 어느 정도 동의를 얻을 수 있지 않을까? '마을의 귀환'은 시대적 요청이다. 목도하고 있는 총체적 위기에서 벗어나 지속 가능한 삶, 존엄한 삶을 살기 위해서는 사라진 마을을 다시 살리는 것 말고는 길이 없다.

이때 마을은 간디가 이야기했던 그것이다. 자립하는 사람들의 호혜적 관계망으로서의 마을, 자신의 삶을 스스로 결정할 수 있는 자치가 이루어지는 마을, 다른 곳에 연대의 손을 내미는 마을. 간디는 인도가 (진정한) 독립을 하려면 모든 집에서 물레를 돌려야 한다고 했다. 이때 물레는 '자립'을 상징하는 것이다. 이것은 교육적으로는 어떤 의미가 있는가?

간디에게 있어서, 물레는 그러한 공동체의 건설에 필요한 인간 심성의 교육에 알맞은 수단이기도 했다. 물레질과 같은 단순하지만 생산적인 작업의 경험은 정신노동과 육체노동의 분리 위에 기초하는 모든 불평등 사상의 문화적·심리적 토대의 소멸에 기여할 것이다. 뿐만 아니라 '자기 먹을 빵을 손수 마련해 먹는 창조적 노동'에의 참여와 거기서 얻는 기쁨은 소박한 삶의 가치를 진정으로 긍정할 수 있게 하는 토대를 제공해 줄 것이라고 간디는 생각하였다.*

물레를 돌리는 것이 좋은 교육이기도 하다는 말이 낯설게 들리는 것은 '학교교육' 패러다임에 갇혀 있기 때문이다. 널리 알려진 것처럼 학교는 일, 놀이, 학습을 분리했고, 학습을 교사가 지식을 전달하는 행위로 축소했다. 삶은 추상화되어 지식이라는 이름으로 교과서에 갇히게 되었다.

이런 논리를 조금 더 확장해 보면, 좋은 마을을 만드는 것, 좋은 삶을 가꾸어 가는 것이 훌륭한 교육이라는 것을 알 수 있다. 마을은 일상적 삶을 통해서 세상 이치를 깨달을 수 있는 곳이고, 일상적 삶을 바꿈으로써 세상이 변화되는 것을 체감하는 곳이며, 일상적 삶에서 다양한 관계가 만들어지는 곳이다. 마을의 교육력은 이런 삶의 역동성에서 나오는 것이다.

적어도 홍동마을에서 마을은 세계이고 우주다. 마을은 학교, 도서관, 빵집, 목공소, 출판사, 공방, 협동조합, 연구소, 농장, 카페와 같이 소박한 삶을 살아가는 데 필요한 모든 것을 갖추고 있다. 마을 주민들은

---

* 김종철 씀, 《간디의 물레》, 녹색평론사, 2010, 22~23쪽.

마을에서 생산하고 길러 마을에서 먹을 뿐만 아니라, 마을에서 가르치고 마을에서 배운다. 마을에서 연구하고 마을에서 정치를 꿈꾼다.*

농사를 짓고, 카페를 경영하고, 마을 회의에 참석하는 것 중에 교육 아닌 것이 있는가? 물론 이런 일들을 '더 잘하려고 노력하는 것'이 전제가 되어야 한다. '좋은 삶'을, '좋은 세상'을 가꾸어 가려는 공동의 열망이 있다는 것이야말로 그런 전제를 충족시키는 조건이다. 이런 마을에서는 공동의 과업을 이루어 내는 집단적 문제 해결 과정이 늘 있게 마련이다. 이 과정에서 서로 가르치고 배우는 관계가 형성된다. 영역을 넘나드는 배움도 쉽게 일어난다. 서로가 서로를 지혜롭게 하는 것이다.

'마을의 교육 가능성을 구현하는 것'이 마을 학교라면 배움에 대한 관점부터 바꿔야 한다. 교사가 교과를 가르치는 것이 교육이라고 보는 생각을 바꾸지 않는 한 마을 학교는 학교교육의 연장 혹은 보조 수단에 지나지 않을 것이다. '학교교육 중심'의 패러다임에 갇힌 교육적 상상력을 해방시키는 것, 그래서 마을의 교육 가능성을 발견하는 것에서 마을 학교가 시작된다.**

초등 고학년 아이들이 하는 프로젝트 중에 '할머니의 밥상'이 있다. 요리를 해서 홀로 사시는 어르신들과 나누는 것이다. 처음에

---

\* 홍동마을 사람들 씀,《마을공화국의 꿈, 홍동마을 이야기》, 한티재, 2014, 9~10쪽.
\*\* 마을 학교라고 지칭되는 곳에서 하는 일의 대부분은 학교에서 제대로 하지 못하는 예술교육, 진로교육, 방과후학교, 동아리 활동을 (싼 값에) 맡아서 하거나 강사를 파견하는 것이다. 심하게 말하자면 학교가 마을을 착취하는 것이다. 외부에 문을 열지 않는 학교의 고압적인 태도 때문이지만, 마을 교육을 학교교육의 보조 수단으로밖에 인식하지 않는 당사자들이 자초한 면도 있다.

자기들이 먹고 싶은 것을 요리하던 아이들은 당뇨를 앓으시는 할머니를 만나고부터 드실 분에게 맞는 요리를 해야 한다는 것을 알게 된다. 평범하지만 큰 깨달음이다. 정성스럽게 만든 음식을 맛있게 드시는 할머니를 보면서 뿌듯해하고, 반찬이 관계를 만들어 준다는 것도 알게 된다. 홀로 사시는 어르신들의 삶을 들여다보면서, 왜 그분들은 혼자 사셔야 하는지 궁금해하고, 늘 동네 슈퍼 앞 평상에 앉아 계시는 할머니는 식사를 잘 하시는지 걱정을 한다.

보통 이런 것을 '자원봉사'라고 한다. 우리는 아이들의 '마을살이'라고 한다. 어린이도 마을에 자기 자리가 있고, 할 수 있는 일이 있다. 공동체에 기여하고 인정받는 것만큼 자기 존재의 가치를 잘 느끼게 하는 일이 있을까? 아이들도 마을 만들기의 주체다. 그리고 아이들이 좋은 마을을 만들어 가는 것이 바로 마을 학교의 교육과정이다.

성미산학교에서 '성미산오케스트라'를 만들었다. 예술교육은 마을에서 하면 좋겠다, 방과 후에 텔레비전을 보거나 피시방에 가는 것 말고 즐겁게 할 수 있는 일이 있으면 좋겠다, 합주를 통해 협력에 대한 감을 기르면 좋겠다는 생각을 엮어서 기획을 했다. 학생들과 부모들이 레슨을 시작하고 두 달 정도 지나 캠프를 열었다. 엄마들이 숙식을 돌보고, 중등 선배들이 초등 후배들을 돌보며 열심히 연습을 했다. 캠프 마지막 날 공개 연주는 놀라웠다. 두 달 만에 이런 음악을 만들어 내다니! 단원들은 서로 감사하고 격려하는 인사를 나누었다. 캠프로 힘을 받은 오케스트라는 빠른 속도로 성장했다. 운영위원회를 꾸려 온갖 문제를 풀어 낸 부모들의 역할이 컸다. 입소문이 나면서 마을 사람들이 참여하기 시작했다. 지나가던 길에 합주 소리를 듣고 문을 두드린 청년도 있었다. 학교 오케스트라에서 마을 오케스트라로 전환할 때가 된 것이다.

여느 학교의 오케스트라처럼 이것은 방과후 프로그램이고, 예술 교육 프로그램이기도 하다. 그러나 우리는 이것이 풍부한 관계를 경험하는 '마을살이'라고, 마을의 문화를 만들어 가는 프로젝트라고, 나아가 음악으로 소통하고 연대하는 마을 기업을 만드는 프로젝트라고 이해하고 있다. 이 차이는 꽤 크다.

### 좋은 마을로서의 '전환마을'

성미산마을에는 아주 다양한 집단이 있고, 다 자기 식으로 마을을 만들어 가고 있다. 그러나 다양하기 때문에 오히려 힘이 모아지지 않는다는 느낌을 받을 때가 있다. 속도도 좀 느리다고 생각한다. '사람과마을'이라는 마을을 대표하는 법인이 있긴 하지만, 각 집단의 느슨한 연대를 만들어 내는 역할 이상을 하지 않는다. 이런 다양한 활동들을 엮어서 일관된 흐름을 만들어 내려면 구체적인 모델이 필요했다. 특히 학생들에게는 '아, 이것이 우리가 만들려고 하는 마을이구나!' 하는 느낌을 줄 수 있는 어떤 '그림'이 필요했다. 그때 '전환마을Transition Town'을 발견했다.

영국에 토트네스라는 농촌 소도시가 있다. 원래 낙농업으로 유명했지만 광우병 파동을 겪으면서 몰락한 곳이었다. 전통적인 목축 방식을 살리면서 도시도 활기를 찾아 가던 때에, 롭 홉킨스라는 사람이 여기서 전환마을 운동을 시작하였다. 그는 기후 변화, 피크 오일, 경제 위기를 대비하기 위해서는 지역이 '회복력'을 가져야 한다고 생각했다. 교육 프로그램으로 사람들을 모아 'TTT Transition Town Totnes'를 조직하였다. 주민들은 2년 동안의 연구와 토론을 통해 '에너지 자립 계획'을 세웠다. 에너지 사용량을 반으로 줄이고, 나머지 반은 지역에서 생산한다는 것이다. 에너지 사용량을 반으로 줄이기 위해서는 당연히 생활이 달라져야 한다. 로컬 푸드를 먹어야 하고, 자동차 사용도 줄여야 하고, 문화적 욕구도 지역에서 해결해야 한다. 지역 경제를 살리기 위해서는 농축산물을 자급해야 하고, 지역에서 돈이 돌게 하려면 '지역 화폐'를 써야 한다. 삶이 완전히 바뀌는 것이다. 현재 10개의 워킹 그룹(에너지, 빌딩과 주택, 교통, 경제와 삶터, 음식, 건강과 웰빙, 교육, 문화·예술, 마음과 영혼)이 활동을 하고 있는데, 이들의 활동을 보면 전환이 단순히 에너지 사용을 줄이는 것을 넘어 품위 있는 삶을 누리는 것임을 알 수 있다.*

홍동마을을 성지처럼 생각하고, 풀무학교 이야기에서 많은 영감을 받았지만 그곳은 우리와 입지가 많이 달랐다. 적어도 지금은 좀 '도시스럽고', 계획에 따라 마을 만들기를 하는 토트네스가 우리 모델로서 적합하다고 생각했다. 기후 변화, 피크 오일, 경제 위기에 대한 직접적 대응이라는 점도 마음에 들었다. 학교 식구들은 전환마을에 대한 강의를 듣기도 하고, 에너지 문제를 중심으로 마을 만들기

---

* 토트네스와 전환에 대한 것은 《Transition in Action》(Jacqi Hodgson and Rob Hopkins, Green Books, 2010), 《The Transition Handbook》(Rob Hopkins, UIT Cambridge Ltd., 2014), 《The Transition Companion》(Rob Hopkins, Chelsea Green Publishing, 2011) 등을 참고할 수 있다. 이유진의 《전환도시》(한울, 2013)와 김성균의 《분명한 전환》(이담북스, 2015)에서도 토트네스에 대한 상세한 정보를 얻을 수 있다.

를 하는 '성대골'의 사례도 공부했다. 학교에서 시작하고 마을로 확산한다는 생각으로 중등과정에서부터 '전환 프로젝트'를 시작했다.

전환 프로젝트는 '버뮤다 삼각텃밭'(도시 농업), '완전연소'(적정기술), '절전소'(에너지), '되살림가게'(리사이클링) 등 4개의 하위 프로젝트로 구성되었다. 일단 학생들이 어렵지 않게 할 수 있고, 교육적 의미가 크다고 판단한 것들을 배치한 것이다. 되살림가게는 마을에서 이미 자리를 잡고 있는 프로젝트에 학생들이 참여하는 방식으로 하지만, 다른 것들은 학교에서 만들어 마을에 자리를 잡게 한다는 계획을 가지고 있다.

'절전소'는 마을 주민들과의 접촉면을 크게 넓혔다. 학교에서 에너지에 대한 공부를 하고, 배운 것을 재구성하여 학교 후배들과 마을 어린이집 동생들에게 가르치는 일을 시작하여 좋은 평가를 받았다. 학교에서는 동생들과 집에서 쓰는 에너지 사용량을 모니터링하고, 마을 카페에서 지구의 날 행사를 여는 등 다양한 방식으로 캠페인을 하고 있다. 서울시의 태양광 발전기 보급 사업을 맡아 큰 성과를 내기도 했다.

전환 프로젝트와는 별도로 한 해 농사를 제대로 지어 보고, '농農의 문화'를 체험하는 '농장학교'를 강원도 평창에서 시작했다. (지금은 강원도 홍천으로 옮겼다.) 소그룹의 학생들이 자신들의 공동체를 꾸려 보는 것이다. 살림에서 자립도를 높이고, 공동의 문제를 함께 해결하고, 지역과 소통하고 연대하는 연습을 한다. 우리가 특별히 농사를 강조하는 것은 그것이 자립의 기초가 되기 때문이다. 나중에 어디서 무슨 일을 하면서 살든 텃밭은 가꾸면서 살라는 뜻을 담은 프로젝트다.

2015년에는 교사, 부모, 마을 주민들이 '함께 전환하기 모임'을 꾸리기 시작했다. 함께 공부도 하고, 직조 기술도 배우고, 마을을 전환하는 상상을 한다. 다들 바빠서 일을 많이 벌이지는 못하지만, 전환을 위한 씨앗이 될 것으로 기대한다. 마을 주민을 대상으로 한 교육 프로그램을 운영하고, 그것을 통해 함께 일할 사람을 찾는 것을 과제로 생각하고 있다.

**마을에서 먹고살기**

사실 전환을 위해서는 무엇보다 마을 경제가 살아야 한다. (이 문제의식이 없는 마을 만들기는 다 말장난일 뿐이다.) 마을 경제를 살리려면 마을에서 '생산 - 유통 - 소비 - 재생' 사이클이 만들어져야 한다. 그런데 대도시에서 무엇을 생산할 수 있을까? 살림에 필요한 것은 없다고 해도 과언이 아니다. 문화적 상품과 서비스를 생산하는 것은 가능하겠지만, 문화적 상품 시장 규모는 작고, 서비스라는 것은 사실 없어도 되는 것들이다.

장기적으로 볼 때 도시에서도 살림에 필요한 것을 자급해야 한다. 필요한 전부를 자급한다는 것은 가능하지도 않고 바람직하지도 않겠지만(적절한 교환과 분업은 필요하다) 자립도를 꽤 높은 수준까지 올려야 한다. 단기적으로는 문화적 상품이나 서비스를 생산하는 쪽에서라도 자립도를 높여야 한다. 또 하나는 전환의 과정에 필요한 일자리를 만드는 것이다. (예컨대, 최근 서울시에서는 '에너지 관리사'를 채용하고 있다.)

지금 성미산학교의 가장 큰 과제는 '마을에서 먹고사는' 모델을 몇 가지 만들어 내는 것이다. 이것은 마을 경제를 살리는 길이고, 학생들의 대안적 진로를 여는 일이고, 마을의 일꾼을 배출하는 것과 직결되어 있다. 사실상 마을 학교로서 성미산학교가 지속 가능할까를 결정하는 문제로 보고 있다. 졸업생이 많지도 않고, 졸업생들 대부분이 군대에 있거나 공부를 하고 있기 때문에 아직은 제대로 실험을 하지 못하고 있지만 향후 몇 년 동안은 이 일에 집중할 수밖에 없다.

'졸업 이후 마을에서 먹고사는 문제를 어떻게 풀 것인가'는 풀무학교에 물어야 한다. 홍순명 선생이 들려주는 졸업생 이야기에는 '졸업생 ○○이 마을에서 ○○을 했다'라는 표현이 자주 나온다. 예를 들면 이렇게.

'풀무 신용협동조합'은 1969년 학교에서 5,000원을 가지고 시작했는데 당시는 전국에서도 신용협동조합이 몇 군데 없을 때였습니다. 제3회 수업생 정규채 군이 창업 논문을 신용조합에 대해 쓰더니, 제대 후 학교 일을 보면서 학교에서 신용협동조합을 키우다가 1972년에 홍동면 소재지로 나갔습니다. 전국에서 시범적으로 운영한다고 표창을 받았었지요. 총회나 조합장 선출 때는 조합원이 거의 다 나와서 민주적으로 회의를 진행하기 때문에, 조합원은 경제생활의 혜택뿐 아니라 풀뿌리 민주주의의 주민 의식도 배웁니다.[*]

---

[*] 홍순명 씀, 《홍순명 선생님이 들려주는 풀무학교 이야기》, 부키, 2006, 86쪽.

이것이 마을 학교다! 물론 풀무학교는 농촌에 있고, 농업학교로 출발했기 때문에 이런 이야기가 나올 수 있었을 것이다. 누군가 '도시에서는 어려울 것'이라고 했다. 일리가 있다고 생각하지만 동의하지는 않았다. 나는 모두가 마을을 버릴 때, '미리' 좋은 마을을 만든 그 혜안이 놀랍다. 우리가 가진 현실적 어려움보다 훨씬 큰 어려움을 극복한 것이라고 봐야 하지 않을까?

사실 성미산학교에서 '마을에서 먹고살기'는 장애가 있는 졸업생이 마을에서 살아갈 수 있을지를 고민하면서 시작되었다. 그 고민은 2008년 '미니샵 프로젝트'로 이어졌다. 졸업을 앞둔 두 명의 장애 학생들이 자립할 수 있는 방법을 고민하다가, 몇 가지 기술을 제대로 익혀 마을에 작은 가게라도 내자는 쪽으로 의견을 모았다. 이 아이들을 알고 있는 마을이 책임을 질 것이라는 믿음이 있었기에 그렇게 생각할 수 있었다. 한 학생은 공예에, 한 학생은 요리에 흥미를 보인다는 점을 주목했다. 화채를 만들어 동생들에게 파는 것부터 시작해서 쿠키, 와플 등 먹거리와 비즈 공예품을 만들어 팔았다. 쿠키가 호평을 받으면서 마을 카페와 커피숍에 납품을 하게 되었다. 이에 힘을 얻어 장차 사회적기업으로 진화해 가려는 꿈을 갖게 되었다. 다음 해에는 학교에 '미니샵' 카페를 만들었다. 이 카페는 곧 학교 식구들이 가장 사랑하는 공간이 되었다. 카페는 수다를 떠는 사랑방이면서, '외로운 영혼'들의 안식처이면서, 중등과정 아이들이 알바를 하는 일터고, 쿠키와 케이크, 밀랍초를 만드는 작업장이 되었다. 미니샵 사업은 노동부의 '사회적 일자리 창출' 공모 사업에 선정되어 일자리 지원을 받게 되었다. 넉넉한 급여는 아니지만 부모들과 마을 청년 한 명의 일자리가 만들어졌다. 카페의 기능을 살리기 위해 별도로 두 개의 작업장을 냈다. 미니샵은 곧 학교 안팎의 장애 청소년들이 인턴십을 하는 명소가 되었다. 많은 대안학교에서 단기·장기 인턴십 신청을 해 오더니, 일반 학교에 다니는 학생까지 오게 되었다. 그러나 자립의 길은 요원했다. 뭔가 전환이 필요하다고 생각하던 참에 카페를 경영하는 학부모의 제안으로 더치커피를 생산하는 공방을 운영하기로 했다. 이를 위해 출자자를 모아 협동조합을 만들었다. 미니샵에서 일하던 두 졸업생은 정식 직원이 되었다. 처음 구상과는 좀 다르게 되었지만 일단 장애 청소년이 마을에서 자립하는 실험이 본격적으로 시작됐다.

지금은 후지무라 야스유키 선생이 창안한 '3만엔 비즈니스'를 공부하고 있다. 3만엔 비즈니스란 '한 달에 이틀 정도 일하고 3만엔을 버는 일'을 말한다. 하나 해서 생활하기가 어려우면 두 개를 해도 된다. 그리고 남은 시간에는 자기에게 필요한 것을 생산하는 활동을 한다. 텃밭도 가꾸고, 필요한 가구도 만들고, 친구들과 힘을 합해 집도 짓고. 그렇게 사는 친구들끼리 연결되면 서로 단골이 되는 호혜적 관계망을 만든다. 그렇게 되면 일은 덜 하고 더 행복하게 살 수 있다는 것이다.*

이것이 가능할까? 자립 기반이 약한 도시에서 쉽지 않을 것이다. 그렇다고 불가능할 것 같지도 않다. 한 강연에서 후지무라 선생은

---

* 3만엔 비즈니스에 대해서는 [후지무라 야스유키 씀, 김유익 옮김, 《3만엔 비즈니스, 적게 일하고 더 행복하기》, 북센스, 2012] 참고. 3만엔 비즈니스를 실험하는 청소년들의 이야기는 [〈50만 원의 행복을 아시나요?〉, 《한겨레 21》, 제1027호, 2014년 9월 15일] 참고.

"일본에서 제자들과 찾아보니 3만엔 비즈니스 모델이 50가지는 되더라"고 했다. 그것을 기계적으로 적용하는 것은 어려울 수도 있겠지만 나는 3만엔 비즈니스에 담긴 발상이 중요하다고 생각한다. 바로 자립과 호혜적 관계망이다. 우리가 마을이라고 부른 그것이다. 그렇다면 마을이 정말 좋은 삶을 가능하게 하는지 확인해 볼 수 있는 기회 아니겠는가?

결국 마을 학교란 '좋은 마을을 만드는 기지'와 같은 곳이다. 비유적으로 '학교'라는 표현을 쓰지만 실제로 학교라는 틀을 가지고 있느냐 아니냐는 중요하지 않다. 마을 학교의 핵심은 '좋은 삶이란 무엇인가'라는 질문을 멈추지 않는 것이다. 그리고 완전한 답이 아니어도 '마을'에서 그것을 구현해 보는 것이다. 흔히, 마을은 작은 우주라고 한다. 작기 때문에 그런 변화를 만들어 낼 수 있고, 우주이기 때문에 작은 변화가 큰 변화를 이끌어 낼 수 있다. 총체적 위기의 시대에 마을을 찾는 이유다.

---

\* 이 글은 《마을로 간 인문학》(당대, 2014)에 실린 〈마을이 가장 좋은 학교다 – 성미산학교의 '마을 학교' 만들기 프로젝트〉를 고쳐 쓴 것입니다.

# 스스로 서서
# 서로를 살리다

# 성미산에서 놀다
## − 숲놀이

**에리카(여희영)**
어느 해 가을, 갑자기 성미산학교 '통합 교사'가 되었습니다. '내'가 왜 이 자리에 있는지 깨달아 가는 짧고도 긴 시간들을 거치며, 지금은 초등 아이들과 아웅다웅 알콩달콩 지내고 있습니다. 아이들과 뭘 재미나게 할까 궁리하는 것이 제일 재미있고, 좋은 교사보다는 '괜찮은 사람'이 되고 싶습니다. 아이들 덕분에 조금씩 꿈을 이루고 있습니다.

## 놀이터

 오랫동안 중등에서 형님들과 지내다 2014년에 1학년 꼬맹이들과 처음 만났어요. '아이쿠~ 저 보송보송한 아가들을 어떡해!' 아이들과 만날 준비를 하면서 깨지기 쉬운 그릇을 만지는 것처럼 조심스러운 기분이 들기도 했지요. 아이들과 알콩달콩 아옹다옹하며 2년이 지나고 있어요. 처음에는 (가진 것도 없으면서) 뭔가를 많이 하고 싶어서 안달을 내기도 하고, 욕심을 부리기도 했어요. 그렇지만 재미있는 것은 (이것은 아마 100년쯤 된 진리일지도 모르겠지만) 아이들은 일주일의 많은 시간 중에서도 쉬는 시간(노는 시간)을 제일 좋아한다는 거예요. (그 다음은 점심시간!) 학교 오는 게 즐겁고, 눈 반짝이며 주제탐구도 하고, 까르르 연극 놀이도 하고 그야말로 신나게 뛰어놀며 지내지만, 아이들은 "쉬는 시간이 왜 이렇게 짧아요?"라는 말을 입에 달고 살아요. 놀아도 놀아도 놀고 싶은 아이들. 그런 아이들이 제일 신나 하는 시간은 바로 바로 숲놀이이지요. 나무에 오르

---

**숲놀이** 숲놀이는 생태적 감수성을 키우기 위해 자연에서 놀이와 체험을 바탕으로 다양한 경험들을 만들어 가는 시간입니다. 성미산이나 도시의 숲에서 만날 수 있는 동식물들을 찾아보고, 숲에서 구할 수 있는 자연물을 가지고 놀면서 표현하는 것을 중점에 둡니다. 물, 흙, 돌, 나뭇가지, 낙엽 등을 이용하여 손끝 활동을 하고 꽃과 나물, 열매를 가지고 요리를 해 보기도 하고 자연의 변화를 관찰하여 세밀화로 표현해 보기도 합니다.

는 것은 기본, 성미산의 열매, 씨앗들을 모아 밥상을 차리기도 하고, 나무 막대, 나무껍질 등을 주워 총이며, 칼, 화살을 만들어요. 봄이 오면 목련 풍선을 불고요, 벚꽃을 한 아름 따서 꽃다발도 만들어요. 버찌 열매를 따서 얼굴에 바르기도 하고, 산딸기를 따 먹기도 해요. 산에는 보물도 많아서 사람들이 버리고 간 페트병, 그릇, 비닐⋯⋯ 모두가 재미난 놀잇감이 되어요. 누가 이렇게 해라 알려 주지 않아도 아이들은 이름을 붙여 주고 나름의 쓸모를 만들어 냅니다.

여름이 올 무렵이었을 거예요. 열심히 놀던 아이들 중 몇이 다급히 뛰어오며 그래요.

"게맛살 신발을요, 땡땡이가 장난으로 던졌는데요, 어디 갔는지 안 보여요!"

"응? 어디로 던졌는데?"

"저기 밑으로 던졌다는데, 아무리 찾아봐도 안 보여요!"

"그래? 그럼, 우리 다 같이 더 찾아봐야지!"

'게맛살 신발 찾기 수색단'이 매의 눈으로 성미산 곳곳을 수색합니다. 설마 거기까지 갔을까 싶지만 철봉 아래쪽 무덤 있는 곳, 성미산체육관 근처에 있는 덤불들을 하나하나 뒤졌어요. 그러다 체육관을 바라보고 있는 큰 나무 근처에서 이상한 소리가 들려 고개를 들다가 파란 운동화를 발견했지요. 아이들은 "찾았다" 소리를 치며 게맛살 운동화를 들고 계단을 통통 올라갑니다. 아마 그때부터였을 거예요. 비둘기동산이나 장승 근처에서만 놀던 아이들이 벚꽃 만발한 홍익여고 뒤편, 약수터 내려가는 길, 침묵의 길, 체육관을 지나 삼단공원(운동 기구가 있는 곳인데 3단 계단처럼 이루어져 있어 우리는 삼단공원이라 불러요)으로까지 활동 영역을 넓힌 것이.

올해는 숲놀이 시간이 작년보다 늘어 성미산에서 더 오래 지내게 되었어요. 그래서 아이들의 기발함이 번뜩이는 순간과 흠뻑 빠져 노는 짜릿한 기회를 훨씬 더 많이 만날 수 있게 되었지요. 작지만 큰 놀이터, 성미산에서 즐겁게 '놀았던' 사연, 황진이 표현을 빌리자면 '기나긴 밤 한 허리 버혀 내어 굽이굽이' 펴도 다 못 들겠지만, 몇 가지 들어 보실래요?

### 성미산에서 보물찾기

칼을 준비해서 연필을 곱게 깎으며 아침을 열어요. 아직 서툴지만 집중해서 깎는 모습이 예뻐요. 땡아는 벌써 실력이 수준급. 연필을 아주 예쁘게 깎은 후 만족해하는 표정이었지요. 아침 열기가 끝나고 옆 반 용용이가 깎은 연필을 들고 왔는데 2학년 솜씨라고는 믿기지 않을 정도였지요. 다들 자기가 깎은 연필을 들고 와서 자랑하는데 몇 번 안 해 봤는데도 벌써 힘을 조절하며 칼을 다루는 솜씨가 일취월장! 준비물을 확인하고 챙긴 후, 성미산으로 갑니다. 우리 무지개 반 몇몇 친구는 다툼이 있어서 친구들이 가고서도 한참 이야기를 나누고 마음을 정돈한 후, 산으로 향했어요. 계란 판을 들고 성미산을 한 바퀴 돌며 열매며 씨앗, 꽃 들을 모아 봅니다. 일본목련, 좀작살나무, 도깨비가지, 돼지풀, 단풍나무, 강아지풀, 오리나무, 화살나무, 고사리……. 고사리는 잎 뒤쪽에 씨앗이 있다는 것도 새롭게 알게 되고, 아주 예쁜 오솔길에서는 말하지 않고 풀벌레 소리와 숲에서 들려오는 다양한 소리를 들으며 걸어 보기도 했어요. 날씨도 덥고 모기도 많은데 가방까지 들고 성미산을 한 바퀴 도느라 모두들 애썼지요. 비둘기동산 입구에 자리를 잡고 앉아 숲 공책에 오늘 모은 열매, 씨앗들을 그려 봅니다. 자세히 보고 정성스럽게 그리고, 색연필을 써서 색도 곱게 입혀 봅니다. 물론 대충 휘~릭 그리는 친구도 있고요. 싸 온 점심을 맛있게 나눠 먹고 비둘기동산 곳곳에서 아이들은 제 방식대로 놉니다. 돗자리를 펴고 누워 한낮의 여유를 만끽하는 친구들, 옹기종기 모여 소꿉놀이하는 친구들, 이곳저곳 다니며 탐험하는 친구들……. 긴 막대를 주워 칼싸움이며 낚시며 재미난 거리들을 만들어 내는 친구들도 있습니다.

우리는 숲놀이를 하며 보물찾기를 참 많이 했어요. 아이들은 성미산 구석구석을 누비며 보물들을 찾아 옵니다. 시작은 '성미산 약방'이었어요. 성미산에 약이 되는 풀은 뭐가 있는지, 배 아플 때, 소화가 안 될 때, 변비일 때 어떤 풀을 먹으면 좋은지 살펴보았지요. 질경이, 괭이밥, 개망초, 닭의장풀(달개비), 별꽃, 뱀딸기 등 성미산에는 보물이 많았어요. 그날 엉뚱한 풀들도 많이 희생되었지만, 이곳저곳 탐험하고 온 아이들의 눈은 반짝반짝. 어디에 어떤 풀들이 자라는지 머릿속에 구석구석 지도를 잘 그려 두었어요. '성미산 곤충 탐험'도 꽤 재미있었어요. 우산, 막대기, 통 따위를 들고 성미산 곳곳을 다니며 곤충들을 잡았지요. 톱다리개미허리노린재, 네발나비, 사마귀, 하늘소……. 숨죽여 기다리고 있다 잽싸게 통에 쏙! 곤충도감을 가져와 찾아보고 비교하고 이름을 찾아 주었어요. 성미산에

깃들어 사는 동물들의 흔적도 찾아보고, 성미산이 주는 많은 열매들을 모아 보기도 했어요. 아이들이 소중하게 생각하는 것들이 성미산에 널려 있으니, 그야말로 찾는 사람이 임자인 모두의 보물이지요.

"에리카~ 에리카! 대박이에요! 이거 공룡 뼈 아니에요?"

보물찾기를 하던 날이었어요. 흥분한 아이들 목소리와 분주한 발소리가 들려요. 무슨 일인가 하고 후다닥 가 보니 웬 동물 뼈처럼 보이는 걸 아이들이 들고 있어요. 부서질세라 조심스럽게 삼단공원 수돗가에서 씻어 참나무 잎에 고이 싸서 학교로 들고 옵니다. 들고 오는 내내 "공룡 뼈면 어떡하지?", "와 대박이다!", "우리 뼈 주제탐구 해야 하는 거 아니야?", "우리 뼈 주제탐구 해요!", "근데 이 뼈에 이빨도 있어! 뭘까?" 아이들의 목소리가 들떠 있어요. 학교에 가서 칫솔로 깨끗하게 씻어 지나가는 선생님들에게 여쭤 보며 아이들은 눈이 반짝. 나중에 개의 턱뼈라는 것이 밝혀졌지만, 아이들의 흥분은 정말 대단했어요.

그뿐인가요? 어느 날은 아이들이 버려진 지 오래된 옷걸이를 하나 주워 왔어요. 지금은 많이 볼 수 없지만 옛날엔 집집마다 있었을 세워 놓는 옷걸이요. 그러더니 한 녀석이 헐거운 옷걸이를 뺐다 꼈다 하며 총 쏘는 흉내를 내요. 누가 먼저랄 것도 없이 옆에 있는 녀석들은 "윽~" 소리를 내며 우다다 쓰러지고요. 그 옷걸이 총을 소중하게 들고 다니며 놀다가 내려갈 때는 혹 다른 사람이 가져갈까 봐 으슥한 곳에 숨겨 두었지요. 남자아이들에게 보물은 긴 막대기, 뾰족한 돌 따위입니다. 돌과 막대기를 들고 와서 단단하게 묶어 달라고 하는 일도 많아요. 따로 끈을 준비하지 못해도 걱정 없어요. 산에 버려진 비닐이나 끈 같은 것을 귀신같이 찾아 오거든요. 어느 날은 마땅한 게 없어 노랑 고무줄로 나무와 돌을 묶었더니 흔들 때마다 돌이 자꾸 날아가서 한참 웃기도 했지요. 그렇게 단단하게 만들어진 도구는 또 한동안 남자 녀석들에게 좋은 놀잇감이 됩니다. 그렇게 만든 무기로 전쟁도 하고 화해도 하고 영화도 찍어요. 여자 친구들은 주로 열매와 씨앗, 꽃을 수집해요. 색깔 예쁜 열매로 밥상을 차리기도 하고요, 풀이며 나뭇잎, 나뭇가지, 열매 등을 모아 모든 음식을 다 만들어 주는 식당을 열기도 해요. 어느 날은 모두 모여 떡집을 열었어요. 여러 가지 종류의 '돌떡'을 진열대에 늘어놓고 팔면서, 꼭 입으로 베 물어 보라고 손님들을 꼬드기기도 해요. 예쁜 꽃을 보면 어느새 꺾어 손에 들고 다니지요. 꺾은 꽃은 교실에 있는 투명한 그릇에 예쁘게 띄워 놓기도 하고요, 꺾인 가지를 보면 소중하게 들고 와 물병에 꽂아 살펴 주기도 해요.

 벚꽃이 만발하던 어느 날, 성미산에 하얀 꽃비가 내렸지요. 아이들은 꽃을 주우러 다니기도 하고, 참지 못하고 꽃을 따서 꽃다발도 만들어요. 꽃도 열매를 맺어야 하니 조금씩만 꺾자 했지요. 그런데 필땡이가 나무에 올라가 큰 꽃가지를 꺾는 거예요. 동료 교사 맑음이 놀라 이거 한마디 해야겠는데 싶어, "필땡아! 이거 누구 주려고 이렇게 많이 꺾었니?" 물으니, 필땡이가 꽃을 내밀며, "맑음요!" 해서 맑음이 스르르 녹아 버리기도 했지요. 때로 성미산에서 우리는 이런 말랑말랑 따뜻한 보물도 함께 찾아내곤 한답니다.

## 성미산 가꾸기

아이들하고 재미있게 한 것 중 하나가 성미산을 가꾸는 일이었어요. 아이들은 일과 놀이가 다르지 않아, 도구를 쓰고 몸을 쓰는 일이 곧 놀이가 되어 몰입하며 땀을 흘립니다. 봄과 여름이 싸우고 있던 4월 어느 날, 우리는 톱을 들고 장승으로 가는 오르막길 앞에 모였습니다. 비가 오거나 사람들이 자꾸 지나다니면 훤히 드러난 오르막길의 흙이 아래로 많이 쓸려 내려간다고 해요. 그래서 점점 흙이 모자라고 사람들은 계속 지나가니 바닥은 더욱 딱딱해지고요. 그래서 우리가 나섰어요. 산을 정리한다고 베어 놓은 나무를 가져와 길이에 맞게 자르고 적절한 곳에 놓고 막대와 흙으로 고정시켰지요. 큰 막대를 가져와 망치처럼 활용해서 나무 막대를 박고, 길이에 맞게 톱질도 격렬하게 해요. 이렇게 야무지게 길을 다듬고, 크레파스로 예쁘게 '이곳은 성미산학교 1~2학년이 가꾼 숲길입니다'라고 쓴 팻말을 꽂았어요. 그러다 언제의 1~2학년인지 헷갈리고 우리가 한 건지 모를 수도 있으니, '올해'라고 꼭 써야 한대요. 그래서 팻말의 문구는 '이곳은 성미산학교 올해 1~2학년이 가꾼 숲길입니다'로 바뀌었답니다.

"오늘은 다른 식물들에게 해가 되는 식물, 위해 식물들을 정리할 거예요!"

숲놀이를 같이하는 토리와 닥나무 샘께서 이렇게 말씀하시니, 아이들 눈이 동그래집니다. '위해 식물'이 뭐냐고 물어요. '자기만 너무 빨리 자라서 다른 식물에게 피해를 주거나, 나무처럼 딱딱해져서 땅을 다 차지해 버리는 식물'이라고 알려 주었어요. 꼭 가지처럼 생겼는데 바늘이 뾰족뾰족한 도깨비가지와 돼지풀, 서양등골나물이 우리가 정리할 식물이에요. 비닐봉지를 하나씩 들고 조심조심 도깨비가지 꽃을 따거나 뿌리를 뽑아요. 돼지풀은 씨앗이 떨어지지 않도록 조심하며 가위로 싹둑! 어떤 걸 잘라야 하나, 이게 돼지풀 맞나 갸웃하던 아이들은 금방 돼지풀을 귀신같이 찾아냅니다. 이곳저곳 뛰어다니며 돼지풀을 자르고, 누가 더 많이 모았나 내기를 합니다. 아이들의 비닐봉지는 금세 가득 차고, 비닐봉지가 터져도 자른 돼지풀을 밀어 넣느라 바쁩니다. 꽃이 예쁜 서양등골나물은 눈에 보이는 대로 쏙쏙 뽑았더니 양이 엄청 많아요. 서양등골나물꽃을 엮어 아주아주 크고 예쁜 화관을 만들어 모두가 한 번씩 써 보기도 했지요.

가을이 무르익어 가는 9월 어느 날에 우리는 성미산을 다니며 강아지풀 씨앗을 털어 모았습니다. 아이들은 풀씨가 톡톡 떨어지는 강아지풀을 찾아 씨앗을 조심스럽게 모았어요. 성미산은 흙이 딱딱하고 땅심이 좋지 않은데, 질긴 생명력을 가진 풀을 심으면 거기에 의지해 다른 식물이 자랄 수 있게 돕는대요. 강아지풀이나 씀바귀가 그런 식물인데, 강아지풀을 많이 번식시키면 척박한 흙을 풀풀 풀어 준다고 해요. 땅심을 좋게 하는 식물이라고 일러 주며 강아지풀 씨앗을 작은 통에 모아 성미산 곳곳에 뿌려 주었어요. 눈 밝은 아이들은 이곳저곳 뛰어다니며 숨어 있는 강아지풀을 찾고, 씨앗을 털어 냅니다. 이렇게 뿌려 둔 강아지풀이 건강하게 자라 성미산 흙을 건강하게 만들길 바라면서요.

어느 사이 겨울이 왔어요. 우리는 땅콩이며 잣 같은 것을 준비해

숲놀이에서 나무 타기 놀이를
빼놓을 순 없다. 로프에 의지해 나무에 오르면
세상 부러울 것이 없다.

성미산 비둘기동산으로 갔어요. 동물들을 위한 겨울나기 공간을 만들기 위해서예요. 먼저 주변에 있는 큰 나무들과 작은 나무들을 모았어요. 한두 개 끌고 오다 보니 더워서 점퍼는 일찌감치 벗어 두고 달랑 티셔츠 한 장 입고 여럿이 달려들어 낑낑대며 큰 나무를 들고 옵니다. 마침 톱을 준비해 오지 않아 어지간히 큰 나무는 계단참에 눕혀 놓고 발로 쾅쾅 내려 찹니다. 서너 녀석이 한 나무에 달려들어 쓸 만한 크기가 될 때까지 뛰고 또 뜁니다. 그렇게 나뭇가지가 정리되자 우리는 둘러앉아서 지끈이나 꼬아 놓은 짚에 땅콩이며 잣을 중간중간 넣어 가며 엮었어요. 물론 하나 꼬고 하나 먹는 일은 누가 시키지 않아도 잘하고요. 모은 나뭇가지, 작은 둥치들을 긴 의자 옆에 예쁘게 세우고, 땅콩과 잣을 넣은 끈을 나무에 둘러요. 옥수수 알이나 남은 땅콩은 주변에 뿌려 주고요. 우리는 겨울나기 공간 주위로 동그랗게 서서 동물들이 겨울을 무사히 잘 보내게 해 달라고 잠시 기도도 했어요. 그 후, 우리는 성미산에 갈 때마다 '땅콩, 그대로 있을까?', '누가 먹었을까?' 궁금해하며 겨울나기 공간을 들여다보곤 했지요.

### 성미산에서의 먹을 것

골목마다 탐스러운 목련들이 자태를 뽐내던 봄. 비 오다 갠 날씨가 아까워서 성미산으로 향해요. 화이트빌 앞을 지나는데 목련 꽃잎이 한가득 떨어져 있으니, 아이들이 하나씩 주워 들고 목련 풍선을 불어 봅니다. 잘 안 되는 아이들은 잘 되는 아이들이 침 가득 발라 불었던 꽃잎을 빌려 불어 보기도 해요. 성미산에 가니 비 온 뒤의 싱그러움이 가득합니다. 안 다녀 본 길도 구석구석 다니며 개나리, 벚꽃 구경도 하고, 수다도 떨고, 진달래를 따서 먹어 보기도 해요. "어? 제비꽃이다!" 한 명이 외치니 모두들 우르르 달려가요. 누군가 꿀이 나온다며 쪽 빨아 보니, 너도나도 "제비꽃아 미안해!" 하며 쪽 빨아 봐요. 단맛이 그리 느껴지지 않는데도 '오버쟁이'들은 단맛이 느껴진다고 큰소리치고, 냉철하고 빈틈없는 친구들은 단맛이 안 난다고 갸우뚱해요. 제비꽃 무덤을 만들어 준 예쁜 어린이들도 있었지요. 좀 가파른 골이 보여서, "얘들아! 모험의 길이다! 오늘의 첫 번째 미션, 여기 건너기!" 하니 너도나도 푹푹 쌓인 낙엽을 헤치고 골짝을 건넙니다. 다들 얼굴에 웃음이 가득. 쭌쭌이는 미끄럼을 쭉 타고 내려오기도 하고, 필땡이는 낙엽에 폭 주저앉아 보기도 해요. 얼굴들을 보니 절로 행복해져요. 날씨도 좋고, 기분도 좋은데, 슬슬 가자 하니, 땡원이가 "아~ 가기 싫다! 여기 더 있고 싶어요!" 합니다. "그럼 밥 차 가져올까?" 하니, 잠시 생각하더니, "그럼 에리카가 밥 차랑 식판 가져와요!" 합니다. 하하! 정말 그러고 싶을 정도로 예쁜 날이었지요.

"와! 찔레 순이다!"

"에리카, 저거 좀 따 주세요!"

"저도요!"

성서초등학교 후문 옆에 있는 길을 올라 갈림길에서 오른쪽으로 가면 찔레나무가 있어요. 그냥 지나치는 것 같지만, 눈 밝은 소땡이가 찔레나무 연둣빛 새순을 발견했어요. 너도나도 나무에 붙어 부드럽고 연한 연둣빛 새순을 똑 따서 껍질을 벗겨 먹어요. 먹을 때가 조금 지나 살짝 센 순도 아랑곳하지 않고 먹어 봅니다. 못 먹은 친구에게 내가 먹을 새순을 똑 잘라 주는 아량도 더러 베풀고요.

비 온다는 예보가 있어 숲놀이를 못 가던 날에는 우리가 정성스럽게 키우던 콩나물을 가지고 김치전을 만들어 먹기로 했어요. 김치전 하는 김에 봄에 꼭 먹어야 하는 진달래화전도 만들어 먹자 해요. 그래서 콩나물 다듬는 모둠, 진달래꽃 따는 모둠, 재료 사는 모둠 셋으로 나누었지요. 바구니를 옆에 끼고 성미산에 가는데 촉촉하게 비가 와서 산도, 꽃도 젖어 있었어요. "진달래야, 미안해! 우리가 맛있게 먹을게!" 인사도 빼먹지 않고, 친구들 수만큼 진달래꽃을 따 왔어요. 찹쌀가루를 익반죽해 동그랗게 부치고 진달래를 올리니 예쁜 화전이 되었어요. 꿀을 듬뿍 찍어 한 입 먹으니 세상 부러울 게 없었지요.

아이들이 좋아하는 성미산의 먹을거리가 또 있다면, 단연 꽃사과예요. 성미산 장승이 서 있는 곳에서 철봉으로 가는 길 왼편에는 꽃사과 나무가 있어요. 봄에 꽃을 예쁘게 피웠다가 아주 작은 열매를 맺어요. 가을이 되어야 익을 텐데, 오며 가며 따 먹어서 가을이 오기도 전에 꽃사과 품절! 아무리 말려도 몰래 따 먹어요. 곰곰이 아주 오~래 음미해야 약간의 사과 맛이 나는 퍽퍽한 사과를 먹으며 "맛있다!" 하는 녀석들을 보면 더 말릴 수도 없고요. 내년에는 잘 익은 꽃사과 좀 먹어 볼 수 있으려나요?

성미산 곤충 탐험을 하던 날, 우리는 우산과 긴 막대, 잠자리채를 들고 긴팔, 긴바지로 중무장하고 성미산으로 출발. 곤충을 잡아서 통에 잘 넣고, 루페로 들여다보고, 그림도 그리고, 이름도 찾아

보자 하며 성미산 곳곳을 누볐지요. 비둘기동산에서 길을 건너 삼단공원 위쪽으로 난 길을 걸어 올라가며 바닥에 떨어진 곤충이 있나 눈을 크게 뜨고 다니는데, 지땡이가 큰 목소리로 "와! 여기 산딸기 엄청 많다~!" 합니다. 우루루 달려가 보니 비탈진 곳에 빠알간 산딸기가 쪼롱쪼롱 달려 있어요. 그중엔 아직 덜 익어 주홍빛이 도는 산딸기도 있고요. 아이들은 곤충을 만나러 가던 길임을 까맣게 잊고 산딸기 따 먹는 데 집중해요. 성서초등학교 후문 옆길에서 올라가자마자 갈림길 왼쪽으로 가면 예전에 함께 키웠던 병아리 솜이를 묻어 주었던 곳이 있어요. 그 길은 그야말로 '산딸기 밭'이랍니다. 아이들은 그 길을 쪼로록 점령하고선 손이 긁혀도 아랑곳하지 않고 맛나게 산딸기를 따 먹어요. 마침 '봉다리' 들고 산딸기 따러 나오신 할아버지도 계셔서 크고 더 맛있어 보이는 걸 따려는 은근한 신경전을 하며 열심히 따 먹었어요. 서울에서, 그것도 학교에서 5분만 걸어 나오면 산딸기를 따 먹을 수 있다니! 이 얼마나 달콤한 산딸기인지!

### 성미산에서의 쓸 것

1학기 첫 주, 우리는 시장바구니를 하나씩 들고 성미산을 오릅니다. 새 학기 시간표를 만들 재료를 구하기 위해서요. 지난가을에 맺었던 참나무 열매와 나뭇잎, 나뭇가지……. 성미산이 내준 선물을 한가득 주워 와 우리는 시간표를 만들기 시작했어요. 학교에서

매듭을 묶는 방법을 배워서
로프로 세 명이 함께 탈 수 있는 그네를 만들었다.
로프 몇 줄이면 신나는 숲놀이가 완성!

나온 박스들을 크기에 맞게 자르고, 성미산에서 가져온 나뭇가지, 나뭇잎, 열매 들을 예쁘게 붙여서 '숲놀이', '수학', '연극 놀이' 시간표를 만들어요. 열매나 나뭇가지에 접착제를 붙여 느긋하게 열까지 세어 봅니다. 목공 본드는 그렇게 느긋하게 해야 야무지게 붙어요. 입맛에 맞게 붙이고 입으로 후후~ 불어 벽에 붙여 놓으니, 마음에 쏙 드는 근사한 시간표 완성! 성미산의 기운을 담아 시간표 꽉꽉 채워 즐겁게 지내야지 생각해 봅니다.

또 우리는 칼 쓰기 연습을 많이 했어요. 성미산에 가면 문구용 칼을 꺼내 이 나무 저 나무 깎아요. 껍질을 모양내서 깎아 보기도 하고요. 어떤 나무는 껍질을 다 벗기니 하얀 색이 나오고요, 어떤 나무는 연두색도 나와요. 연필 굵기의 나무를 연필처럼 깎아 끝을 연필로 까맣게 칠하니 영락없는 연필! 끝이 갈라진 나뭇가지는 잘 다듬어서 돌을 묶어 원시인들이 썼음직한 돌도끼를 만듭니다. 몰입하며 깎는 모습들이 참 예쁩니다.

하루는 숲놀이 길잡이를 해 주고 있는 토리와 닥나무 샘이 로프를 많이 가져왔어요. 로프를 이렇게 저렇게 매 보고, 연결하고, 놀이를 해 봅니다. 그러다 각자의 로프를 한 로프에 연결해 햇님 모양으로 만들어요. 햇님 아이! 아이들 한 명씩 가운데 앉으면 친구들이 힘을 합쳐 들어 올린 다음 통! 통! 튕겨 줍니다. 처음에는 무섭다고 안 하려던 아이들도 친구들이 깔깔대며 행복해하는 모습을 보고 용기를 내 봅니다. 친구들을 다 태워 준 아이들이 "에리카! 에리카!" 이름을 불러요. "아, 에리카 무거워서 너희들 못 할 텐데" 했더니 "할 수 있어요! 앉아 보세요!" 합니다. 토리 샘도 할 수 있다고 하시니

속는 셈 치고 앉았지요. 하나 둘 셋! 하며 아이들이 로프를 들어 올리니 신기하게 정말 하늘로 솟구칩니다. 통! 통! 크으~ 얼마나 재미있는지요. 안 했으면 후회할 뻔했어요. 아이들이 또 신이 나 게맛살에게도 앉으라고 합니다. 게맛살도 그 짜릿한 맛을 보았지요. 들어 올릴 때 아이들이 집중하던 그 눈빛, 하늘에 통~ 튀면서 보이던 풍경, 지금도 추억처럼 눈에 선합니다. 로프로 재미있게 놀다가, 그 로프를 다시 나무에 매니 다들 나무에 오르고 싶어 해요. 로프에 의지해 나무에 올라 가지에 척 앉으니 세상 부러울 것이 없었지요. 다른 로프로 길에 있는 두 나무에 걸쳐 매니 아주 멋진 그네가 되었어요. 그것도 세 명이 동시에 앉을 수 있는 그네로요. 그네 뒤쪽으로는 해먹을 달았고요. 지나가던 네다섯 살쯤 되어 보이는 동생들이 그네를 보더니 자기도 타고 싶다고 해요. 아이들은 동생을 안고 재미있게 그네를 태워 주었지요. 해먹에 누워 뒹굴뒹굴하기도 하고, 나무에 올라가 세상을 보기도 하고, 그네를 이 모양 저 모양으로 타 보기도 하고, 로프 몇 줄로 아주 신나는 숲놀이를 합니다.

겨울에는 김이 모락모락 나는 군고구마가 맛있지요? 군고구마를 구워 먹기로 하고 우리는 성미산으로 갑니다. 성미산 곳곳에는 간벌해 놓은 나무들이 아주 많아요. 쾅쾅 몸을 날려서 부러뜨릴 수 있는 나무는 부러뜨려 보고, 여의치 않은 것은 포기하기도 해요. 바싹 마른 나뭇잎도 모아 봅니다. 땡땡이는 아주 길고 긴 나무를 가져오더니 이걸 꼭 학교로 가져가겠대요. 족히 2미터는 되어 보이는데, 가지고 갈 수 있겠냐 하니 해 보겠다고 합니다. 그래 친구들과 땀 흠뻑 흘리며 힘을 합쳐 교실까지 끙끙대며 가져왔지요. 교실에 돗자리를 깔아놓고 나무들을 며칠 바싹 말렸어요. 며칠 후, 톱질하는 방법을 차근차근 배워 가며 땔감을 야무지게 장만하고요. 군고구마 통 속에 신문지로 불붙이고 성미산에서 가져와 장만한 나무를 넣어 맛있는 노오란 군고구마를 만들어 학교 식구들과 기분 좋게 잘 나눠 먹었어요. 아직도 가끔 아이들은 그날, 온몸을 던져 가며 나무를 부러뜨렸던 것, 그 큰 나무를 가져왔던 걸 뿌듯하게 이야기해요.

### 성미산과 우리

2월 첫 주, 2학년 형님들은 소곤소곤 이야기를 나누더니 1학년 동생들 몰래 성미산으로 갑니다. 성미산에서 뭐 했냐 물으니 "쉿! 비밀이에요! 내일 되면 알아요!" 합니다. '내일'이 되었어요. 그날은 1학년 동생들과 2학년 형님들이 성미산에서 만나는 첫날! 형님들과 동생들은 성미산 비둘기광장에 모여 서로 인사를 나누었지요. 형님들은 어제 미리 와서 성미산에 보물을 숨겨 두었대요. 미리 동생-형님 짝꿍을 정하고 선물도 준비했다고 합니다. 짝꿍 형님의 안내를 들으며 찾는 보물. "와! 찾았다!!" 모두가 보물을 다 찾은 후 보물을 열어 봅니다. 보물은 형님들이 정성스럽게 쓴 편지와 땅콩캬라멜이었지요. '○○아 반가워! 우리 잘 지내 보자!' 이렇게 성미산에서 처음 만난 우리는 네 계절을 성미산 곳곳에서 재미나고 즐겁게 보냈지요.

이제 봄이 왔으니 다시 생명의 계절! 아이들과 보물을 찾으러 성미산에 가야겠어요.

# 생명이 있는 교실

## - 주제탐구

**연두(이남실)**
처음엔 학부모로, 마을의 대소사에 관계하면서 성미산학교와 인연을 맺었다가 어느 사이 초등 교사가 되었고 또 어느 사이 통합 교사가 되었습니다. 너그러움을 실천하러 지구에 왔으나 지구가 날 너그럽게 봐 주고 있습니다. 목표를 세우고 달리는 일에는 취약하나 내게 오는 일을 잘 맞이하고 다룰 수 있답니다. 아이들과 달맞이꽃과 고양이를 만날 때 힘이 솟는 경향이 있고 반쪽이 되었다는 말보다 고맙다는 말을 더 듣고 싶어 합니다.

## 알과 씨앗

성미산학교 초등 저학년에서 집중하는 것은 놀이와 돌봄이다. 어린이가 무엇을 돌볼 수 있을까 의아하겠지만 어른들 생각보다 아이들은 그것을 잘하며 좋아한다. 돌봄은 교과로, 동아리 활동으로, 일상으로 자연스럽게 일어나고 확장된다. 오늘도 아이들은 돌봄을 주고받으며 온갖 감정들을 맛보고 문제를 만나고 해결해 나간다.

'알과 씨앗'은 푹 젖었던 주제탐구 수업 중 하나였다. 알과 씨앗 첫 시간에 우리는 탄생에 대해 무엇을 알고 있고 더 궁금한 게 무엇인지 이야기를 나누었고 그것을 바탕으로 두 가지 큰 계획을 세웠다. 하나는 알을 부화해 보는 것이고 또 하나는 스티로폼 비닐하우스를 만들어 씨앗을 키워 보는 일이었다. 알을 부화할 닭이 없었으므로 우리는 알 세 개가 들어가는 교육용 부화기를 사기로 했다. 부화기 사용 설명서를 같이 읽어 가며 부화에 무엇이 필요한지 공부했다. 그리고 생활협동조합 매장에 찾아가 유정란이 들어오는 날에 맞춰 달걀을 사 와서 신중하게 세 알을 고르고 이름을 붙여 주었다. 영

---

**주제탐구** 학기별로 4가지 주제를 정해 다양한 교과를 통합하여 놀면서 배우고 배우면서 노는 방식을 추구하고 있습니다. 물, 불, 흙, 공기, 알과 씨앗, 똥 등 여러 주제를 중심으로 구체적인 활동을 통해 감각적인 경험을 연결하는 탐구 수업입니다.

돌이, 일돌이, 이돌이. 합쳐서 삼돌이라 부르며 부화기에 넣어 두고 태교에 들어갔다. 아이들은 삼돌이의 엄마 아빠라 자처했고 졸지에 나는 할머니가 되었다. 아이들의 정성은 놀라울 정도였다. 부화기 옆에서 건강하게 잘 자라라 이야기를 해 주고, 노래를 불러 주고, 책도 읽어 주었다. 시끄러우면 삼돌이가 놀란다며 목소리를 낮추었고 교실 문에 '알이 부화하고 있어요. 조용히 해 주세요' 하고 써 붙이기도 했다. 서로 잘 챙기기 위해 누구나 볼 수 있는 벽에 달력을 붙이고 '물을 보충해 주는 날', '알 검사를 하는 날', '부화 예정일' 등을 빨간색으로 표시해 두었다. 칠판 귀퉁이에는 부화 ○○일째라고 써 두기도 했다. 부화 기간인 21일째 되는 날이 다가오자 지각을 맡아 놓고 하던 아이도 학교에 일찍 오기 시작했다.

하루는 부화기 사용 설명서에 나와 있는 대로 우리는 알 검사를 했다. 두툼한 천으로 만든 이야기 치마를 뒤집어쓰고 손전등을 이용해 알 속을 비춰 보았다. 알 속에서 검은 배가 움직였다. 핏줄이 보였다. 아이들은 숨죽여 탄성을 질렀다. 엄마 뱃속에 있을 때 찍었던 초음파 사진을 이야기했다. 하지만 일은 순조롭지 않았다. 부화 기간이 훌쩍 지났지만 결국 삼돌이는 알을 깨고 나오지 못했다.

### 꽃님이들의 탄생

주제탐구 수업은 다음 주제인 자전거로 넘어가야 했지만 아이들은 쉽사리 미련을 버리지 못했다. 태어나면 넣어 주려 만들었던 병아리 집에 삼돌이를 옮기고 결국 한 번 더 부화를 해 보기로 결정했다. 이번엔 인턴 교사인 산소네 시골 농장에서 알을 공수해 왔다. 부화기에 달걀 하나, 오리 알 두 개를 넣었다. 달걀은 개나리, 오리 알은 진달래, 민들레. 합쳐서 꽃님이라 불렀다. 삼돌이는 한지에 곱게 싸서 우리가 뛰어노는 성미산에 묻어 주었다. 함께 쓴 시와 함께. 아이들은 부화 실패에 대한 원인 분석에 들어갔다. 교실이 너무 시끄러웠던 게 아닐까, 사랑한다는 말을 더 해 줘야 하지 않았나, 습도가 낮았나, 알 검사를 할 때 만져서 그랬나 등. 그리고 이번에는 꼭 부화가 되기를 열네 명의 아이들이 손을 모아 기도했다.

산소네 농장에서 가져온 알을 무사히 부화기에 옮겨다 놓은 지 20여 일이 지난 어느 날 둘째 시간, 알에 실금이 간 것을 한 아이가 발견했다. 부화기에 귀를 대 보니 안에서 톡톡 소리도 나고 쩍쩍 새 울음소리도 작게 들렸다. 종일 아이들은 부화기 옆을 떠나지 못했다. 밥을 먹으면서도 동아리 활동을 하면서도 아이들 마음은 온통 부화기에 가 있었다. 우리 반뿐 아니라 온 학교의 학생들과 교사들이 개나리의 탄생을 보러 교실로 왔다. 얼른 나올 것 같았는데 쪼다 쉬다 쪼다 쉬다 하며 긴 시간 애를 썼다. 아이들은 껍질을 깨 도와주고 싶어 했다. 그러자 한 아이가 "그냥 믿고 기다리자"고 했다. 오후 4시 40분경 드디어 개나리가 알을 깨고 밖으로 나왔다. 그런데 까맣다. 오골계다. "어, 연두! 얘는 언제 노래져요?" 아이들은 노란 병아리로 변할 거라 생각하고 묻는다. 오골계인 것 같다고, 오골계는 털이랑 뼈까지 까맣다고 설명해 줬더니 놀라면서도 귀엽다 한다. 아이들끼리 이름을 검돌이라고 바꿔 지었다. 개나리는 안 어울리는 이름이라고. 저녁 방과후교실 아이들이 순번을 돌아가며 개나리였던 검돌이를 지켰다. 우리 모두 개나리의 탄생으로 기분 좋게 한 방 얻어맞은 기분이었다. 황토색, 갈색, 얼룩이, 까만색 병아리들도 있는데 병아리 하면 노란 병아리를 떠올렸던 편견에 대해 아이들과 이야기를 나누기도 하였다. 주말이 되면 검돌이는 내가 집에 데려갔다가 출근할 때 다시 데려왔다. 월요일 아침이면 아이들은 달걀노른자를 삶아 와서 실내화를 신고 학교 현관 밖 도로까지 나와 검돌이를 기다렸다. 검돌이는 얼마 먹지 않는데 아이들은 너나없이 죄다 노른자를 삶아 왔다. 커 감에 따라 아이들은 어떤 먹이를 먹여야 하는지 고민하기도 하고, 누가 가르쳐 주지 않았는데도 검돌이가 발로 흙을 파헤치는 모습에 감탄하기도 하면서 그렇게 마음을 쓰고 나누는 일에 익숙해져 갔다.

　부화 기간이 일주일 더 긴 오리는 그 다음 주에 부화를 시작했다. 먼저 금이 간 진달래보다 민들레가 먼저 알을 깨고 나왔다. 노랗고 예쁜 깃털이 마르자 아이들은 민들레에 흠뻑 빠졌다. 하지만 민들레가 태어나고도 한참이 지나도록 진달래는 아무런 소리를 내지 않았다. 아무래도 예감이 안 좋았다. 걱정을 하다 아이들도 집으로 하나둘 돌아갔다. 민들레와 진달래를 집으로 데려왔다. 양계장을 하는 분께 전화를 걸어 어쩌면 좋을까 의논했다. 그분은 알을 깨 주라고 하셨다. 아마 죽었거나 살아 있어도 성한 아이가 아닐 거라고 했다. 그래서 조심스레 알을 깨 주었다. 진달래는 털이 거칠고 힘이 없어 고개도 못 들고 숨을 쉬고 있었다. 물을 주어도 먹지를 않았다. 가만 보니 한쪽 발이 뒤틀려 있었다. 물갈퀴도 벌어

노란 병아리가 태어날 줄 알았는데 까만 오골계다.
개나리의 탄생으로 기분 좋게 한 방 얻어맞은 기분이었다.
'개나리'였던 '검돌이'.(위)

검돌이와 민들레의 돌잔치.
"태어나 줘서 고마워. 너희들 덕분에 우리가 즐거워."(아래)

지지 않았다. 밤새 그 옆을 지키며 간간이 물을 입에 적셔 주었다. 꺼져 가는 생명을 혼자 보낼 수는 없었다. 새벽 다섯 시, 진달래가 스스로 물을 먹었다. 아이들은 진달래가 살았다는 소식에 팔짝 뛰며 좋아했지만 이내 진달래의 왜소한 몸과 거친 털, 뒤로 돌아간 발을 보고는 말이 없었다. 검돌이와 민들레가 1층 중앙 정원을 신나게 돌아다닐 때도 진달래는 집에 앉아만 있었다. 진달래를 병원에 데려가 보기로 했다. 동물 병원에서는 수술을 해도 소용없고 영양제를 먹여 보라고 했다. 마을에서 약국을 하는 모란이 영양제를 곱게 갈아 주셨다. 아이들은 진달래가 먹을 물과 밥에 영양제를 넣어 주었다. 수건을 깔고 걷기 연습도 시켜서 중앙 정원을 느리게 걸을 수도 있게 되었다.

씩씩한 검돌이, 예쁜 민들레, 아픈 진달래. 아이들을 보고 있노라면 저마다 마음이 기우는 꽃님이가 따로 있다. 몇 아이들은 지렁이를 잘 찾아내고 흙 목욕을 세차게 하는 검돌이에게 마음이 가고, 몇 아이들은 보기만 해도 너무나 사랑스러운 민들레에게 눈이 가 있다. 몇 아이들은 장애가 있어 느리고 어설픈 진달래에게 마음을 두었다. '장애를 없애야 할까', '장애를 안고 즐겁게 살 수는 없을까'. 아이들은 진달래가 무엇을 좋아하는지, 어떻게 해 주면 좋을지 고심했다. 진달래는 걷는 것보다 헤엄치는 것을 좋아해서 큰 통에 따뜻한 물을 받아 놀게 했다. 햇볕이 좋은 날에는 닭장을 중앙 정원에 내놓고 밤에는 교실에 넣었다. 중등 선배들도 와서 한참을 들여다보았다. 졸업반인 호성이 형님은 버뮤다 삼각텃밭에서 닭을 키우고 있는 닭 박사였다. 닭에 관한 한 모르는 것이 없어 조언도 많이 해 주고 횃대를 만들어 달아 주기도 했다. 아이들은 꽃님이들이 교실을 자유롭게 돌아다니게 해 주고 급식으로 나온 밥에 물을 묻혀 주기도 하고 똥을 싸면 서로 자기가 치운다고 다투기도 했다. 꽃님이를 키우는 일은 녹록지만은 않았다. 산책을 시킬 때는 고양이가 물고 갈까 봐 경계해야 했고 위험한 물건이나 삼키면 안 되는 물건은 치워야 했다. 냄새가 나지 않도록 집 청소도 해 주어야 했다. 그래도 아이들과 나는 즐겁게 그 일을 했다.

## 안녕~, 진달래

결국 23일 만에 진달래는 하늘나라로 갔다. 좋아하던 물놀이를 하며 스르르 잠들었다. 아이들은 대성통곡했다. 나도 울었다. 울음소리에 놀란 학교 식구들과 마을 사람들이 몰려왔다. 부화한 것을 후회했다. 내가 아이들에게 무슨 짓을 한 걸까 괴로웠다. 동료 교사 제니와 함께 성미산 상수리나무 아래 진달래를 묻어 주고 다음 날 아이들과 편지를 써서 찾아갔다. 소식을 들은 한 학부모께서 동물의 죽음에 대한 책 몇 권을 보내 주기도 했다. 그 책 속 이야기처럼 진달래가 하늘나라에서 아프지도 않고 자기가 좋아하는 물에서 마음껏 헤엄치고 지렁이랑 배추도 마음껏 먹을 거라고, 그러다가 가끔 우리가 생각나서 살짝 교실이랑 중앙 정원을 둘러보고 갈 거라고 우리는 믿었다.

반면 검돌이와 민들레는 무럭무럭 자랐다. 여름 방학이 다가오

학교가 비는 여름 방학 동안 검돌이와 민들레는
7학년들이 머무르고 있는 강원도 평창의 농장학교에서 지내게 되었다.
민들레와 검돌이가 떠나는 날, 인사를 나누고 있는 아이들.

자 꽃님이를 어디서 어떻게 키울 것인지 의논했다. 많은 아이들은 옆에 두고 키우고 싶어 했지만 방학 때 학교는 비어 있어서 꽃님이에게 좋은 환경은 아닐 거라고 판단했다. 오랜 고민 끝에 7학년 형님들이 살고 있는 강원도 평창의 농장학교에 보내기로 결정했다. 그리고 그 전에 이별 잔치 겸 돌잔치(닭 나이로 돌)를 하기로 했다. 잔치는 모둠을 나누어 준비했다. 함께한 시간을 돌아보며 같이 시를 쓰고 노래도 만들어 부르기로 했다. 그동안 그렸던 꽃님이 그림도 전시했다. 말과 글 시간에 쓴 꽃님이 이야기에 미술 시간에 작업한 판화 그림으로 그림책도 만들었다. 나는 사진으로 짧은 영상을 만들었다. 어떤 모둠은 음식을 준비했다. 손님들에게 초대장도 만들어 보냈다.

음악실에서 벌어진 잔치는 참으로 아름다웠다. 통합 교사 메이가 검돌이와 민들레에게 목걸이를 만들어 주어서 주인공이 더욱 빛날 수 있었다. 꽃님이들의 부화와 돌봄 과정을 따뜻하게 지켜봐 주던 학부모 기린은 회사에 휴가를 내고 잔치에 와 주기도 하고 감동적인 편지를 읽어 주었다. 알을 가져다준 산소, 함께 돌봐 준 호성이 형님, 텃밭을 망쳐도 산책하는 걸 이해해 준 3학년 형님들에게 감사장을 주었다. 실, 연필, 마이크, 사진기, 동전을 놓고 돌잡이도 했다. 연필 쪽으로 가자 아이들은 모두 박수를 쳤다. "우리 닮아 공부를 잘하려나 봐."

말과 글 시간에 모두 함께 쓴 편지를 읽어 주었다. 꽃님이가 어떨 때 사랑스러운지, 키우며 무엇을 느끼고 배웠는지를 주로 이야기했다. 잔치에서 그 편지를 읽을 때 손님들이 잔잔해졌다.

### 꽃님이에게 쓴 편지

검돌이 날개가 촉촉이 젖어서 막 태어났을 때
민들레랑 진달래가 작은 날개를 파닥거릴 때
한쪽 다리 쭉 뻗어 기지개 켤 때
짧은 다리로 화단을 훌쩍 뛰어오를 때
물 먹고 웨이브댄스 할 때
갸우뚱하며 우리를 올려다볼 때
검돌이가 화단에서 지렁이 물고 뛰어다닐 때
그 뒤를 민들레가 뒤뚱뒤뚱 따라다닐 때
물 마시고 하늘 쳐다볼 때
검돌이가 모래 목욕 하는 것처럼 신문지 위에서 춤출 때
검돌이 없을 때 민들레가 삐악삐악 찾을 때
민들레가 자기 머리 발로 쓰다듬을 때
횃대에서 새장 지붕으로 날아오를 때
새장 지붕 쳐다볼 때
진달래 수영할 때
이 편지 쓰는 지금도 너희는 정말 귀여웠어.

그동안 키우면서 정말 많은 걸 배웠어.
더러운 게 더러운 게 아니란 걸
모든 생명은 아껴 주어야 한다는 걸
실패도 있고 성공도 있다는 걸

그러니까 실패가 없으면 성공할 수 없다는 걸
마음 내는 사람도 있다는 걸
만남이 있으면 이별도 있다는 걸
내 마음대로만 되지 않는다는 걸

시골에 가서도 친구들이랑 잘 지내.
잘 가, 꽃님이. 또 보러 갈게.

### 꽃님이가 우리에게 준 것들

그렇게 검돌이와 민들레는 농장학교로 갔다. 농장 형님들이 벌써 검돌이와 민들레의 집을 지어 놓고 기다리고 있었다. 여름 방학이 지나고 9월에 우리는 꽃님이를 보러 농장에 가기로 계획을 세웠다. 버스가 농장학교 대문으로 들어서기 전 아이들은 벌써 가방을 챙겨 무릎에 올려놓고 있었다. 차가 멈출 때까지 안전벨트를 풀면 안 된다는 건 이제 잘 아는 아이들이지만 이번엔 그럴 수가 없다. 엉덩이를 붙이고 앉아 있는 아이는 한 명도 없었다. 차가 현관 쪽에 선 후에 아이들이 내렸다. 내리자마자 가방을 현관에 던져두고 모두들 한 방향으로 달려간다. 양계장이 어딘지 알려주지 않았지만 아이들은 달린다. 소리를 지르지도 않고 운동장을 가로질러 냅다 뛴다. 나도 아이들 뒤를 따라 힘껏 달린다.

"검돌아, 민들레야! 우리 알아보겠어?"

"잘 있었니?"

"엄청 많이 컸네."

우리들의 아기 검돌이와 민들레는 양계장 한편에 형님들이 따로 마련해 준 집 앞에서 풀을 쪼고 있었다. 열네 명의 엄마 아빠들과 두 명의 할머니들이 검돌이와 민들레를 둘러싸며 반가워하는 것과 대조를 이루어 이제 볏이 제법 자란 검돌이와 군청색 깃털이 난 민들레는 조금 두리번거렸을 뿐 땅을 파헤치기 바쁘다.

"애들이 우리를 못 알아보는 것 같아."

"정말? 방학 동안 잊어버렸나 봐."

"사춘기라서 그래. 엄마 아빠를 모르는 척하는 거야."

열네 명의 엄마 아빠들은 고개를 끄덕끄덕, 두 할머니는 배꼽을 잡고 웃는다. 여기 양계장에는 토종닭들이 스무 마리 남짓 있다. 조금 떨어져서 지켜보니 원래 있던 닭들이 우리 검돌이와 민들레를 틈만 나면 쪼아 댔다. 아이들은 애가 닳는다.

"그러지 마. 아프잖아."

"사이좋게 지내야지."

아이들은 서울에서 수하 아빠가 챙겨 주신 밀웜을 찾는다. 검돌이와 민들레 선물로 가져가라고 준비해 주신 특급 간식이다. 아이들은 그 간식을 검돌이와 민들레에게만 준다.

"다른 닭들도 먹고 싶을 거 같은데, 나눠 주면 어때?"

내 말에 아이들이 조금 망설인다. 그러다 한 아이가 아까 검돌이와 민들레를 쪼아 대던 덩치 큰 닭에게 밀웜을 내밀며 말한다.

"이거 먹고 우리 검민이랑 사이좋게 지내라."

아이들이 모두 밀웜을 나누어 주며 한마디씩 잔소리를 한다. 검돌이와 민들레가 며칠 더 먹을 건 남겨 둔다.

꽃님이 이야기는 아주 길어서 지금까지도 이어지고 있다. 검돌이가 알을 낳는 것도 보았고 청둥오리 민들레가 초록 머리가 된 것도 보았다. 꽃님이를 만나고 돌보며 아이들과 몇 가지 큰 인생의 주제들을 만났다. 어디서부터가 생명인가, 인간은 무엇으로 에너지를 얻나, 동물권이란 무엇인가, 탄생과 죽음을 어떻게 받아들일 것인가. 이제 달걀은 먹기 싫다는 한 아이가 생겨나자 달걀을 좋아하는 아이는 '내가 잘못된 건가' 묻는다. 식물이 살아가는 법과 동물이 살아가는 법이 다르며, 사람이 생존을 위해 먹는 생명에 어떤 태도를 가져야 하는지 이야기를 나눌 기회가 되었고 그렇게 얻은 에너지를 어떻게 쓸 것인지 토론이 이어졌다. 먼 훗날 어른이 된 아이들은 '어린 시절 진달래, 민들레, 검돌이를 키웠지' 하고 짧게 기억을 떠올릴 수도 있겠지만 그 과정에서 아이들에게 일어난 배움은 세포 하나하나에 박혀 있을 거라 믿는다.

# 우리는 성미산학교의 정원사들

## - 농사와 원예

**제인(인혜경)**
명동키즈, 홍대 언저리 주민으로 살면서 마음은 늘 정글과 사막을 헤맵니다. 내뱉어지는 말과 몸의 움직임과 내 안의 기운이 우주의 선한 에너지에 합치되기를 바라며, 달팽이처럼 느리지만 꾸준히 사막을 향해 기어갑니다. 성미산학교 초등의 빨갛고 노란 숲을 거쳐, 지금은 중등이라는 정글을 탐험하며 서바이벌 직진 중입니다.

성미산마을에서 자라는 아이들이라면 성미산에서 노는 것이 제법 익숙합니다. 산이 그리 넓지 않고 수종도 다양하지 않지만 차 걱정 없이 뛰어놀 수 있고 휘두를 나뭇가지며 근사한 요리로 변신할 풀들이 지천이라 아이들에겐 보물 놀이터입니다. 산에서뿐만 아니라 학교라는 공간 안에서도 자연을 느끼고 직접 돌보며 생태 감수성을 높이기 위해 기획된 프로젝트가 있는데 바로 가드닝 활동인 상자 텃밭과 원예입니다.

### 작은 농사

자세히 보아야 예쁘고, 이름을 불러 주었을 때 의미가 생기듯 성미산학교에서는 아이들이 동식물들과 다양한 관계 맺기를 합니다. 산에 가서는 하나의 나무를 내 나무로 정하여 안아 보고 관찰하고 인사 나누며 계절마다 변하는 모습을 관찰하기도 합니다. 이런 관계 맺기를 일상으로 끌어들이기 위해 1, 2학년 때는 집에서 식구들

---

**농사와 원예** 초등 저학년에서의 1인 1식물 기르기를 확장하여 학교의 자투리 공간이나 상자 텃밭, 화단을 가꾸는 활동을 중심으로 진행됩니다. 씨앗과 흙에 대해서 공부하며 식물의 성장 과정을 알아 가는 수업입니다. 다양한 곤충들을 관찰하고 탐구하기도 합니다.

과 한 식물 기르기를 합니다. 하나의 식물을 정하여 씨앗을 심거나 모종을 가져와 기르며, 관찰하고 그린 것을 주마다 친구들과 나눕니다. 아이들은 식물을 돌보며 다양한 상황을 경험하고 식물의 변화에 따라 여러 가지 감정을 느끼고 표현합니다.

이 경험을 가지고 3학년 때는 상자 텃밭에서 채소 기르기라는 작은 농사를 짓습니다. 흙이나 비료, 작물별 특징과 기르는 방법을 공부하고, 기르고 싶은 작물 가운데 계절에 맞고 상자 텃밭에서 자라기 적합한 것을 골라 봄, 가을 두 번의 농사를 짓습니다. 봄에는 토마토, 고추, 오이, 상추, 시금치 등을, 가을에는 배추, 무 등을 심으며, 작물에 따라 지주 세우기, 순지르기, 솎아 주기, 첫 열매 따 주기, 벌레 잡기 등 제법 농부다운 일들을 합니다. 그런데 아이들은 자기가 심은 작물뿐만 아니라 이름 모를 풀까지 다 예쁘고 귀하게 대하여 잡초 하나 뽑는 것도 크게 망설입니다. 작물을 크게 기르고 열매가 잘 맺히게 하려면 잡초를 뽑아 주어야 한다고 말해 주지만 아이들은 사람의 이해에 따라 어떤 풀은 뽑아야 한다는 사실을 잘 받아들이지 못할 때가 많습니다. 그래서 작물과 잡초의 공존을 선택하기도 하고, 뽑더라도 몹시 미안해하거나 다른 곳으로 옮겨 심어 주기도 합니다. 이렇듯 직접 무언가를 길러 보면 생명이 깃든 모든 것들을 소중히 하는 마음도 함께 자랍니다.

2학기가 시작하면 상자 텃밭에 남아 있는 봄 작물을 정리하고 다시 흙을 정돈한 뒤 가을 작물을 심습니다. 어떤 해엔 아직도 살아 있는 토마토를 뽑아야 하는가를 주제로 한 시간 내내 토론을 해야 했습니다. 그냥 저 스스로 생명이 다할 때까지 두고 싶다는 아이들,

중등 선배들이 상암동에 만든 버뮤다 삼각텃밭.
키우는 작물도 다양하고 닭과 벌까지 있어
자연의 순환을 볼 수 있는 최고의 나들이 장소이다.

그건 그냥 없어지는 게 아니라 비료가 되어 순환하는 거라고 설득하는 아이들 사이에서 많은 이야기들이 오고 갑니다. 이런 과정을 겪으며 아이들은 만남과 헤어짐, 순환을 조금씩 이해합니다.

시금치와 당근을 많이 심었던 해에는 솎아 주기가 쟁점이 되기도 했습니다. 다행히 솎아 낸 어린 채소는 먹을 수도 있는 거라 뽑는 것에 합의를 이루어 내기도 했습니다. 마침 성미산마을축제를 앞둔 때라 어렵게 솎은 것들을 하나씩 모종으로 만든 뒤 '어린 농부들의 파머스 마켓'을 열어 팔기도 했습니다.

마무리는 우리가 키운 작물로 요리를 해 먹는 것입니다. 평소에 먹지 않던 채소도 직접 키워서 요리를 하면 세상에서 제일 맛있는 음식이 됩니다. 가끔은 다른 농부들의 텃밭으로 나들이를 갑니다. 마을엔 자투리 공간을 텃밭으로 가꾸는 숨은 도시 농부들이 여러 분 계십니다. 그 가운데 한 분이 우리 학교 담이와 솔이 할머니이십니다. 옥상에서 제법 실하게 농사를 짓는 것으로 소문이 자자합니다. 일거리가 적은 날, 할머니의 옥상 텃밭으로 가서 구경도 하고 음식물 찌꺼기를 비료로 만드는 방법도 배우고, 쪽파를 잔뜩 얻어서 돌아오기도 했습니다. 중등 선배들이 상암동의 나대지를 커뮤니티 텃밭으로 만든 버뮤다 삼각텃밭도 우리에겐 큰 배움터입니다. 제법 규모가 있어 키우는 작물 종류가 다양하고 허브랑 꽃들도 어우러져 있어 보기에도 아름다운 데다가 한편에 닭과 벌까지 키우고 있고 생태 화장실과 화덕까지 있어 자연의 순환을 볼 수 있는 최고의 나들이가 됩니다. 이렇게 나들이를 가서 보고 놀고 배우고 교류하는 기쁨도 쏠쏠합니다.

그 과정에서 아이들은 길가의 돌멩이, 플라스틱 장난감과도 교감을 나눌 줄 알게 됩니다. 작은 씨앗에서 싹이 나고 쑥쑥 자라 꽃이 피고 열매를 맺고 다시 흙으로 돌아가는 식물과는 더 깊은 정을 나눕니다. 발소리를 더 많이 들려주고 잘 돌볼수록 잘 자라는 식물을 보며 재배의 즐거움뿐 아니라 자신이 얼마나 소중하고 대단한 존재인지 느낍니다. 돌봄을 받는 데 익숙한 존재에서 돌보는 존재로의 변화를 경험하는 것입니다. 잘 기르려면 적절한 솎음과 나눔이 필요함을 배우고, 먹을거리를 생산하는 농부의 위대함도 배웁니다. 식탁에 오르는 음식 재료들이 마트에서 쉽게 구해지는 것이 아니라 흙을 비롯한 자연과 나의 노동에서 귀하게 오는 것임을 깨닫습니다. 텃밭 활동이 조금만 노동을 하면 자신의 먹을거리는 거뜬히 가꿀 수 있는 귀한 경험으로 남아 있기를 바랍니다.

### 우리는 원예단

성미산학교 1층 공간에는 놀이터와 작은 정원이 있습니다. 중앙 정원이라 불리는 곳인데 ㄷ 자로 지어진 공간으로 가운데가 뻥 뚫려 있어 어디로든 다 통하는 곳이기도 합니다. 학교 안에서 생활하면서도 식물을 가까이 두고 어울려 지낼 수 있을 뿐만 아니라 하늘도 보이고 언제든 해가 들고 바람이 지납니다. 처음 몇 년은 전체를 흙으로 덮고 꽃밭으로 꾸며 봄가을로 꽃을 심었습니다. 잠시라도 흙을 밟을 수 있는 작은 꽃길을 만들기 위해 봄이면 식목일에 맞춰 온 학교 아이들이 나무와 꽃을 나누어 심었습니다. 큰 나무는 중등 선배들이, 작은 꽃들은 초등 아이들이 서로 머리를 맞대고 어디에 무얼 심을지 이야기를 나누고 힘을 모아 심었습니다. 그런데 비가 많이 내리면 배수 문제가 생기기도 하고 흙을 보면 흙장난을 치고 싶어 하는 아이들이 많아지면서 공간을 재구성하게 되었습니다. 조금이라도 아이들이 뛰어놀 수 있는 공간이 필요하기도 했기에 나무 데크를 깔고 일부만 화단으로 남겨 두게 되었습니다.

이때까지 중앙 정원을 꾸미거나 관리하는 건 거의 생태 교사와 원예에 관심 있는 어른들의 계절 일과쯤이었습니다. 물론 저에겐 종일 해도 좋을 일, 맘이 좋지 않을 때 치유가 되는 즐거운 일거리였습니다. 땅과 하늘을 집 삼고 동식물과 친구하며 살고픈 '제인'인지라 늦게 귀가해도 화초 잎의 먼지를 닦아 주거나 분갈이를 하거나 새로 난 잎이 있는지 달팽이가 뭘 뜯어 먹었는지 들여다보는 게 소소한 행복 가운데 하나인데 거의 종일 머무는 학교 공간을 그냥 둘 수는 없었습니다. 게다가 화단도 있고 구석구석 빈 화분도 많으니 몸이 근질근질해지기 십상이었습니다. 집에서 식물들의 포기를 나누어 오거나 가까운 꽃집에 들러 구입하기도 해서 심고 분갈이를 하다 보니 해가 잘 드는 학교 공간 곳곳에 화분들이 조금씩 늘었습니다. 가끔 지나가는 아이들이 "제인, 뭐 해요?" 하며 내 옆에 쪼그리고 앉아 들여다보고 관심을 보이기도 했습니다. 그런 아이들이 있으면 식물 이름도 가르쳐 주고 가꾸는 일도 함께 했습니다. 그 가운데 꾸준히 관심을 보이는 4학년 은수와 6학년 다운이와 진하와 의기투합하여 원예 동아리를 제안하였습니다. 그렇게 성미산학교

4~6학년 여섯 명과 성서초등학교 학생 한 명이 함께 원예단 활동을 시작했습니다.

우리는 첫 모임에서 좋아하는 식물이며 집에서 기르는 식물 이야기를 하고, '학교 공간을 아름답게, 사람과 풀꽃이 조화로운 곳으로 만들기'로 했습니다. 그러기 위해 학교의 자투리 공간에서 풀꽃 기르기, 교실이나 복도에 화분을 두어 아름답고 쾌적하게 가꾸기, 풀꽃을 보기 좋게 꾸며 판매하기 등의 활동을 계획하고 진행하였습니다.

일주일에 한 번 방과 후에 모여 원예단이 한 활동은 학교 곳곳에 화분을 놓는 것이었습니다. 학교를 어떻게 꾸밀지 같이 상상하고 계획한 다음 꽃 시장에서 적합한 풀꽃을 데려와 모아 놓은 빈 화분에 분갈이를 하였습니다. 식물마다 특징이나 관리법을 적은 이름표를 꽂아 층마다 적당한 곳에 두었습니다. 교실은 좀 더 쾌적할 수 있도록 공기 정화 기능이 탁월한 식물(주로 스파티필룸)을 두었습니다. 그리고 마을축제 때에는 카페 작은나무 앞에서 분갈이 체험 부스를 운영하기도 했습니다. 학교 공간에 있었던 화분들 중에서 분갈이를 하고 남은 화분들을 가져와서 바이올렛과 칼랑코를 심어 나눠 주기도 했습니다. 식물들에 대해 공부하면서 자연스럽게 키우고 싶은 식물들이 생겨나기도 해서 화단과 화분에 옥수수, 오이, 풍선덩굴, 호박 등을 길러 보기도 했습니다. 그것들을 심으려면 화단을 다시 꾸며야 했는데 중등 선배들에게 부탁해서 겨우내 딱딱해진 흙을 뒤집어 주고 거름도 주어서 식물들이 잘 자랄 수 있도록 했습니다. 그곳을 어떤 식물로 어떻게 꾸밀지, 어떤 화단이 되면 좋을지에 대해서 학교 옥상에서는 주머니 텃밭을 가꾸었다.
평소에 먹지 않던 채소도 직접 키워서 요리를 하면
세상에서 제일 맛있는 음식이 된다.

서로 생각을 나누고 그림으로 구상도 하고 실제 화단들을 찾아보기도 하면서 계획했습니다. 화단의 모습을 상상하면서 씨앗과 모종을 구해서 심었고 흙 속에 씨앗이 자라고 있다는 표지판도 세웠습니다.

2차 성미산 지키기 싸움이 일어나던 2010년에는 못 쓰는 그릇에 '디쉬 가든dish garden' 만들기를 진행하기도 했습니다. 홍익재단에서 성미산으로 학교를 옮기겠다며 산을 깎고 나무를 베는 공사를 시작하여 하루에도 몇 번씩 산으로 뛰어가 나무를 안고 지키는 게 일상이었습니다. 마을 주민들의 호소와 반대에도 불구하고 공사는 야금야금 진행되었고 황폐해져 가는 산을 지켜보는 것은 아이들에게도 고통이었습니다. 그래서 디쉬 가든은 곧 사라질 성미산의 들풀로 꾸미기로 하였습니다. 이 빠지고 쓸모없어 버려진 제각각의 그릇을 들고 공사장이 되어 버린 성미산에 찾아가 마음에 드는 풀꽃을 찾아 옮겨 심었습니다. 아이들이 황폐해져 가는 성미산을 돌아다니며 디쉬 가든을 꾸미던 모습은 가장 쓸쓸하면서도 아름다웠던 장면으로 지금까지도 기억됩니다.

이후 해를 거듭하면서 원예단도 새롭게 단장되었습니다. 교사와 아이들 중심이었던 활동에서 마을 사람들과 학부모와 함께하는 활동으로 확장되기도 했습니다. 학교에서 원예 활동을 하고 있다는 소식을 듣고 함께 가드닝을 하고 싶어 하는 학부모들이 한두 명 함께하다 보니 자연스럽게 원예단은 다양한 세대로 꾸려지기 시작했습니다. 특히 학부모 중 한 분이 정원을 만드는 일에 탁월한 감각과 실력을 가지고 있어서 그분을 중심으로 원예단이 활발하게 움직였습니다. 그러다 보니 마을 사람들 중에서도 원예에 흥미를 느껴 찾아오는 분들이 있었습니다. 방과 후에는 학교 곳곳과 마을 여기저기 각 곳에 맞는 식물들과 작물들을 가꾸는 일에 앞장섰으며, 계절마다 야생화를 보러 소풍을 가기도 하고 정원을 찾아가 생태 답사를 하기도 했습니다. 계절이 바뀔 때마다 풀꽃들을 들고 학교에 들락날락거리는 어른들은 점점 많아졌습니다. 이렇게 많은 사람들의 참여로 해가 바뀌면서 학교의 화단과 옥상 정원은 점점 더 아름다워졌습니다. 그리고 어른들과 함께 화단과 옥상 정원에도 나비가 날아오고 다양한 생물들이 찾아오기 시작했습니다. 아이들은 낯선 곤충들과 식물들에 관심을 갖고 서로 이름을 물어보기도 하고 물도 주고 관찰하며 작은 생태계가 만들어지는 경험을 하게 되었습니다.

### 공공의 정원

아이들은 수업 안팎으로 다양한 생명들과 관계합니다. 말없이 자리를 지키며 한여름 뙤약볕과 한겨울 서리도 견디는 작은 풀꽃이 우주의 귀한 존재임을 알아차립니다. 저는 매개자로서 아이들이 마주치는 식물들에 대해 더 배우고, 관계를 잘 맺는 법에 대해 알아가고 싶었습니다. 때로는 사람에게 받지 못하는 위로를 자연과 식물과 교감하며 받을 수 있음을 알려 주고 싶었습니다. 그 하나의 수단으로 원예 공부를 시작하게 되었습니다. 그냥 좋아서 하는 일에서 확장하여 아이들과 다른 사람들과도 나누고 싶어서 전문적으로 원예 공부를 해 왔습니다. 그렇게 그동안 동아리로 화단과 정원을 가꾸던 원예단에서의 활동을 본격적으로 학교의 교육과정 안에서 풀어 갈 수 있게 되었습니다. 3학년을 대상으로 학교의 1층 공간 중 중앙 정원을 가꾸는 즐거운 작업을 주 네 시간 생태 수업의 일환으로 진행했습니다. 처음엔 꽃집에서 찾은 예쁜 꽃들 가운데 맘에 드는 걸 골라 와 꾸몄습니다. 그렇게 하다 보니 대부분이 일년초들이라 계절마다 화단을 다시 만들어야 했습니다. 그러다 해마다 남천, 수국 등 다년생의 조금 큰 나무와 금낭화, 둥굴레, 국화 등의 다년초들을 섞어 심어 가며 얼추 기본적인 화단의 꼴을 갖추었습니다.

현재 화단에는 후박나무(김장훈 가드너)의 조언으로 남천, 서향, 산수국, 산철쭉 등의 작은 나무들과 황금줄사철, 소엽맥문동, 빈카마이너 등이 자리를 잡았으며, 아이들이 좋아하는 허브나 색색의 꽃들도 곳곳에 심겨 있습니다. 그리고 돌절구에 물을 담아 작은 연못도 만들어서 수생 식물들도 들여놓았습니다. 물옥잠 꽃과 개구리밥이 있는 이 작은 연못에 물속 생물들도 생겨나기 시작했습니다. 등산을 가게 되면 아이들은 계곡에서 개구리 알을 찾아서 이 작은 연못에 가져와서 풀어놓습니다. 또 이름 모를 야생화를 발견하면 조심히 뿌리가 다치지 않게 가져다 옮겨 심고 풀잎에 매달려 있는 곤충의 알집을 가져다가 놓습니다. 그렇게 어디에 가든 이 작은 화단을 꾸밀 식물들을 찾고 캐 오느라 온 관심을 쏟습니다.

하지만 화단이 있는 중앙 정원은 쉬는 시간이 되면 아이들의 놀이터가 되기도 합니다. 운동장이 없는 성미산학교에서 중앙 정원 데크는 햇빛 아래 뛰어놀 수 있는 하나밖에 없는 공간이기 때문입니다. 모여서 빙빙 돌며 뛰고 놀다 보면 간혹 공이며 신발이 화단으로 들어가 가지가 꺾이고 꽃이 떨어지는 작은 사고가 생깁니다. 화단을 가꾸는 아이들에겐 가슴이 쿵 내려앉는 큰일이 되곤 합니다. 종종 쉬는 시간마다 자기네들끼리 당번을 정해 화단 앞을 지키며 아이들에게 주의를 주고는 하는데 그러다 싸움이 나기도 합니다. 그래서 아이들이 모여서 공놀이를 할 수 있고, 꽃들도 지킬 수 있는 방법에 대해서 아이디어를 나눴습니다. 그렇게 해서 화단 지킴이 울타리를 생각해 냈고 학부모인 마을총각과 타잔의 도움을 받아 아이들과 함께 화단 지킴이 울타리를 만들었습니다. 씨앗에서 싹을 틔운 것들이 예뻐서 틈만 나면 얼마나 자랐는지 보고 힘내라고 응원하고, 꽃이 하나라도 피면 애지중지하는 화단 가꿈이들은 놀 새도 없이 화단 앞에서 풀꽃을 지키는 수고도 마다하지 않습니다.

여전히 중앙 정원은 정원보다 놀이 공간으로 사랑받지만 식물의 생존을 위협하지 않고 공존할 수 있는 놀이터가 되었습니다. 원예라는 일을 기꺼이 해낸, 화단의 꽃을 지키기 위해 두 팔을 뻗고 보초 노릇을 한 아이들의 즐거운 노동 덕입니다.

《비밀의 정원》이라는 색칠 책이 있습니다. 밑그림으로 제공된 풀꽃을 마음대로 색칠하며 마음의 안정을 찾는다는 책입니다. 진짜 자연 — 하늘, 나무, 바람, 풀꽃, 흙 등 — 대신 종이에 색칠을 하며 뿌듯해하는 어른들이 생각보다 많아 베스트셀러 반열에 올랐다고 합니다. 자연이 위로가 되고 살아갈 힘이 되어 준다는 걸 본능적으로 알기에 그렇게라도 자연을 찾게 되는 것 같습니다. 색칠만으로도 안정이 된다는데 진짜 흙을 만지고 채소를 키우고 꽃을 기른다면 엄청날 것 같습니다. 아이들은 가르쳐 주지 않아도 노는 데 귀신인데 자유롭게 놀 수도 없어 돈 주고 과외를 하듯이 하고 있고, 자연과의 교감도 색칠 놀이로 하는 시대가 되었다니 성미산학교 아이들에겐 이상한 일일 것입니다. 고마운 마음으로 채소를 길러 먹고 자신의 공간에서 풀꽃들과 공존하는 것이 자연스러운 아이들과 우리가 사는 곳을 더 아름답고 편안하게 만드는 소박한 행복을 누리실 분은 꽃삽 들고 봄에 만나요.

# 할머니의 밥상

## – 밥살림 프로젝트

**현영(정현영)**
성미산마을에서 산 지 올해로 20년, 마을에서 살며 맘 맞고 뜻 맞는 주민들과 함께 참나무어린이집과 성미산학교를 겁 없이 만들었습니다. 처음 시작할 때부터 지금까지 아들과 함께 성미산학교를 다니고 있으며, 재미나고 새로운 일들을 만나면 푹 파묻혀 살아가고 있습니다.

교사들은 학생들에게 무엇을 어떻게 가르쳐야 자기 삶의 주인이 되고, 진실로 자유롭고 독립적이며 이웃과 함께 즐기며 살 수 있는 힘을 기를 수 있을지 늘 고민한다. 그런 고민 과정에서 나온 교육과정 중에 하나가 '살림 프로젝트'이다. 살림 프로젝트는 '학습'과 '놀이', '생활'을 통합하여 삶의 기본기를 배우는 과정으로 구성되며 밥살림, 옷살림, 집살림 프로젝트가 있다. 그중 밥살림 프로젝트에서는 우리가 먹을 것을 마당 텃밭에서 직접 키우고 요리하고 나눠 먹는 활동을 중심으로 진행한다. 사람이 살아가는 데 꼭 필요한 음식을 직접 조리하고 함께 나눠 먹는 것을 중심 줄기로 하고, 식재료는 어디서부터 어떤 과정을 통해 우리에게 오는지, 그 식재료를 어떻게 조리해서 먹을 수 있는지, 먹고 난 음식 찌꺼기들은 어떻게 처리되는지 전 과정의 흐름을 파악할 수 있도록 확장시켜 나갔다.

처음 밥살림 프로젝트인 '할머니의 밥상'을 시작하게 된 계기는 2007년으로 거슬러 올라간다. 지역의 사회복지단체인 마포희망나눔에서 반찬 나눔 활동을 진행하고 있었는데 학교에 참여를 요청해 왔다. 학부모님들이 반찬을 만들어 주시면 아이들은 어르신 댁을 찾

**밥살림 프로젝트** 작은 텃밭에서 식물을 직접 키우고 자연의 속도로 제철 먹거리를 수확하는 활동을 중심으로 진행합니다. 다양한 먹거리 재료를 조사하고 수확한 음식 재료로 직접 요리를 하면서 즐거움을 느낍니다. 지역의 사회복지단체와 연계하여 홀몸 어르신들께 직접 만든 음식을 대접하면서 만남의 기회를 가졌던 '할머니의 밥상'은 돌봄과 나눔을 경험하는 소중한 프로젝트였습니다.

아가 반찬을 전달하기로 했다. 아이들은 반찬을 전달하는 일뿐만 아니라 집 문패를 만들어 드리기도 하고, 어르신들께 안마도 해 드리는 등 말벗이 되어 드리기도 했다. 그 이후 반찬 나눔 활동은 관심 있는 학부모들 중심으로 현재까지 이어져 내려오고 있다. 그 활동을 아이들이 자신이 살아가고 있는 지역에서 지속적으로 해 나갔으면 하는 기대에서 밥살림 프로젝트와 연결해서 진행해 보기로 했다. 마을에서 함께 살아가고 있는 다양한 사람들을 만날 수 있는 계기도 되고, 나눔과 기여를 통해 관계가 새롭게 만들어질 수도 있을 것 같았다. 재미있는 사실은 당시 아이들과 인연이 되었던 홀몸 어르신들 열 분 모두가 할머니들이었다는 점이다. 그래서 할머니들의 밥상을 따스하고 풍요롭게 만들어 드리고 싶은 마음을 담아 밥살림 프로젝트의 또 다른 이름이 '할머니의 밥상'이 된 것이다.

### 방방방

2013년 나는 밥살림 프로젝트의 담임이 되었다. 그 전부터 옆에서 밥살림 프로젝트를 보면서 음식을 소재로 아이들과 이런 프로젝트를 하면 재미나고 의미 있겠다 싶어 기대하고 있었다. 음식을 먹는 사람을 배려해 식재료와 조리법을 선택하고 함께 나눠 먹으며 관심과 관계를 넓혀 가는 것, 바로 할머니의 밥상의 매력이다. 먼저, 아이들과 밥살림에서 하고 싶은 것들 — 알고 싶은 것, 만들거나 먹어 보고 싶은 음식들, 만나 보고 싶은 사람들, 해 보고 싶은 것 —

에 대해 브레인스토밍을 해 보았다. 그래서 아이들과 '만들거나 먹어 보고 싶은 것을 많이 만들어 보자', '그리고 그 음식을 홀로 사시는 동네 어르신들과 함께 나눠 먹자'는 데 마음을 모았다. 마포희망나눔에서 일하는 마음이에게 뜻을 전하고 학교 가까운 곳에 사시는 다섯 분의 어르신을 소개받았다. 그리고 본격적인 반찬 나눔 전에 여러 가지를 준비하였다. 마음이가 직접 아이들에게 마포희망나눔이 해 온 활동에 대해 소개하고 그동안 반찬 나눔을 해 오며 느꼈던 점, 의미 등을 설명해 주셨다. 10년째 반찬 나눔에 참여하고 있는 학부모인 나비도 초대하여 할머니들이 어떤 반찬을 좋아하시는지, 조리를 할 때 무엇에 신경 써야 하는지, 어르신과 이야기 나눌 때 지켜야 할 예절은 무엇인지에 대하여 들었다. 용산구에 있는 노인생애체험센터에 가서 노인에 대한 이해를 높였다. 그리고 관건인 조리 실력은 다재다능한 학부모인 제비꽃의 도움을 받아 익혀 갔다.

처음 뵙는 어르신들을 어떻게 만나야 하는지 고민하던 차에 마침 마포희망나눔으로부터 어버이날을 맞이하여 행사를 준비하고 있는데 성미산학교 밥살림 프로젝트 반과 함께하면 어떻겠냐는 제안을 받았다. 열 분이 넘는 어르신을 모시고 행사를 하기엔 밥살림반 아이들만으론 쉽지 않은 일이라 옷살림/집살림 친구들도 함께했으면 하니 교사들과 아이들 모두 좋다며 선뜻 받아 주었다. 어버이날 잔치는 반찬 나눔을 할 어르신들과 자연스레 얼굴을 익히고, 아이들은 어르신과 함께하는 자리를 계획하고 준비하면서 새로운 경험을 쌓을 수 있는 기회였다. 마포희망나눔처럼 이웃을 위해 애쓰고 있는 어른들을 만나는 자리이기도 했다.

어르신들이 처음 오는 이 공간을 좀 더 편안하게 느끼실 수 있도록 무엇을 준비해야 하는지 의논했다. 아이들은 '방방방' 프로그램을 제안하였다. 안마 방, 손 마사지 방, 놀이 방, 책 읽어 드리는 다과 방 등으로 나누고 역할을 분담했다. 학부모들도 어르신들 이동과 다용도 매잠과 만들기를 도와주셨고, 행사 후 드릴 선물 꾸러미에 넣을 반찬은 변산공동체에서 먹거리 나눔 실현을 위해 운영하는 문턱없는밥집과 마포희망나눔의 자원봉사자 그룹인 '나눔 이웃'에서 함께해 주셨다.

이 행사를 계기로 세 살림 프로젝트와 동네 이웃 단체들이 함께 준비하는 절기별 어르신 잔치가 만들어지게 되었다. 어르신들도 처음에는 예닐곱 분이 오셨는데 요즘은 열다섯 분 정도로 늘어났고, '이번에는 무슨 재미난 것이 있을까' 궁금해하시며 표정도 많이 편안해지셨다. 올봄에는 어르신 중에 한 분에게 봄에 많이 해 먹는 쑥개떡 만들기를 배웠다. 추석엔 송편을 빚고, 연말엔 함께 만두를 빚기도 했다. 잔치 횟수가 거듭될수록 아이들은 어르신들에게 맞는 방방방 프로그램을 계획하고 준비하게 되었고 어르신들을 대하는 데 여유가 생겼다.

### '나는 참 괜찮은 사람이네'

할머니의 밥상 프로젝트를 좀 더 원활하게 할 밑 작업을 마치고

마을의 어르신들께 반찬을 나누는
'할머니의 밥상' 프로젝트를 계기로 절기별 어르신 잔치가 만들어졌다.
할아버지 할머니와 옹기종기 둘러앉아
만두를 빚으며 함께 잔치 준비를 하고 있다.

본격적으로 반찬 나눔을 시작했다. 격주에 한 번씩 육류와 제철 채소로 만든 반찬 한 가지씩과 간식으로 과일이나 직접 구운 빵과 과자를 한 세트로 해서 갖다드렸다. 반찬 나눔을 하기 일주일 전에 음식의 레시피를 찾고, 조리하기 전날 사야 할 식재료를 뽑아 장을 봐 두었다. 그만큼의 노력이 들어가서 그런지 만든 음식들은 모두 하나같이 태어나 처음 먹어 보는 것처럼 맛있었다. 처음엔 레시피를 보지 않고 조리를 하다가 몇 번의 시행착오를 겪고, 뜨거운 기름에 재료를 던지듯 넣다가 튀어 데어 보기도 하고, 어설프게 칼을 잡고 썰다가 손을 베이기도 하였다. 그러나 횟수가 거듭될수록 조리 기구를 쓰는 요령이 생기고 함께 요리하는 모둠 친구와 보조를 맞춰 일을 적절하게 나누기도 하고 조리 중간중간 잠시 의자에 앉아 쉴 수 있게 되었다. 한마디로 일머리가 생기기 시작하였다.

그렇게 오전 시간을 꼬박 들여 반찬을 완성하면 후다닥 점심을 먹고 다섯 개의 모둠으로 나누어 어르신 댁을 찾아갔다. 어르신들은 아이들이 언제 오나 아픈 다리를 이끌고 문 밖에 나와서 기다리기도 하시고, 아이들이 건네는 반찬을 받아들고 그 고마운 마음을 '이걸 이렇게 받아도 되나', '정말 고맙고 감사하다', '정말 멋진 친구들이다'라는 폭풍 같은 축복의 말씀으로 되돌려 주신다. 그리곤 한편에 준비해 두었던 사탕이나 과자를 쥐어 주신다. 어떤 어르신은 '과일 중에 최고는 대추와 감이야' 하시며 친구들과 나눠 먹으라며 대추를 한 움큼 쥐어 보내 주셨다. 다른 볼일로 아이들을 직접 못 만날 경우엔 문고리에 사탕 봉지를 걸어 두고 가시기도 한다. 늦은 저녁에 전화하셔서 음식이 정말 맛있다며 멀리 있는 자식들보다 훨씬 낫다고 밝은 목소리로 말씀하시는 경우도 있었다. 올해 새롭게 결연을 맺은 어르신의 아드님은 아이들이 반찬을 갖다드리는 날마다 가슴 절절한 고마움을 드러낸 편지를 써서 주시며 다른 사람을 도울 일이 있으면 알려 달라고도 하셨다. 작은 노력에 너무도 큰 것을 되돌려 받는 것은 아닌가 하는 불편함도 있지만 그런 어르신들의 따뜻한 말씀을 들을 때 아이들 얼굴을 보면 살짝 부끄러워하면서도 '나는 참 괜찮은 사람이네' 하는 우쭐한 표정들이다.

## 누군가와 함께할 마음의 준비가 되어 있다는 것

그렇게 반찬 나눔을 시작하고 한두 달이 지나 여름 방학이 왔다. 방학 동안에 반찬 나눔을 계속 이어 갈 수 있는 방법을 생각하던 중, 마포희망나눔의 나눔 이웃 활동을 하시는 '알밤과꽁지 방과후' 부모님들이 해 주기로 하셨다. 밥살림 반 아이들은 시간이 되는 친구들만 모여 어르신 댁에 반찬을 배달하기로 했다. 그런데 가족 여행도 반찬 나눔 일정을 고려해 짰는지 한 명도 빠지지 않고 나와 반찬을 갖다드렸다. 겨울 방학 때도 반찬 나눔은 이어졌다. 그때는 밥살림 반 아이들이 모둠을 나누어 부모님의 도움을 받아 집에서 조리하고 모두 모여 반찬을 갖다드렸다. 아이들은 이 활동을 통해 좋은 일을 하는 이웃이 우리 마을 곳곳에 살고 있다는 것, 많은 사람들이 누군가를 도와줄 마음의 준비가 충분히 되어 있다는 것도 알게 되었다.

반찬 나눔을 하고 돌아온 날 아이들과 '어르신 반찬 나눔을 하면서 바뀐 게 있나', '있다면 무엇인가'에 대해 이야기를 나눈 적이 있다. 아이들은 반찬 나눔을 하기 전에는 동네에서 뵈었던 어르신들이 표정도 없고, 가끔 큰 소리로 아이들을 꾸짖는 모습만 봐서 '노인=무섭다'라고 생각하고 있었단다. 그런데 반찬 나눔을 하면서 뵈었던 어르신들은 늘 고마워하시며 따뜻한 말씀을 해 주셔서 그런 생각이 많이 없어졌다고 했다. 어떤 친구들은 반찬 나눔을 하러 갈 때 그 어르신을 뵈면 자신의 할머니 할아버지가 생각난다고도 했고, 동네 골목을 지나다가 어르신들을 뵈면 혹 우리가 찾아뵙는 그분인가 하며 다시 살피게 된다고 했다. 또 골목 한쪽에 앉아 햇볕을 쬐고 계시는 어르신을 뵈면 저분도 반찬이 필요하지 않으실까 하는 생각도 든다고 했다. 아이들의 관심과 마음 씀씀이가 넓고 깊어져 가고 있다는 것을 확인할 수 있었다.

반찬 나눔은 밥살림 교육의 일환으로 진행되는 것이라 학기 중에는 교육 활동비로 식재료를 구입할 수 있었다. 그런데 방학에는 교육 활동비가 책정되어 있지 않았다. 밥이란 조건에 따라 선택할 수 있는 것이 아니라 생명 연장의 필수라 방학에도 지속적으로 반찬 지원을 해 드렸으면 좋겠다는 데 의견이 모아졌다. 그래서 비용 마련 방안을 생각해야 됐다. 회의를 거듭한 끝에, '집에 돌아다니는 잔돈 모으기', '학교 여러 곳에 행사 이익금 기부 제안하기', '온 학교 식구들, 동네 사람들이 참여할 수 있게 하기' 등 여러 제안들이 나왔다. 안내문을 만들어서 각 반을 돌아다니며 취지를 설명하고 참여해 줄 것을 부탁했다. 그리고 학교 홈페이지와 카페 작은나무, 울림두레생협에도 게시물을 만들어 붙였다. 교실에는 모금함을 만들어 수시로 돈을 넣을 수 있도록 했다. 한 회 반찬 나눔에 들어가는 식재료비는 대략 8만 원 정도다. 방학 중 총 4회이니, 32만 원이 필요했다. 마포 희망나눔에서 50% 정도 식재료비를 지원해 줄 수 있다고 했고 그동안 밥살림에서 텃밭 작물 나눔 장터 활동을 통해 벌어 놓은 돈도 보탰다. 그러고도 대략 12만 원 정도가 더 필요했다. 장난감을 사려고 고이고이 모아 두었던 저금통을 통째로 들고 온 동생, 집에 돌아다니는 동전이라며 부모님이 챙겨 주셨다고 비닐봉지 한가득 가져온 친구, 협동조합 두더지실험실을 통해 번 돈의 일부를 기부해 준 선배들과 학교 교사들 덕에 일주일도 안 돼 기금을 마련할 수 있었다.

올해도 연이어 밥샬림 반을 선택한 한 친구는 이 모금 활동을 보면서, 안정적이고 지속적으로 반찬 나눔을 하기 위해서는 모금 활동이 필요하고 자신이 그 일을 해 보고 싶다는 생각에 또 선택했다고 한다. 아이들 저마다는 의외의 순간에 꽂히고 새로운 꿈을 키워 간다. 무엇을 하고 싶은지 뜻이 모아지고, 방법들을 궁리하고, 주위 사람들에게 알리면서 그 뜻이 보다 확실해지고, 뜻과 생각이 현실로 이루어진다. 그리고 이런 경험은 아이들에게 우리들의 힘을 확인하게 하고 희망을 갖게 만든다.

### 함께하는 힘

처음에는 얼른 끝내고 싶은 마음에 일의 앞뒤 재지 않고 허둥대거나 레시피에 쓰여 있는 조리 기구나 계량 단위가 무엇을 말하는지 몰라 주저주저하며 묻고 또 물었다. 하지만 점차 요리법에 익숙해졌고, 평소에는 장난치며 까불고 덜렁대던 아이들도 어르신들에게 드릴 음식을 요리할 때는 눈빛이 살아나면서 제법 긴 시간 집중하여 조리를 했다. 또 레시피에 나와 있는 대로 했는데도 뭔가 제대로 맛이 나지 않을 때가 종종 있다. 그럼 다시 되돌릴 수 있는 여러 방법들을 생각해 본다. '망했다'가 아니라 '어떻게 맛을 살리지' 하며 실수를 새로운 기회로 바꿀 수 있는 상황. 요리하다 보면 그런 순간이 많다. 그래서 아이들도 '망했다'라는 말을 하는 횟수가 많이 줄었다.

또한 조리를 하는 과정은 일의 속도와 순서, 불의 세기 조절, 도구의 재질에 따른 사용 방법, 요리에 따라 재료를 넣는 방법의 차이, 그 속에 들어 있는 과학 원리, 정해진 시간 안에 할 수 있도록 일을 배열하는 것 등 생각해야 할 것들이 많다. 그런데 일을 자주 하다 보면 특별히 따로 배우지 않아도 일머리가 트이게 된다. 처음에는 여러 식재료를 썰 때마다 매번 칼과 도마를 씻어 사용하더니 나중에는 채소는 채소끼리, 육류는 육류끼리 모아서 함께 썰고, 크게 썰 때와 다질 때를 구분할 줄도 알고, 도구를 사용하고 잘 씻어 마른행주질한 후 제자리에 넣어 두는 것도 척척 해냈다. 서로 적절하게 일을 나눠서 하면 훨씬 힘이 덜 든다는 것, 내가 하고 싶은 일만 하는 게 아니라 옆 친구에게도 기회를 줘야 서로 실력이 고루 늘 수 있다는 것도 알게 되었다. 일의 결과로 맛있는 요리를 맛보고, 그 요리가 어르신의 건강을 유지시키게 한다는 건 긴 시간 요리를 하며 집중하게 하는 큰 매력이다.

한 학기를 마무리하며, 그동안 배우고 익힌 것을 함께 나누는 학기 말 프로젝트 발표회를 준비했다. 밥살림 반 아이들 모두 '어르신 반찬 나눔'을 중심 내용으로 한 영화를 만들어 보자는 계획을 세웠다.

영화에 반찬을 갖다드리는 장면이 필요한데, 우리 중 누군가 어르신 연기를 해야 하는 건지, 아님 어르신께 출연을 부탁드리면 잘 해 주실 수 있는지 걱정이 생겼다. 그래도 혹시 모르겠다 싶어, 어르신 섭외를 마포희망나눔의 신비에게 부탁드렸다. 그런데 정중히 거절을 하셨다고 전해 왔다. 어떻게 할까 고민하다가 직접 댁을 찾아가서 간곡히 부탁드렸더니 더 이상 거절을 못 하시곤 '잘할 수 있을지 모르겠다'라는 말씀으로 허락을 해 주셨다. 아이들이 대본을 읽어 드리며 장면을 설명해 드렸다. 어르신은 금방 장면을 파악하시고는 촬영 때는 아이들을 부드럽게 리드해 주셨다. 연륜을 느낄 수 있는 자연스런 어르신의 연기를 보면서 아이들 모두 감탄했다. 완성된 영화는 연말 어르신 잔치에 상영되었고, 출연하신 어르신도 보면서 많이 즐거워하셨다.

처음엔 말을 어떻게 건네야 할지 쑥스러워 인사도 못 하고 주저했는데, 지금은 골목 어귀에서 만나면 큰 소리로 인사하고 농담도 주고받는 사이가 되었다. 이렇게 서로 편해진다면 앞으로 어르신들과 함께할 수 있는 일들이 점점 더 많아지지 않을까 싶다.

# 상상이 현실이 되는 놀이터
## – 집살림 프로젝트

**꽃다지(조승연)**
성미산마을에 학교가 만들어진다는 소식을 듣고 늦으면 못 들어가는 줄 알고 한 달음에 이사를 왔습니다. 학부모로 인연을 맺었는데 조한혜정 선생의 권유로 교사가 되었고 12년째 참 여러 가지 일을 하며 감사한 마음으로 살고 있습니다. 성미산학교를 졸업하고 랩 하는 동네 청년 지킬과 동네 달건이 까치와 함께 즐거운 삶을 상상하며 지냅니다.

## 자연 설계사

4~5학년에서는 살림 프로젝트를 기반으로 의식주에 해당하는 삶의 기본기를 익히는 경험을 한다. 살림이란 '한 집안을 이루어 살아가는 일', '사람살이에 실질적으로 필요한 행위', '살리다'라는 뜻이다. 그래서 살림 프로젝트는 생태적인 살림살이를 경험하며 사람을 살리고, 자연을 살리고, 관계를 살리고, 사회를 살리는 것을 배우고 나누는 과정이다. 밥과 옷과 집은 사는 것, 소비하는 것이 아니라 몸과 마음을 써서 짓는 것이다. 이를테면 음식 하나를 짓기 위해 흙의 생태부터 살폈던 오래된 경험과 감각을 아이들에게서 되살리는 것이다. 단순하고 투박한 결과물일지라도 그 속에 내 마음과 몸의 애씀이 담겨 있으므로 아름답고, 소중한 가치가 있다는 단순한 진리를 알아 갔으면 하는 바람에서 비롯된다.

2010년, 밥살림, 옷살림, 집살림 프로젝트 중 나는 집살림 프로젝트 담임을 맡게 되었다. 세 살림의 담임들이 각자가 생각해 온 키워드를 이야기하면 학생들은 자신이 하고 싶은 프로젝트를 선택하

**집살림 프로젝트** 학교의 숨은 공간을 찾아내어 아이들에게 필요하고 매력적인 공간으로 만드는 활동입니다. 아이들이 매일 생활하는 학교 공간을 살펴보고 주변 공간의 쓰임을 탐구하며 살고 싶은 공간에 대해 상상합니다. 그리고 실제 삶의 공간을 꾸미며 필요한 것들을 직접 만들어 보며 일머리를 익히는 것에 집중합니다.

는 방법으로 반이 구성된다. 살림 반의 이름은 프로젝트 주제를 기반으로 회의를 거쳐서 정해진다. 우리 반은 1년 동안 '자연 설계사'가 되었다. 그해 집살림 프로젝트를 처음 시작한 나는 두려웠지만 그래도 믿는 구석이 있었다. 바로 5학년 선배들이다. '선배'는 사회에서 통상적으로 이야기하는 것처럼 먼저 경험을 한 사람들을 말한다. 4학년 때 1년 동안 프로젝트를 해 본 5학년을 믿고 가는 것이 처음 시작하는 나에게는 큰 힘이 되었다.

1학기의 큰 주제는 성미산학교 별관을 '생태적으로 순환하는 공간'과 '편안한 공간'으로 만드는 것이었다. 먼저 별관을 편안한 공간으로 만드는 것을 주제로 아이들과 브레인스토밍을 했다. 여러 가지 의견이 나왔고 자기가 하고 싶은 것과 연관된 의견을 모아 모둠을 만들고 다른 아이들에게 제안하는 '프로젝트 제안 발표회'를 열기로 했다. 아이들은 기대보다 더 자세하고 깊이 생각해서 제안서를 썼다. 주제별로 모인 아이들은 모둠 회의를 했고 어떻게 발표를 할 것인가 고민했다. PT, 연극, 모형 만들기, 샘플 만들기 등 5학년 아이들은 선배로서 1년 동안 미리 익힌 자신의 경험을 고스란히 드러내었다.

별관에서 지내면서 필요한 것이나 혹은 자신들에게 필요한 것들을 직접 만들어 보기로 했는데 사물함 만들기, 분리수거 함 만들기, 2층 베란다 꾸미기, 별관 벽 칠하기 등이 제안되었다. 아이들은 각자 자기의 주제에 대해 좀 더 깊이 고민을 하였고 생활에 급히 필요한 것부터 순서를 정해서 진행하기로 했다. 가장 먼저 사물함을 만들고 그 다음으로 자연스레 분리수거 함 만들기가 진행되었다. 사물함 만들기는 집살림 프로젝트를 진행하는 데 기본 토대를 닦는 과정이 되었다. 목공에 대한 기초, 나무에 대한 이해, 공구 사용법, 설계도나 재단표를 만들어야 하는 이유 등을 배우고 익혔다. 선배 그룹은 프로젝트를 어떻게 이끌어 가야 하는지, 그리고 후배들에게는 어떻게 설명해야 하는지에 대해서도 알아 갔다. 이 과정을 통해 아이들에게는 서로 이해할 수 있는 공통의 언어가 생겼고 이는 2학기 집 짓기 작업을 할 때 큰 도움이 되었다. 자기가 할 일을 다 마치고 다른 사람을 흔쾌히 도와주는 모습도 많이 보였다. 교실 안에서만 생활했다면 보지 못했을 모습이지만 다양한 프로젝트 활동을 통해 아이들의 새로운 면들과 그것을 찾아내는 눈들이 길러지고 있는 것이 보였다. 교사의 말 한마디보다 선배의 경험이 중요한 것이다. 선배가 된다는 것은 어떤 노릇을 해야 하는지를 안다는 것이다.

이러한 경험을 가지고 학기 초부터 아이들이 하고 싶었던 집 짓기를 하였다. 다들 정말 잘 만들고 싶은 마음이 간절했다. 건축에 대한 학습과 작업을 더불어 했다. 최종 디자인은 평상 위에 이층집을 얹는 구조가 되었다. 그 이유는 지금 생각해도 절로 웃음이 난다. 집의 모양에 대한 회의를 하던 중 '완성'에 대한 두려움과 '집을 짓자'라는 간절한 욕구를 절충시켜 '평상을 만들고 그 위에 집 만들기'라는 결과를 내놓았다. 집을 짓다가 완성을 못 해도 평상은 남을 수 있다는 나름 그럴싸한 이유였다. 성미산마을과 북촌 등에서 다양한 평상을 구경하고 디자인을 마친 후 본격적인 작업에 들어갔다. 작업은 마을에서 목수로 일하는 하마 선생님이 함께해 주셨다. 땅을 고르고 평형을 맞추는 것으로 집 짓기는 시작됐다. 아이들은 힘들고 어려운 도전을 더 즐거워했다. 연신 입으로는 '힘들어 죽겠다'를 별관 자치회의 풍경.
아이들 옆으로 보이는 건축물이 집살림 프로젝트에서 만든 별마루이다.
별관을 떠나기 전까지 3년 동안 별마루는
아이들의 쉼터이자 놀이터이자 아지트가 되어 주었다.

연발했지만 자랑스러움이 넘쳐났다. 다른 살림 반 친구들에게 톱질 한번, 못질 한번 시켜 줄 때도 얼마나 힘들고 어려운 일인지를 설명하는 것을 잊지 않았다.

땅에 붙박이 형태로 집을 짓는 것이 아니라 평상 위에 짓는 것이라 언제든, 어디로 이사를 가든 쉽게 이동할 수 있었다. 먼저 평상을 만들고 그 위에 기둥 4개를 세워 벽을 만들고 그 위에 지붕을 대신하여 다시 평상을 만들어 올려 옥상을 만들었다. 이렇게 만들게 되면 평상과 방, 평상으로 분리하여 이동하여 다시 조립할 수 있게 된다. 4개의 벽에는 각각 개성과 용도에 맞춰 문을 만들었다. 여러 개의 고무줄을 위아래로 연결하여 만들어 고무줄을 손으로 젖히면서 들어가는 문, 멋진 풍경을 그린 나무 문, 낙서를 할 수 있는 칠판으로 만든 문 등이 완성되었다. 마지막으로 한쪽 벽은 미닫이문으로 만들었는데 특별히 다 같이 고민하고 공부를 하여 전통 창살과 문풍지를 이용하여 만들었다. 그렇게 한 평 정도 되는 방이 있는 집이 완성되었다. 집의 이름을 짓기로 했는데 의견이 분분하여 공모하기로 했다. 귀곡산장, 별집 등 다양한 의견이 나왔는데 그중 '별마루'가 가장 인기가 있어 그것으로 결정하기로 했다.

이후 별마루는 별관을 떠나기 전까지 3년 동안 아이들의 쉼터가 되었다. 아이들은 직접 만든 사다리를 타고 옥상에 오르락내리락하며 놀거나 방에 들어가 공기놀이를 하기도 하였다. 볕 좋은 날에는 별마루에 앉아 친구들과 점심을 같이 먹기도 하고 옥상에 올라가 높은 가지에 있는 감을 따기도 했다. 때로는 숨바꼭질도 하고 비밀 이야기도 나누는 등 아이들의 아지트가 되었다. 별관 터가 팔려서 떠나야 한다는 소식을 듣고 아이들은 마당이 있는 별관과 자신들이 지은 별마루에 아쉬운 마음을 숨길 수 없었다. 별관과 별마루를 떠나는 우리 나름대로의 이별식을 만들어 여러 사람들을 초대하여 별관을 추억하는 자리를 만들기도 했다. 하지만 별마루를 어디로 이전할 것인지는 모두들 고민이었다. 새로운 별관으로 이사를 가게 되면 옮길 수 있을 거라는 기대를 품었지만 마당이 없어 별마루를 놓을 자리가 마땅치 않았다. 발을 동동 구르며 어떻게 하면 좋을까 고민만 하다가 이사를 하게 되었다. 시간에 쫓겨 별마루를 어디에 어떻게 옮길 것인지 이야기를 충분하게 나누지 못한 것이 너무 아쉽다. 그렇게 별관이 무너질 때 우리의 추억이 깃든 별마루도 함께 사라져 버렸다. 하지만 지금도 별관을 떠올리면 흰 눈이 펑펑 오던 날 별마루에서 신나게 눈싸움을 하던 아름다운 광경이 제일 먼저 생각난다. 별마루, 안녕.

### 놀이터는 위험해야 한다

2014년에 다시 집살림 프로젝트 담임을 하게 되었다. 이번 프로젝트의 주제는 놀이와 쉼이 있는 공간으로 정했다. 아이들과 프로젝트를 해 본 경험에 비추어 보면 아이들에게 필요한 것은 놀이였다. 그래서 아이들과 놀이터를 만드는 프로젝트를 진행하고 싶다는 생각을 오래전부터 꿈꿔 왔다. 그 생각만으로도 웃음이 떠나지 않고 심지어 설레기까지 했다. 처음 성미산학교 건물이 지어지는 곳을 봤을 때, 집들 사이에 파묻혀 운동장도 없는 데다 떠들기도 힘든 공간인 것을 알고 많이 속상했었다. 그리고 지내면서도 늘 공간이 부족해서 좁은 복도와 교실에서 부대끼는 아이들을 보며 안타까웠다. 그런 마음을 집살림 아이들과 함께 고민하고 해결해 보고 싶었다. 우선 학교에 작은 놀이터, 쉬는 공간을 만들고 나아가서는 마을에도 그런 공간을 만들고 싶었다.

그래서 프로젝트 팀 이름도, 우연인지 아니면 나의 마음이 교묘히 반영됐는지, '공간 해결단'이 되었다. 1학기에는 놀이가 있는 공간에 중점을 두고 작업하기로 했다. 먼저 놀이가 있는 공간을 만들려면 '잘 놀아 봐야 한다'는 아이들의 사심이 엄청 들어 있는 의견이 나왔다. 압도적인 지지를 받고 놀이 시간을 결정했다. 그 이후 우리는 놀이를 연구한다는 이유로 공놀이, 오징어, 어부와 낚시 등을 하며 틈만 나면 놀아서 다른 반의 부러움을 샀다. 어떤 놀이를 정할 때, 팀을 나눌 때, 놀이를 하다 싸움이 났을 때, 누군가 다쳤을 때, 놀이가 끝났을 때 우리는 늘 이야기를 나누었고 어떻게 하면 잘 놀까를 함께 생각했다. 내가 어릴 때는 누가 따로 노는 시간을 주어서 노는 법까지 알려 주고 심지어 평가까지 하면서 노는 것은 상상할 수도 없는 일이었다. 프로젝트를 할 때 담임인 나의 역할은 '아이들의 놀이에 최소한 최선의 개입만 한다'였다. 시간이 지날수록 아이들은 주체가 되어 놀이를 기획하고 자율적으로 원칙을 만들고 지켜 나갔다. 긴 놀이 끝에 우리가 내린 결론을 간단히 말하면 많이 놀아 봐야 잘 놀고 사이도 좋아진다는 거였다. 난 아직도 공간 해결단의 분위기가 좋았던 가장 큰 이유는 구성되자마자 만날 놀면서 이런저런 산전수전을 다 겪었기 때문이라고 믿어 의심치 않는다.

놀이가 있는 공간, 놀이 기구가 있는 공간을 만들기 위해 먼저 갈 만한 놀이터를 찾아보기로 했다. 다양한 놀이터를 찾아보던 중 알게 된 것은 우리나라 놀이터가 신기하게도 거의 똑같이 생겼다는 사실이었다. 화학 물질로 만들어진 바닥, 여름에는 화상을 입을 수도 있는 철로 만든 미끄럼틀 등 아이들을 고려하지 않은 재질, 아무런 감동을 주지 않는 디자인과 색상……. 특히 아이들이 노는 모습을 부모들이 잘 볼 수 있도록 기구들이 넓은 놀이터 공간 가운데 덩그러니 위치해 있는 것이 대부분이었다. 그러다 우연히 아파트 놀이터처럼 정형화된 디자인으로 만들어진 놀이터가 아닌 친환경적인 재료와 자유로운 디자인으로 구성된 놀이터를 발견하게 되었다. 등잔 밑이 어두웠다. 1년에 수십 번은 다녔던 상암동에 있는 모험 놀이터란 곳이다. 가기 전에 모둠을 나누고 어떤 부분을 평가할 것인지 항목을 정했다. 디자인, 안전성, 재미, 재료, 설치 가능성, 우리가 만들 수 있는지에 대한 현실성 등이 평가 항목으로 정해졌다. 그곳에 가서 다양한 놀이 기구를 타 보았고 각 모둠별로 결과를 발표하였다. 그네, 미끄럼틀, 평균대, 정글짐 등의 사진을 붙여 놓고 각 분야별 별점을 매기고 높은 별점을 받은 순서대로 정리해 보았다. 여러 가지 학교 상황(예를 들면 좁은 공간)과 우리가 다룰 수 있는 재료 등을 고려해 제일 높은 별점을 받은 그네를 만들기로 했다.

그네를 어디에 어떻게 만들지를 고민하던 차에 EBS 다큐프라임 〈놀이터 프로젝트 1부 - 위험한 놀이터로 오세요〉 편을 아이들과 같이 봤다. 보는 내내 아이들은 "맞아, 맞아"를 연발했고 한국의 모든 놀이터가 얼마나 한심한지, 자신들이 놀기에 얼마나 재미가 없는지를 성토했다. 그 영상 속에 등장하는 '귄터'라는 놀이터 디자이너는 사실 놀이터는 따로 '필요 없다'고 말한다. 다양한 공간에서 스스로 놀이를 만들어 내는 아이들은 항상 탐험가고 모험가이기 때문이다. 귄터는 아이들은 높은 곳에서 떨어져 봐야 하고 그 시기가 빠르면 빠를수록 좋다고 말하기까지 한다. 떨어져 봐야 스스로 떨어지지 않는 방법을 배울 수 있다는 뜻이다. 우리는 이 말에 말 그대로 '꽂혔다'.

외줄 그네, 해먹, 나무 그네 이렇게 세 모둠으로 나누어 자료를 찾았다. 처음에는 '만들 수 있는지 없는지에 상관하지 않고 마음대로 그리기'를 하였다. 아이들은 자유롭게 원하는 대로 그렸다. 그리고 점차 아이들이 그린 그림, 도면을 실제로 만들 수 있게 같이 수정을 해 나갔다. 나는 이 작업이 중요하다는 것을 여러 번 경험했다. 그냥 한번 해 본 말이, 대충 그려 본 그림이, 상상 속의 아이디어가 실제로 만들어져 눈으로 볼 수 있다는 사실이 정말 놀랍지 않은가! 많은 사람들에게 도움을 준 경험을 한 아이들은 작은 것도 그냥 지나치지 않게 된다. 이렇듯 아이들의 만들기 활동은 창의성, 미적 감각뿐만 아니라 작은 것을 관찰하는 힘도 길러 준다. 그림 속 그네가 실재할 수 있도록 구체화하는 작업을 할 때 도와준 예술가 그룹이 있었다. 바로 룰루랄라예술협동조합 조합원들이다. 룰루랄라는 성미산학교의 지하 목공실에서 동거하는 아티스트들이다. 2014년부터 작업 공간이 없는 아티스트들에게 학교의 공간을 공유하며 같이 지내고 있는데 그들 중 상덕, 다화, 다케시 등이 집살림 반 학생들과 작업을 함께 했다.

그네를 학교에 설치하기 전에 성미산에서 먼저 시운전을 해 보기로 했다. 산 여기저기에 모둠별로 그네를 설치했다. 그네를 나무에 걸기 위해 줄을 던졌지만 자꾸 실패했다. 아이들은 이런저런 궁리를 했지만 줄은 야속하게도 걸리지가 않았다. '줄 끝에 무거운 것을 묶어서 던지면 되는데……' 말해 주고 싶었지만 기다리면 결국 방법을 찾을 것을 알고 있기에 참았다. 드디어! 줄에다 나뭇가지를 묶어 던지자는 의견이 나왔고 그때부터는 줄에 묶인 나뭇가지를 피하는 것에 더 신경을 써야 했다. 마침내 줄이 걸리고 그네를 달아 타는 아이들을 보니 춘향이가 따로 없었다. 그리고 해먹을 달기로 한 모둠은 개나리로 가려진 으슥한 곳을 찾아 그물을 엮어 해먹을 걸었다. 해먹의 균형을 잡기가 어려워 긴장한 모습이 역력했는데도 더 없이 편하다고 능청을 떠는 모습이 정말 사랑스러웠다.

시운전을 마친 후 본격적인 작업을 하게 되었다. 학교 어디에 설치할지가 가장 큰 숙제였다. 학교 공간 중에서 그나마 뛰어놀 수 있는 중앙 정원에 그네와 해먹을 설치하면 다른 놀이에 방해가 될 수도 있었기에 고민이 많았다. 또 그동안은 자유롭게 놀던 놀이 문화였는데 놀이 기구가 생기면 줄을 서야 하고 다치거나 다툼이 일어날 수도 있다는 다양한 문제가 예상되었기 때문에 고심했다. 일단 나무 그네는 중앙 계단 밑에 죽어 있던 공간에 다는 것으로 했다. 신의 한 수였다. 외줄 그네는 튼튼한 곳에 달아야 하기 때문에 이런저런 곳을 탐색하다가 3층 난간 철 기둥에 달기로 했다. 마침 등산 장비 가게를 운영하는 부모님이 계셔서 등산용 로프를 싸게 구입할 수 있었다. 높은 곳에 그네를 다니 진동의 폭이 커져서 더 많이 흔들렸다. 외줄 그네를 타 보니 사타구니가 아픈 점, 너무 높이 날아 천정에 발이 닿는 점, 지나가다 그네와 부딪히면 다칠 수도 있다는 점, 소음이 있다는 점 등의 문제점들이 나타났다. 줄이 벽에 부딪혀서 생기는 소음은 부딪히는 곳에 두꺼운 고무 발판을 달아 해결했고 다른 문제들도 조금씩 개선해 나갔다. 초등 저학년 친구들뿐 아니라 학생들이 없는 시간에는 은근슬쩍 중등 선배들, 교사들까지 그네를 타는 모습을 발견할 수 있었다.

### 무엇이든 놀이가 될 수 있다

놀이가 있는 공간 만들기 작업이 끝나고 2학기에는 쉼이 있는 공간 만들기 작업을 시작했다. 먼저 쉼이 될 만한 공간을 찾았다. "머리카락 보일라! 꼭꼭 숨어라!" 학교에서 나만의 비밀스러운 공간으로 만들고 싶은 곳에 숨어 보자는 규칙하에 — 물론 위험한 전기가 흐르는 전압실이나 으슥한 지하 창고를 제외하고 — 숨바꼭질을 했다. 아이들은 늘 예상을 벗어난다. '정말 안 보이는 곳에 숨으면 어떻게 찾지?' 하는 생각은 허망하게 끝났다. 뻔히 보이는 음악실 책상 밑에 꿩마냥 머리만 숨기고 있는 녀석, 도서관 책장과 벽 사이에 납작하게 들어가 쥐포가 되어 있는 녀석, 건물 모서리만 돌면 보이는 계단 밑에 쭈그리고 있는 녀석 등. 어쨌든 숨어 있는 친구들을 찾아다니며 평소에는 그냥 지나쳤던 공간들을 다시 한 번 돌아보왔다. 아이들이 마음에 들어 하는 공간은 1층 미니샵 옆이었다. 비가 내려도 놀 수 있고 옆의 중앙 정원과 연결되어서 놀다가 쉬기도 좋다는 의견이었다.

공간을 찾고 나서 디자인 작업에 들어갔다. 마침 설치해 놓은 2층 침대를 이용한 다양한 디자인이 나왔다. 갖가지 정글짐 형태, 거미줄처럼 엮는 천정, 롤러코스터 같은 괴물……. 그중 한 아이의 아이디어 스케치 속에 체조 경기 때 쓰는 고리 같은 것을 천정에 매달아 놓은 것이 있었다. 귀퉁이에 그려진 고리 모양의 손잡이를 아이들은 놓치지 않고 꼭 만들어 보자고 이야기했다. 손잡이를 연결할 방법, 손잡이의 재료, 손잡이를 설치할 곳을 고민했다. 손잡이의 재료를 친환경적인 재질로 해 보고 싶었지만 원형 손잡이 모양을 아이들이 만들어 내기에는 어려움이 있었다. 다양한 것들을 찾아보던 중 버스 손잡이로 하면 좋겠다는 반짝이는 아이디어가 나왔다. 물론 원재료가 플라스틱인 것이 문제가 되었지만 무엇보다 중요한 안전 문제에 부합하는 것을 위안으로 삼아 버스 손잡이를 구입했다. 동네 친절한 스테인리스 가게 주인아저씨의 도움으로 잘 재단된 스텐 봉을 구입할 수 있었다. 학교 구조물에 용접을 하면 녹슬 수 있어서 안 된다는 조언 덕분에 천정의 틈새에 딱 맞춰 도면을 만들었다. 스텐 봉들을 연결해 설치하던 날, 우리가 그린 도면대로 스텐 봉을 끼웠을 때 딱! 딱! 맞아 들어가는 순간순간이 정말 짜릿했다.

설치를 하는 날은 정말 추웠다. 아이들 입에서 저절로 '아이고, 아이고' 신음 소리가 나왔다. 특히 다 끼운 스텐 봉을 들고 책상 위에 운동장이 없는 성미산학교를 놀이가 있는 공간으로 만들기 위한 프로젝트를 진행했다. 외줄 그네, 나무 그네, 해먹을 만들어 달았는데, 안전에 대한 민원이 끊이질 않았다. 그럴 때마다 우리는 이렇게 답했다. "놀이터는 위험해야 된다고요!"(위)

중앙 정원 옆 숨어 있는 공간에 버스 손잡이를 이용한 놀이 기구를 만들었다. 설계에서 시공까지 많은 힘이 들었지만, 고생한 만큼 인기 만점!(아래)

올라가 머리 위로 들어 올려 설치하는 일은 힘들었다. 스텐 봉이 자꾸 빠져 무너질 때마다 '죽을 뻔했다'고 말하는 아이들의 목소리에는 자부심과 설렘이 묻어 있었다. 서로 시험 놀이를 할 때는 혹시나 우리가 만든 기구가 부서질까 봐 아끼고 소중히 여기는 모습이 역력했다.

힘들게 작업한 보람이 있게 일명 '버스 손잡이 놀이 기구'는 초등 아이들에게 엄청 큰 인기를 얻었고 지금도 다양한 놀이를 창조해 내는 역할을 톡톡히 하고 있다. 한동안 아이들 사이에서는 버스 손잡이 놀이를 하다 생긴 굳은살의 크기를 견주어 보며 아기, 엄마, 아빠 굳은살이라고 자랑을 하는 것이 유행이 되기도 했다.

예상했던 대로 놀이터에 대한 이런저런 우려의 소리는 끊이질 않았다. "해먹이 흔들려 지나가던 아이들이 부딪히고 창문이 깨질 수도 있을 것 같다", "외줄 그네가 너무 많이 흔들려서 천정이 무너지겠다", "버스 손잡이가 무너지면 어떻게 하나?" 등 쏟아지는 민원을 해결하느라 프로젝트 시간이 심심하질 않았다. 이런 말을 하는 사람들의 대부분은 어른들이었다. 하지만 물리적으로 해결할 수 있는 것들을 다 했는데도 들어오는 민원에 우리가 한 말은 늘 하나다.

"놀이터는 위험해야 된다고요!"

### 도움이 되는 일을 한 사람

집살림 프로젝트를 할 때마다 아이들은 스스로 땀 흘려서 만든 것들을 다 함께 쓸 수 있다는 자부심과 성취감을 느꼈다. 살림 프로젝트를 진행해 오면서 발견한 것은 아이들은 내가 하는 일이 누군가에게 도움이 되는 기쁨을 즐길 줄 안다는 사실이다. 그래서 나는 프로젝트를 할 때마다 1학기는 작업의 기초와 기능을 익히고 새로운 구성원들과의 호흡을 맞추는 과정으로, 2학기는 익힌 것을 토대로 학교나 마을에 기여할 수 있는 눈에 보이는 결과물을 만드는 것으로 구성한다. 결과물로 인해 갖게 되는 자부심과 보람, 다른 사람들에게 받는 칭찬의 경험은 스스로를 '도움이 되는 일을 한 사람'으로 여기며 자존감을 높인다. 아이들은 학교 곳곳에 있는 프로젝트 결과물을 볼 때마다 어깨가 으쓱해진다. 물론 교사도 그렇다. 결과물을 만들어 내기까지 여러 가지 문제들을 만나고 해결하기를 반복하는 과정은 많은 인내와 끈기를 필요로 한다. 아이들은 집중력과 호흡이 짧아 긴 흐름으로 작업하는 것에는 어려움을 겪기 마련이다. 고맙게도 이 과정에서 아이들과 교사는 많은 것을 경험하고 배운다. 또한 다양한 학년이 참여하는 프로젝트 작업에서 저학년과 고학년은 서로에게 배우기도 한다. 가르치지 않아도 아이들이 서로 협력하는 모습은 놀이와 작업을 할 때 늘 나타나는 풍경이다. 협력하면 문제를 해결하기 쉽고 재미있다는 것을 경험을 통해서 지혜롭게 익혀 가는 것이다.

# 좋은 노동과 지혜로운 교육
## - 농장학교 프로젝트

**진진(백흥미)**
서른 중반을 살았지만 아직도 뭐라고 자신을 소개해야 할지 고민하며 살아가고 있습니다. 성미산학교 교사이기도 하고, 때론 하고 싶은 일들을, 때론 해야 하는 일들을 하며, 때론 세상도 고민하며 그냥 살아가고 있습니다.

성미산학교는 서울 마포에 있는 작은 대안학교로 생태 위기의 시대에 교육을 생태적으로 전환해 가기 위해서 노력하고 있는 학교입니다. 초등에선 '의식주', 중등에선 '전환', '재생' 등의 키워드를 중심으로 학생들과 함께 교육과정을 만들어 가고 있습니다. 그런데 '도시'라는 말로 대변할 수 있는 현대 사회의 공간은 내가 배우고 있는 것과 삶을 유기적으로 연결하기 어려운 곳이지요. 더불어 아이들은 어른들보다 더 빠르게 생태적 감수성을 높여 갈 순 있지만 그것을 자신의 삶과 연결해 가기엔 아직 부족한 나이이고요.

이런 문제의식에서 생태적 감수성, 생태적 능력이라고 이야기해 온 우리의 배움으로 우리의 생활을 직접 꾸려 가는 경험을 만들어 보면 어떨까 고민하게 되었습니다. 그 고민을 바탕으로 2009년부터 7학년 아이들이 '100일 학교'란 이름으로 한정된 시간, 한정된 공간이나마 시골로 내려가 농사를 짓기 시작했습니다. '자립'이란 이름으로 자기 생활을 꾸려 보고 '공동체'라는 이름으로 친구들과 함께 더불어 생활해 가는 연습을 합니다. 2012년부터는 아예 교육과정을 1년으로 확장해 강원도 평창과 홍천 등지에서 농장학교를 진행하고 있습니다.

---

**농장학교 프로젝트** 도시 바깥의 지역을 기반으로 하는 마을 만들기 과정임과 동시에 생태적 삶의 방식을 만들어 가는 프로젝트입니다. '농(農)'을 기반으로 자립할 수 있는 기술들을 배우면서 실제 생활에서의 살림 능력을 키우기 위해 지역을 토대로 새로운 관계를 맺고 협업을 하면서 구체적인 마을살이를 실현해 봅니다.

## 두려움과 설렘 속에 시작된 농장학교

처음 100일 학교를 1년이라는 긴 호흡을 가진 교육과정으로 확장하면서 먼저 부모님들과 학생들의 동의가 필요했습니다. 부모님들의 가장 큰 걱정은 두 가지였습니다. 첫 번째는 시골에서 아이들이 안전하게 보호받으며 건강하게 생활을 유지해 갈 수 있을지에 대한 것이었습니다. 두 번째는 1년간 영어, 수학 등의 교과 학습을 하지 않는 것에 대한 불안감이었지요. 그래서 처음 농장학교를 제안했던 첫해에는 서로의 불안을 확인하는 과정의 연속이었습니다. 1년여 동안 농장학교라는 것이 어떤 의미를 가지는지 부모님들과 교사들이 계속해서 이야기를 나누고 교장인 스콜라가 쓴 생태교육에 대한 글들을 비롯해 다양한 생태 도서들을 읽으면서 함께 학습을 해나갔습니다. 이런 과정들을 통해 우리 아이들에게 왜 생태교육이 필요한지, 우리가 살아가는 시대가 어떤 시대인지 공감대를 넓히고 서로의 눈높이를 맞춰 갈 수 있었습니다. 농장학교는 자연스럽게 학생들이 꼭 경험해야 할 교육과정으로 자리를 잡게 되었고, 마침내 2012년부터 시작할 수 있게 되었습니다. 부모님의 생각의 변화는 당연히 아이들에게도 영향을 미치게 되었지요.

아이들은 도시의 문명으로부터 떠난다는 것, 즉 컴퓨터 게임, 휴대전화 사용, 아이돌 가수들로부터 멀어지게 된다는 데 불편함을 갖고 있었습니다. 생활에 필요한 일들을 자신들이 직접 해야 한다는 것과 농사일을 해야 한다는 것에 대해 막연한 거부감을 보이기도 했습니다. 하지만 부모님들이 변화하는 걸 보고 가족을 떠난 새로운 생활도 상상해 보면서 조금씩 농장학교에 대한 기대들이 커지기 시작했습니다. 6학년 때 떠나는 긴 졸업 여행을 통해서 친구들과 함께 생활하는 것에 대해서도 미리 겪고 상상해 볼 수 있게끔 디딤돌을 놓아 가며 7학년을 준비하였습니다. 부모님을 떠나야 한다는 불안과 독립적으로 자기 생활을 꾸릴 수 있다는 기대, 그리고 한 번도 해 보지 않은 농사에 대한 약간의 설렘을 가지고 농장에서의 학기를 시작할 수 있게 되었지요.

저의 경우 2012년에 여러 선생님들과 함께 교육공동체 벗과 충남 홍성의 교육농(農)연구소에서 진행한 '농사학림'에 참여하였습니다. 후쿠시마, FTA, 기후 변화 등 일련의 생태 위기의 징후들을 마주하면서, 그리고 책을 통해 여러 글들을 만나면서 먹고 사는 일에 대해 근본적인 고민이 필요하단 생각이 들었습니다. 내가 무엇을 먹는지, 그것이 어떻게 만들어지는지, 내가 먹는 것이 다른 존재들과 어떻게 연결되어 있는지 등 이전엔 고민하지 않던 일들이, 보이지 않던 것들이 궁금해지기 시작했고 '농사'를 배워야겠단 생각이 들었습니다. 그리고 농사학림에서 농사를 배우면서 자연과 협력하며 몸을 움직여 농사를 짓는 게 단순히 먹을거리를 생산하는 것을 넘어선 의미를 가진 행동임을 알게 되었습니다. 교사로서 그 경험을 아이들과 나누고 싶었고, 그것이 농장학교에 함께해야겠다는 생각으로 이어지게 되었습니다. 2013년, 그렇게 저는 열두 명의 7학년 아이들과 평창에서의 생활을 시작하게 되었습니다.

## 농장학교의 일상들

아이들과 농장학교 프로젝트를 진행할 준비를 하면서 제가 가장 크게 했던 고민은 24시간을 어떻게 운영할지였습니다. 학교라는 곳에는 언제나 정해진 시간표가 있었기에, 학생들과 그런 시간표를 벗어나 어떻게 농장에서 함께 생활할지 그림이 잘 그려지지 않았습니다. 그런데 농장에 도착해 이틀을 보내고 나서 쓸데없는 고민이었음을 깨달았습니다. 매일매일 하루 세 번의 식사를 준비하는 농장에서의 삶은 밥을 먹는 시간들을 기준으로 짜였습니다. 아침 먹기 전, 아침 먹은 후, 점심시간, 점심 먹은 후, 저녁 식사, 저녁 먹은 후. 그럼 하루가 벌써 다 지나 있었습니다.

농장의 하루는 아침 산책으로 시작합니다. 여름에 접어들고선 날이 일찍 더워져서 아침을 밭일로 시작하기도 합니다. 그리고 점심 전 오전 일과와 점심 후 오후 일과로 나뉩니다. 오전에는 보통 일을 합니다. 밭이나 논으로 일을 하러 가거나 학교의 살림살이(옷, 집, 밥 세 살림으로 나뉘는데 밥살림은 부엌살림, 집살림은 학교 시설 관리, 옷살림은 학교에 필요한 이런저런 소품들을 만들거나 빨래를 합니다)를 돌봅니다. 오후에는 지역의 예술가 선생님을 모시고 판소리도 하고, 한국화도 그리고, 몸 놀이를 하는 시간도 가집니다. 이렇게 하루를 보내고 저녁을 먹은 후엔 모두 모여 오늘 하루를 어떻게 보냈는지, 서로 생활하는 데 불편함은 없는지 점검하는 '하루 닫기'를 합니다. 농장에서의 하루는 보통 이렇게 지나갑니다.

아이들은 어른들이 예상한 것과 달리 농장의 생활에 별 어려움없이 적응해 갔습니다. 전해에 먼저 농장에서 생활했던 8학년 선배들이 함께 생활하며 겪게 될 어려움에 대해 다양한 충고와 약간의 협박(?)을 해 주었는데, 그것을 양식 삼아 잘 적응해 갔습니다. 그럼에도 농장에 적응하는 한 달 동안은 하루 닫기를 할 때마다 매일 생활 공청회가 벌어졌습니다. '문을 너무 세게 닫아서 시끄럽다', '말소리가 너무 크다', '설거지를 깨끗하게 하지 않는다', '잠자는 시간에 시간을 지키지 않고 너무 오래까지 떠든다', '세탁이 다 된 빨래를 바로 꺼내서 널지 않는다' 등 기본적인 생활과 관련한 부분 외에도 냉장고에 넣어 둔 과자의 개수가 줄어드는 일, 간식을 나눠 주다 간식이 사라지는 일 등 그때그때 생긴 사건들까지⋯⋯. 하루 닫기는 그런 일들을 해결해 가는 장이었습니다. 듣고 싶고 보고 싶은 음악과 영화를 어떻게 할 것인지, 서울의 가족과 친구들과는 어떻게 연락할 것인지 등 생활의 A부터 Z까지를 함께 다듬어 가야 했습니다. 이렇게 생활 공청회를 한 달 반쯤 진행하자 서로 무엇을 맞춰 가며 생활해야 할지가 조금씩 다듬어지고, 서로 불편하지 않게 지낼 수 있는 선에 대한 감각이 자리 잡아 가기 시작했습니다.

그런데 이런 과정 속에서 아이들을 정말 당황하게 만든 것은 식사 당번도, 여러 친구들과 함께 생활하는 것의 어려움도 아닌 '아무 것도 안 할 수 있는 시간'이었습니다. 오전, 오후 일과에서 2시간 정도씩을 빼면 많은 시간들이 아이들에게 주어집니다. 농장에서 생활한 지 1~2주 정도가 지나면서 아이들은 자기에게 주어진 시간을 어찌 사용해야 할지 약간은 당황해하는 눈치였습니다. 아이들은 아무

것도 안 하는 시간을 가져 본 적이 거의 없었던 거지요. 한순간도 아이들을 놓아 주지 않던 휴대전화, 컴퓨터 게임이 없는 공간에서의 삶은 처음이거든요. 아이들은 조금씩 밖으로 나가 무언가 할 일을 찾기 시작했습니다. 나무를 자르기도 하고 낫을 갈기도 하고 선생님과 평상을 만들거나 치킨 트랙터*를 만들기도 하고 예초기로 운동장의 풀을 베기도 하고 오디를 따러 마을을 돌아다니기도 하고 누가 더 큰 오디 열매를 발견이라도 하면 다른 친구들이 알까 봐 몰래몰래 혼자 가서 따 먹기도 하고…….

두 번째로 아이들이 당황한 점은 먹고 싶을 때 마음대로 먹지 못하는 것이었습니다. 서울에선 가까운 골목에 빵집, 슈퍼, 생협, 식당 등이 다 있어 돈만 있다면 먹고 싶은데 먹지 못하는 상황이 없었고, 먹고 싶다는 걸 못 먹게 하는 어른들도 없었지요. 그런데 농장에 오니 돈도 없을뿐더러 몰래 숨겨 둔 돈이 있어도 근처에 먹을 것을 파는 가게가 없었습니다. 냉장고에 사 놓은 것만이 우리가 먹을 수 있는 것들이었습니다. 그래서 어느 토요일엔 누군가 모두가 늦잠을 자는 틈에 일찍 일어나 몰래 냉장고에 있는 과자를 빼먹는 일이 일어나기도 했습니다. 이 일을 어찌할꼬 싶었는데, 의외로 아이들은 너무 배가 고파서 한 일이니 한 번은 그냥 넘어가 주자는 놀라운(?) 의견을 냈습니다. 신기하게도 냉장고의 간식이 사라지는 일은 그 뒤로 없었습니다. 물론 먹을 것을 향한 투쟁은 그치지 않았지요. 몰래 사탕을 가져와서 숨겨 놓고 먹다가 들켜 아이들 전원이 간식을 금

* 풀과 벌레를 제거하는 데 쓰는 이동식 닭장.

지당한 일도 있었습니다. 간식을 자급자족하는 법을 터득해 가기도 했습니다. 밭에 나가 주렁주렁 달린 토마토를 따 먹거나, 감자나 옥수수를 삶아 먹기도 하고, 주변을 산책하며 오디, 앵두 등의 과일을 따 먹기도 합니다. 공짜로 차를 마실 수 있는 식당과 교회 자판기를 발견하여 매일 산책길에 들러 달달한 차 한잔으로 먹을 것에 대한 아쉬움을 달래기도 한답니다. (물론 간식을 안 주는 것은 아닙니다. 오해는 마시길.)

## 어린 농부들

24시간 생활을 함께했기에 위의 이야기들 외에도 농장에서 벌어진 일들을 모두 소개하려면 끝이 없을 것 같습니다. 그래서 지금부터는 아이들과 함께 지었던 농사에 대해 이야기를 풀어 가려 합니다. 농장의 7학년들은 어린 농부로 한 해를 살아갑니다. 자연히 농장의 달력은 농사를 중심으로 흘러갑니다. 200평의 밭과 1,000평의 논이 우리가 농사지어야 할 땅입니다. 마음씨 좋은 이장님을 만나 밭도 빌리고 논도 빌릴 수 있었습니다. 아이들과는 물론이고 제 자신도 제대로 된 땅에서 농사를 짓는 것은 처음인지라 설레기도 하고, 전해에 농사학림에서 배운 것들을 모두 실현해 보고 싶은 마음이 컸습니다. 처음 농장에서 농사를 시작하면서는 개인적인 호기심과 배움의 욕구가 더 컸던 것 같습니다. 홍성에서처럼 밭을 디자인하고, 더블 디깅으로 속 깊은 이랑도 만들어 보고, 다양한 작물을 집약적으로 심어 보기도 하고, 유기물 멀칭*으로 흙도 살려 보고, 작물을 잘 길러서 채종도 해 보고……. 이런 꿈들을 안고 아이들과 함께 농사를 시작하였습니다.

평창은 4월 말에도 눈이 내리는 지역이라 밭농사를 4월 중순이 넘어서야 시작할 수 있었습니다. 아이들과 농사를 지으면서 세운 원칙이나 구체적인 목표는 없었지만 몸으로 할 수 있는 일들은 최대한 해 보기로 하였습니다. 밭의 이랑을 만드는 작업부터 시작하였습니다. 모두 모여서 공동 밭과 팀 밭을 나누고 우선 밭의 설계도를 그렸습니다. 공동 밭은 동그란 원 모양으로 설계하고, 섞어짓기가 가능한 작물들의 목록을 살피면서 이것저것 우리가 자주 먹는 것들을 중심으로 심을 작물들을 정하였습니다. 팀 밭 역시 네 명씩 한 팀이 되어서 밭 모양도 디자인해 보고 리스트를 보면서 심을 작물들도 정리하였습니다. 더불어 선택한 작물들을 어떻게 키워야 하는지도 조사해 보았습니다. 네모난 모양, 부채꼴 모양 등 다양한 모양의 밭이 종이 위에 그려졌습니다. 작물들은 아이들이 먹고 싶은 것들에 더해 '아욱은 너무 잘 자라서 아욱을 심으면 맨날 아욱국을 먹어야 한다'와 같은 선배들의 조언을 고려해 정하였습니다. 밭의 경사도와 방위도 고려해서 그림 속 이랑 위에 작물들을 적절히 배치해 보았습니다.

설계도는 완성되었지만 아직 우리 앞에는 아무것도 없는 텅 빈

---

* 농작물이 자라고 있는 땅을 짚이나 풀 따위로 덮는 일. 농작물의 뿌리를 보호하고 땅의 온도를 유지하며, 흙의 건조·충해·잡초 따위를 막을 수 있다.

강원도 홍천 농장학교의 열네 살 농부들.
밭을 디자인한 후 종일 삽질을 해서 설계도대로
이랑을 완성했다. 드디어 작물을 심을 차례.
"준비됐나요? 밭에 고추 모종 심으러 갈까요?"

넓은 땅만 펼쳐져 있을 뿐이었습니다. 모두 합쳐 어른 한두 명분도 안 되는 노동력으로 200평 밭에 이랑을 만들기는 어려울 듯해서 서울에 있는 선배들을 초대하였습니다. 흔쾌히 내려와 준 선배들과 아이들은 함께 종일 삽질을 하였지요. 오랜만에 내려온 서울 손님들의 수다 덕에 힘든 줄도 모르고 꼬박 4시간을 삽질한 결과 동그란 부채꼴 모양의 밭이 하나씩 하나씩 완성되어 갔습니다. 횟가루로 이랑의 모양을 그린 후 한 삽, 한 삽 흙을 퍼 가자 설계도와 같은 이랑이 현실의 밭에도 만들어졌습니다.

이랑을 모두 만들었으니 이제 작물을 심을 차례입니다. 평창 여러 면에서 열리는 오일장에 아이들과 필요한 모종을 사러 나갔습니다. 농장에 있는 비닐하우스에서 직접 고추, 얼갈이배추, 토마토, 쌈 채소, 호박 등의 모종을 내려고 시도해 보기도 했으나, 날씨가 춥고 비닐하우스라 하더라도 전문적인 시설이 없다 보니 모종을 기르는 게 쉽지 않았습니다. 농사를 시작할 철이 되면 시골 오일장엔 모종을 파는 분들이 아주 많습니다. 다들 고추 모종이 어떻게 생겼는지, 호박 모종이 어떻게 생겼는지, 딸기 모종은 어떻게 생겼는지도 모르면서 이것저것 물어 가며, 모종들의 생김생김을 눈으로 익혀 가며 우리가 심을 녀석들을 찾아냈습니다.

4월 말에서 5월 초 사이에 밭에 작물들의 씨앗과 모종을 심었습니다. 작물을 심으면서 종자에 대한 공부도 같이 하였습니다. 종묘상에서 구입해 온 씨앗들은 모두 소독이 되어 있어 분홍색이거나 파란색이거나 빨간색이었습니다. 옥수수 씨앗의 색깔도 분홍색이었지요. 소독되어 있는 씨앗과 다국적 종묘 회사, 토종 종자 등을 아이들과 공부하며 몇 주에 걸쳐서 계획한 작물들을 심었습니다. 벌레가 많이 생기는 작물들은 향이 많이 나는 작물들과 함께 심기도 하고 한 이랑에 여러 종류의 작물들을 함께 심기도 하였습니다. 모종을 옮겨심기 시작하자 조금씩 밭에 녹색 빛이 생겨나기 시작하였습니다.

일교차가 큰 평창은 초여름이 되기 전까지는 작물이 잘 자라지 않습니다. 낮은 따뜻하지만 밤은 매우 추우니까요. 천천히 자라나는 작물들을 아이들과 함께 기다렸습니다. 매일 저녁을 먹고 해가 질 무렵이 되면 함께 나가서 물을 주었습니다. 처음엔 물을 주는 것이 귀찮기만 한 일이었습니다. 그런데 신기하게도 매일 조금씩이라도 물을 주고 살펴본 작물들이 더 건강하게, 더 빠르게 자랐습니다. 아이들도 작물들이 손이 가는 만큼 자라고 있다는 것을 발견하게 되었지요. (공동 밭의 작물들이 가장 천천히 자라났습니다. 아이들은 그 점도 발견해 냈지요.) 더불어 물을 뜨는 일을 좋아하는 아이, 물을 날라 주는 일을 좋아하는 아이, 밭에 물을 주는 일을 좋아하는 아이 등으로 일이 분담되면서 물을 주는 일이 하나의 놀이가 되는 경험도 하게 되었습니다.

5월이 지나가면서는 흙과 생명의 유기적 관계와 순환에 대해 함께 공부하면서 들에 자라나는 풀들을 열심히 베어서 이랑을 멀칭해 주기 시작했습니다. 아이들은 저녁마다 한 손에는 낫을 든 채 외발 수레를 끌고 여기저기 자라나는 풀을 베러 다녔습니다. 서로서로 멀칭하기 좋은 긴 풀들이 어디에 있는지 알려 주면서 팀 밭별로 나누어 멀칭도 하고, 풀이 남으면 선심 쓰듯 공동 밭도 멀칭해 주었습니다. 줄기가 긴 개망초로 하는 격자무늬 멀칭도 개발하고, 머위

잎과 호박잎으로 줄기 주변을 감싸는 멀칭법도 개발하며 흙을 가꾸어 나갔습니다.

### 농사의 시작, 모내기

　농장학교에서는 논농사도 함께 지었습니다. 밭농사가 자리를 잡아 갈 즈음 논농사를 시작하였습니다. 평창에서 벼농사 모임을 하는 농부 아저씨들과 함께 모판을 내었습니다. 요즘은 기계로 모판을 냅니다. 컨베이어 벨트에 모판을 넣으면 흙을 넣고 씨를 뿌리고 물을 주는 모든 과정이 자동으로 이루어집니다. 사람은 각 단계에서 흙과 씨앗을 채워 주기만 하면 됩니다. 아이들은 기계의 한 부분씩을 맡아서 120판 정도의 모판을 내었습니다. 함께 짜장면도 먹고 논바닥도 고르고 모판을 놓고 비닐도 씌우며 모든 과정에 참여하였습니다. 물론 아이들은 모판을 낸 것보다 평창에 와서 짜장면을 처음 먹었다는 사실에 더 큰 감동을 느낀 것 같긴 합니다.
　모판을 낸 지 한 달 정도가 지나자 모가 논으로 옮겨 심을 정도로 자랐습니다. 그 전해부터 모내기는 성미산학교라는 공동체가 함께 품을 나누는 나름의 축제로 자리 잡았습니다. 성미산학교 농사의 본격적인 시작을 알리는 나름의 시농제이기도 합니다. 그래서 아이들과 함께 시농제 천제도 준비하고 〈농부가〉, 〈진도아리랑〉과 같은 소리 공연도 연습하는 등 모내기 준비를 열심히 하였습니다. 선조들이 왜 농사를 시작할 때 하늘에 제사를 지냈는지도 함께 이야기 나누고, 하늘에 제사를 지낼 때 어떤 음식을 올리면 좋을지, 예식을 어떻게 할지 등도 함께 의논하면서 시농제를 준비해 갔습니다. 제주도 세우고 축문도 써서 낭송하고 나무로 돼지머리도 깎아 만들고 솟대도 만들어 세우는 등 나름 1년 농사의 풍년을 기원하는 천제를 준비하였습니다.

모내기 날, 버스 두 대에 나누어 타고 성미산학교 식구들이 축제를 풍성하게 할 음식들을 두 손 가득 들고 평창에 도착하였습니다. 오랜만에 만난 기쁨을 마음껏 나누고 풍년을 기원하는 시농제를 시작으로 모내기가 시작되었습니다. 풍물을 울리고 논으로 가서 1,000평 논에 모를 하나씩 하나씩 채워 갔습니다. 모두 한 줄로 서서 줄잡이의 구령에 맞춰 모를 심었습니다. 옆 사람과 수다도 떨어 가며 즐겁게 모를 심었습니다. 한참 모를 심다 허리를 펴 논을 바라보면 벌써 1/3이나 모가 심어져 있고, 또 허리를 펴면 1/2이나 심어져 있어 함께하니 일의 무게가 훨씬 가벼워진다는 기분이 들었습니다. 아이들은 눈으로도 확연히 느껴지는 모내기 속도에 서로 감탄하며 논을 채워 갔습니다. 모를 다 심은 후 아이, 어른 할 것 없이 모두 동심으로 돌아가 진흙 싸움을 잠시 하고, 농장에 돌아가는 길에 있는 계곡에서 몸도 씻고 물놀이도 하며 즐겁게 일을 마무리하였습니다.

모내기가 끝난 뒤 7학년 아이들은 함께 모여서 평가도 하고 느낀 점을 글로도 정리하였습니다. 아이들은 학교 식구들과 함께 모내기를 하면서 품을 나눠 주는 사람들이 있다는 것에 대한 감사함과 함께 일한다는 것의 즐거움이 무엇인지를 느낀 모양이었습니다.

## 여름, 그리고 가을

6월로 접어들고 날씨가 따뜻해지자 작물들은 무서운 속도로 자라기 시작했습니다. 호박의 넝쿨은 하룻밤 자고 일어나면 이랑을 넘어 고랑까지 차지하고 있고, 딸기는 빨갛게 익어 가기 시작하고, 상추들은 매일매일 열두 명이 먹고도 남을 양을 키워 내고, 여기저기서 열매를 맺기 위한 꽃들이 피어나기 시작했습니다. 아이들은 서로의 밭에 호박 넝쿨이 몇 바퀴 돌릴 만큼 자랐는지, 수박 넝쿨 지지대를 몇 층이나 올렸는지, 오이가 몇 개나 달렸는지, 참외가 몇 개나 열렸는지를 매일 조잘조잘 자랑하기 시작했습니다.

그러다 하루는 돌풍을 동반한 비가 내리기 시작했습니다. 아이들과 함께 밭으로 나가 고추, 토마토, 가지 들을 지주에 튼튼히 묶어 주는 등 몇 가지 조치들을 하였습니다. 그러나 바람 앞에서 우리가 할 수 있는 일들은 별로 없었습니다. 아이들은 서울에 있을 땐 학교에 안 갈 수 있어서 좋았던 태풍이 이런 것인지 몰랐다며 공들여 가꾼 작물들이 밤새 탈이 날까 걱정하며 뒤척이는 밤을 보냈습니다. 다행히 다음 날 일어나 보니 고추가 좀 쓰러져 있긴 했지만 대부분의 작물들이 잘 견뎌 주었습니다. 비스듬히 쓰러졌던 옥수수들은 반나절 만에 스스로 몸을 세우는 신기한 모습을 보여 주기도 했습니다.

작물들도 힘내어 열심히 자라나는데, 우리도 공부하는 농부가 되어 보기로 했습니다. 2주라는 시간을 두고 '오순도순 농부 되기' 시험을 보기로 하였습니다. 실기 시험은 팀별 밭 상태(잡초, 멀칭 등)와 토마토, 고추의 순지르기를 해 보기로 하였고, 필기시험은 《열네 살 농부 되어 보기》라는 책에서 50문제를 내기로 하였습니다.

시험은 팀 단위로 보기로 하였습니다. 모든 팀이 70점을 넘어야 통과하는 것으로 정하였습니다. 상은 원하는 '간식'이었지요. 역시 시험은 재미난 도구였습니다. 아이들은 밭에 부지런히 나가 잡초도 뽑고, 심지어 다른 팀 아이들이 점수를 못 받을까 봐 다른 팀 밭의 잡초도 뽑아 주었습니다. 서로 책을 보고 문제도 만들어 내면서 고추는 가짓과이며, 대파는 백합과이고, 당근의 원산지는 인도, 배추의 속이 차는 것을 결구라고 한다는 것 등 농사 용어와 작물의 원산지와 특징 등을 공부해 가기 시작했습니다. 결국 모든 팀이 70점을 넘었고 아이들은 아이스크림 한 통씩을 먹을 수 있었습니다.

7월로 접어들면서 하나씩 하나씩 먹을 것들이 늘어나기 시작했습니다. 고추도 첫 수확을, 오이도 첫 수확을, 쥬키니 호박도 첫 수확을, 가지도 첫 수확을 했습니다. 밭에서 수확한 채소들을 아침, 점심, 저녁 메뉴로 올리기 시작했습니다. 밭에서 바로 딴 오이는 끝부분도 쓰지 않았고, 고추는 탱탱하지만 부드러웠으며, 가지는 폭신폭신하고 윤기가 흘렀습니다. 열매들이 열리자 아이들은 신기해했습니다. 열매를 따서 먹는 즐거움도 느끼기 시작했습니다. 먹을 수 있는 것들이 하나씩 늘어날 때마다 반찬들 속에 우리가 기른 것이 얼마나 들어가 있는지 살펴보면서 우리의 자급률(?)이 높아져 간다고 서로 뿌듯해하기도 했습니다. 그러나 그런 시간들이 지나가고 매일 호박과 가지 반찬을 먹게 되면서 아이들은 가지와 호박이 이제 그만 열리길 기도하기 시작했습니다. 어쨌든 덕분에 가지 볶음과 호

계절의 호흡에 몸을 맡기며 살았던
농장학교에서의 1년은 단순하면서도 편안한 시간이었다.
이 시간들이 '좋은 노동'이었기를,
그리고 '지혜로운 교육'이었기를…….

박 나물은 이제 누구나 만들 수 있는 반찬이 되었습니다.

7월 긴 장마를 지나면서 밭은 점점 열대우림으로 변해 갔습니다. 상추도 한 장씩 예쁘게 따 먹을 수 있던 그 상추가 아니었고, 토마토도 순지르기를 해 주던 그 토마토가 아니었습니다. 땅의 힘을 받아 작물들은 무럭무럭 자라났습니다. 너무 우거져 사이사이에 난 잡초도 뽑아 주기 어려울 만큼 자라났습니다. 매일 들여다보고 가꾸며 품 안의 자식인 줄로만 알았던 작물들이 자신들의 키와 몸집보다 커지기 시작하자 밭은 아이들의 관심에서 조금씩 멀어져 갔습니다. 아이들은 '이제 더 이상 밭에 해 줄 일이 보이지 않는다'고 말했습니다. 이제 밭은 쉬는 시간에 잠깐 들러 토마토를 따서 먹고 배가 출출할 때 옥수수를 따러 가는 곳이 되었습니다. 그러나 봄과 여름 열심히 가꾼 밭은 아이들이 챙겨 주지 않아도 자연의 햇빛과 비와 땅의 힘을 빌려 열심히 열매를 맺었습니다.

가을이 되자 아이들이 밭에서 할 일은 점차 줄어들었습니다. 작물들 역시 점차 땅으로 돌아갈 준비를 하였습니다. 여름내 최선을 다해 열매를 맺던 작물들은 아이들이 돌보지 않아도 다음을 준비하고 있었습니다. 토마토와 옥수수가 열매를 맺고 다양한 생물들이 온갖 소리를 내던 밭의 소란스러움은 사그라들고 작물들은 조용히 씨앗을 품었습니다. 그 씨앗을 받는 일이 농사의 마지막이자 다시 시작이 되었으며, 우리에게 기쁨을 주었던 땅과 흙을 볏짚으로 따뜻하게 덮어 주었습니다.

농장에서 보낸 지난 계절들은 행복한 시간이었습니다. 아이들은 교사가 기대했던 것 이상으로 새로운 생활에 잘 적응해 주었고 '농사'라고 하는 낯선 경험들도 기쁘게 잘 받아 주었습니다. 매일 식사를 준비하고 공간을 청소하고 가꾸며 아이들도 모르는 새 조금씩 몸에 일이 배어 갔습니다. 누군가 일을 하고 있으면 함께 거들 줄도 알게 되었고 일을 맡으면 어떻게 해야 하는지 일머리도 조금씩 생겨났습니다. 농장이라는 공간을 경험하러 오는 여러 손님들도 많이 맞으면서 손님맞이는 어떻게 하는지, 무엇을 준비하고 안내해야 하는지 익히고, 무엇보다 마음으로부터 사람들을 반기는 법도 알아 갔습니다.

계절의 흐름에 따라 해야 할 일들이 자연스럽게 정해져 있듯이 그렇게 저와 아이들도 계절의 호흡에 몸을 맡기며 살았던 것 같습니다. 이 자연스러운 흐름이 생활을 단순하게 만들었고 그 단순함이 편안함을 느끼기에 충분했습니다. 그러나 한창 호기심이 왕성하고 세상 물정에 관심이 많은 열네 살 아이들에게 이 시간들이 어떤 의미가 있었는지 궁금하기도 합니다. 물론 지금은 이 경험들을 해석하기 힘들 수는 있겠지만 어느 정도 큰 뒤에는 이 시간들을 기억해 낼 거라는 기대를 가져 봅니다.

### 좋은 노동, 그리고 지혜로운 교육

열네 살밖에 되지 않은 어린 친구들과 농장에서 한 해를 시작하면서 '이렇게 살아가는 것이 무슨 의미일까?' 스스로에게 질문하며 고민하였습니다. 그리고 농장학교를 마친 후, E. F. 슈마허가 한 노동과 교육에 대한 말이 떠올랐습니다.

슈마허는 《굿 워크》에서 '좋은 노동'과 '지혜로운 교육'에 대해서 이야기합니다. 지혜로운 교육이란 결국 좋은 노동을 통해서 얻을 수 있고 그 '지혜'란 흙과 더불어 하는 육체노동을 통해서 얻을 수 있다고 하였습니다. 왜냐하면 흙과 함께하는 노동은 인간이 자연과 협력하지 않는 한 좋은 수확을 거둘 수 없으며, 모든 것에는 적절한 때가 있고, 생명은 본질적으로 신비로우며, 인간의 능력에는 한계가 있다는 것을 가르쳐 주기 때문입니다. 슈머허는 누구나 좋은 노동을 통해서 그 '지혜'를 얻을 수 있고 그것은 머리가 아닌 심장으로 알게 되는 것이라고 하였습니다. 아이들과 슈마허의 책을 먼저 펴고 공부했다면 아마 그 뜻을 정확히 알지 못했을 것 같습니다. 이 책은 농장에 오기 전에도 여러 번 읽어 보았던 글이거든요. 하지만 1년 동안 평창에서 아이들과 밭을 일구면서 슈마허가 이야기한 좋은 노동과 교육이란 어렴풋이 이런 것이 아닐까 생각하게 되었습니다.

제 학생이자 농사를 함께 지었던 동료들이 슈마허의 이야기를 제대로 이해했는지는 저도 모릅니다. 하지만 스스로 삶을 가꿔 나가게 될 어느 시점에 그때 함께한 순간들이 '좋은 노동'이었기를, 그리고 '지혜로운 교육'이었기를 바라 봅니다.

# 모든 교육이 진로교육이다
## – 지인지기와 굿워크 프로젝트

**사이다(최경미)**
10대들과 함께 오리무중, 애매모호, 암중모색하는 일들을 즐기고 있지요. 살아가는 삶들이 서로 어떻게 만나는지, 어떻게 서로를 변화시키는지 실감해 보고 싶은 사람 중 한 명입니다.

단언컨대 성미산학교에서 진로교육은 따로 없다. 적어도 진로교육이라는 것이 자신의 적성을 알아보거나 관심사에 맞는 일을 찾거나 직업에 대해 탐색해 보는 교육과정이라면 성미산학교에는 그것만을 위한 과정은 없다. 다양한 직업을 가진 사람들의 성공 사례를 듣고 직업 현장을 탐방하고 일시적으로 체험하는 것을 진로교육이라 할 수 있나? 체계적인 검사들을 통해 자신에게 맞는 소질을 발견하고 그에 맞는 직업군을 찾는 과정은 삶의 과정을 단순화시킨다. 이런 체험을 통해 확인하는 것은 직업 유형이나 전공 학과이고, 찾아가야 할 학원들이지 않나. 다음 소속할 학교는 어디인지, 어떤 직장을 구해야 하는지 준비하는 과정이 바로 현재의 삶이다. 다음 단계로 소속되는 곳을 찾아가는 과정이 진로교육이라면 바로 이런 교육과정 때문에 삶이 표준화되어 가는 것 같다. 초등학교 때에는 중학교를, 중학교 때에는 고등학교를, 고등학교 때에는 대학이나 취업을, 대학 졸업 후에는 취업을 준비하며 시험공부를 하며 살아가는 것이 학교에서의 일반적인 삶의 시나리오다. 그래서 그 트랙을 이탈하면 안 될 것 같은 압박을 느끼고 다른 삶을 꿈꾸는 것은 두

**지인지기와 굿워크 프로젝트** 생태 공동체 및 시민적 공공성을 위한 관계망을 만드는 프로젝트입니다. 생태적 삶에 대해 성찰하고 실천할 수 있는 라이프 스타일에 대해 탐구해 보고 마을과 사회에 기여하는 활동을 기획하여 진행합니다. 다양한 사회적 관계를 맺으며 서로 배우고 일하면서 자신이 지향하는 삶의 맥락을 구체화시켜 보는 과정입니다.

려운 일이며 남다른 용기를 내야 가능한 특이한 일이 되어 버렸다. 미래를 위한 준비 단계라는 것을 핑계로 현재의 삶을 유예시키는 곳이 바로 학교이며 교육의 책임을 개인에게 전가하는 방식으로 정당화해 왔던 것이 바로 기존의 진로교육이라고 생각한다.

성미산학교에서 5년 동안 중등 고학년을 담당하면서 진로는 감히 계획된 교육과정으로 가르칠 수 없으나 학생들이 배울 수는 있는 것이라 믿게 되었다. 다양한 삶에 대한 가치관이나 태도 등 세계관을 만들어 가고 보이지 않는 것을 믿는 힘을 키우는 과정이라 할 수 있겠다. 그것은 살아가는 과정에서 직접 겪으면서 익힐 수 있는 것이다. 그래서 진로교육은 특별한 교육과정이 필요 없으며 모든 삶의 과정에서 배울 수 있는 것으로 바뀌어야 한다. 모든 삶이 바로 진로를 위한 배움의 과정이 될 수 있다. 바꿔 말하면 현재의 삶을 살라는 것이며, 지금 여기에서 필요하고 할 수 있는 일들을 즐겁게 찾아 하자는 것이다. 학교는 더 이상 안전한 인큐베이터가 아니라 바로 삶의 다양한 방식을 실험하는 사회가 되어야 하며, '리얼 라이프', '리얼 월드'가 되어야 한다.

이런 맥락에서 성미산학교에서 추구하는 철학 자체가 바로 진로교육이라고 할 수 있다. 성미산학교에서는 마을과 생태를 주요한 지향으로 전환마을 만들기를 하고 있으며 이 과정이 바로 교육과정이 된다. 자립과 공존, 자치와 자율, 배려와 공감, 참여와 기여, 생태적 감수성과 실천 등은 좋은 공동체를 만들어 가는 삶 속에서 배울 수 있다. 그래서 좋은 삶을 살아갈 능력을 키우기 위해서는 좋은 삶을 직접 살아 보는 수밖에 없으며 그것을 경험할 수 있는 곳이 바로 사회여야 한다고 생각한다. 그것을 살아가면서 터득하게 하는 것이 바로 성미산학교에서의 진로교육이다.

  진로에 대한 특별한 교육과정은 없지만 삶에 대해 질문을 갖고 탐구할 수 있는 만남의 계기나 삶의 방식에 대해 구체적으로 상상하면서 실현해 보는 기회들을 만들어 가고 있다. 여기에서는 지인지기와 굿워크 프로젝트에 대한 사례를 중심으로 이야기하겠다.

### 지인지기 : 삶의 가능성들

  2010년에는 후기 중등과정(고등학교)이 처음 개설되는 것과 맞물려 마을에서는 2차 성미산 지키기 싸움이 일어났다. 당시 10학년들은 성미산을 지킬 수 있을 거라는 막연한 기대감을 가졌던 초등학생들과 다르게 성미산 싸움에 대해 냉소적인 입장을 취했다. 질 게 뻔한 싸움이라는 것이다. '거대 자본의 논리를 가진 시스템은 나무와 산을 지키겠다는 순진한 사람들을 웃음거리로 만들어 버릴 거'라고, '성미산마을 어른들은 스스로 희망 고문을 하고 있다'고 했다. 그때부터 내가 싸워야 할 것은 냉소와 무력감이라는 것을 새삼스레 깨달았다. 그래서 담임들과 함께 이 문제에 대해 고민하기 시작했고, 성미산 싸움에서 지더라도 그 싸움이 가진 가능성들을 발견할 수 있는 계기가 필요하다는 생각이 들었다. 성미산을 지키면서 연대 활동을 했던 다른 현장의 사람들을 만나러 다니기 시작했다. 용산 참사 현장을 지키는 송경동 시인, 홍대 두리반을 지키는 사람들,

지인지기를 시작하기에 앞서 초대한 지인을 위한
환영의 노래를 부르고 있다.
지인지기 시간에는 이렇게 서로 가까이
둘러앉아 '어떻게 살아가야 하나' 이야기를 나눈다.

기륭전자 노동자, 사회 이슈를 다루는 만화가 최규석 등을 만나는 시간을 마련하였다. 무엇을 지키기 위해 싸우고 있는지, 왜 아직 싸움을 끝내지 못하고 있는지 이야기를 나눴다. 그렇게 직접 현장에서의 만남이 거듭되면서 학생들은 질 게 뻔해서 싸우지 않는 것이 바로 희망 없음이며, 싸우고 있는 것 자체가 지킬 게 있다는 희망이라는 말들에 공감하기 시작했다. 그것이 바로 지인지기知人知己, 사람을 만나 알아 가자는 프로젝트의 단초가 되었다.

그 다음 해부터 대안적인 삶을 사는 사람들과 다른 가능성을 만들어 가는 삶의 현장들을 만나 나갔다. 지인지기는 '어떤 사람으로 살아갈 것인가'를 여러 방식으로 실험도 하고 연습도 해 보는 이야기 혹은 토론의 장이기도 하다. 약간 길에서 벗어나 본 경험이 있는 사람들을 만나고, 그 길의 경계에서 자기 앞의 삶과 세계를 어떻게 마주할 것인지, 어떻게 누구와 함께 살아갈 것인지 함께 고민하고 얘기하는 시간인 것이다. 한 해 어젠다가 될 수 있는 키워드를 중심으로 그에 맞는 사람들을 찾아서 학생들이 직접 섭외하고 초대된 사람들을 만나는 자리를 기획했다. 예를 들어 민들레국수집 서영남 아저씨나 유기농 펑크록 가수 사이처럼 직업이라고 하기엔 애매한, 하지만 좋은 일을 하고 있는 사람들을 격주로 한 명씩 만났다.

2011년 첫해에는 '이렇게 살면 안 돼?'라는 키워드로 사람들을 만났으며, 2012년에는 '동료'라는 키워드로 마을 어른 짱가, 와락의 정혜신·이명수 선생님, 청년당 대변인 쌀(김정현 님), 문화노동자 연영석,《없는 것이 많아서 자유로운》의 저자 도은과 여연 등을 만났다. 한번은 마을에서 필요한 일을 만들기도 하고 마을 사람들에게 택견도 가르치고 자전거 캠프도 열면서 살고 계신 분을 초대했는데, 일반 인문계 고등학교로 진학하려던 중학교 3학년 과정 학생이 그 초대 지인의 이야기를 듣고 마음을 바꿔서 그냥 성미산학교에 남겠다고 결정을 한 적도 있다. 나중에 알고 보니 그분이 '지금 살고 있는 현재의 삶을 믿으면 불안하지 않다'고, '나처럼 살아도 된다'고 하신 이야기에 감동했다고 한다. 사실 그것은 누구나 다 알고 있는 사실이고 대안학교에서 늘 해 오던 이야기였다. 하지만 그렇게 살고 있는 사람이 이렇게 살아도 괜찮다고 말하면 그 힘은 달라지는 것이다. '나도 저렇게 살아갈 수 있을까?'라고 질문의 주어가 바뀌게 되는 계기를 만들 수 있도록 다양한 삶의 우여곡절들을 만나게 하는 게 중요하다.

해를 거듭할수록 초대하고 싶은 사람들의 삶의 영역은 다양해졌다. 시골에서 자립 생활을 하고 있는 하얼과 페달, 적정기술의 달인 김성원, 마을기술센터 핸즈의 정재원, 토종 씨앗 지킴이 변현단, 도시 농부 나혜란 등을 아이들이 직접 섭외하여 초대하기도 했다. 로드스쿨러인 이길보라, 서머힐 스쿨 졸업생 채은, 밀양 송전탑 대책위 이계삼, 꿈틀버스 오연호 등과 함께 학교를 벗어나 공부하는 것에 대해 이야기를 나누기도 하고 지율스님, 환경 디자이너 윤호섭, 박배일 영화감독과 함께 다양한 생명들의 소리에 귀 기울여 보기도 했다. 생태계를 풍요롭게 만드는 자유인들인 박활민과 시와, 김목인, 윈디시티, 야마가타 트윅스터, 박하재홍 등과 함께 이야기 나누고 노래를 부르기도 하였다. 마을 주치의 전재우, 느티나무도서관 박영숙, 노들장애인야학 박경석 교장, 빅사이즈 모델 김지양, 새

터민 송광민, 양심적 병역거부자 조은 등을 만나 누구나 소수자인 삶에 대해 이야기를 나눴다. 그리하여 지난 2010년부터 시작하여 2016년 1학기 말까지 총 62명의 지인들을 초대하여 만났다.

이 지인들이 초대되어 온 시간은 마을에 공개하여 진행한다. 우리가 지향하고 있는 대안적 삶이 어떤 것인지 10대들뿐 아니라 학부모들과 혹은 마을의 여러 사람들과 함께 나누고 싶어서 방과 후 저녁에 진행해 왔다. '어떻게 살아가야 하나'는 10대들만의 고민이 아니라 어른들도 함께 생각을 나누어야 하는 질문이기 때문이다.

지인지기를 진행하면서 10대들은 반농반X, 문화 매개자, 마을의 적정기술자, 글로컬리스트$^{glocalist}$ 등의 새로운 삶을 설명하는 방식을 만들어 내기도 하고 자신의 이야기를 만들어 가기도 했다. 보통 만남 자체가 배움일 때가 많은데 지인지기가 바로 그러했다.

## 굿워크

성미산학교의 12학년은 직접 자신의 주제와 활동을 정하여 학습 과정을 디자인한다. 그동안의 배움과 경험을 실천하는 과정이다. 특히 졸업 프로젝트는 배움의 과정 중에서 자신이 발견한 문제의식을 발전시켜 연구 주제를 찾는다. 이후 직접 활동을 기획하고 탐구해 가며 결과를 논문이나 작품으로 공유한다. 이를 통해 사회나 마을, 혹은 학교에 기여할 수 있는 일들을 찾아 하기도 하고, 그동안의 경험과 배움의 의미를 해석해 보면서 앞으로 어떻게 살아가야 할지에 대한 생각을 만들어 가기도 한다. 여기에서 중요한 지점은 자기 관심사뿐만 아니라 공적인 기여에도 중점을 둔다는 점이다. 자신의 배움과 경험이 공적인 활동으로 확장될 수 있도록 하기 위함이다. 다시 말하면 굿워크에 대해 탐구하고 직접 실현시켜 보는 것이 졸업 프로젝트의 핵심이다.

굿워크 프로젝트 중 몇 가지 사례를 소개해 보겠다. 성미산학교의 한 졸업생은 성미산마을에 10대와 20대들이 주체가 되어 일하고 실험할 수 있는 곳이 부족하다고 느꼈다. 그래서 마을에서 20대로 어떻게 살아가야 하나를 고민했다. 그 고민을 풀어 가는 과정이 곧 프로젝트가 되었다. 후지무라 야스유키가 발명한 3만엔 비즈니스 모델을 바탕으로 삶의 방식을 탐구하고 실현시킬 수 있는 커뮤니티 공간을 만들어 가기로 했다. 청년들이 창업한 도시락 가게인 '소풍가는 고양이'의 스태프들과 함께 일하며 일머리를 익히고 같이 할 수 있는 일들에 대해 아이디어를 얻기도 했다. 지출을 줄이기 위해 기존의 생활을 들여다보기도 하고 반대로 적게 벌면서 적당히 일하는 방법에 대해 다양한 실험과 시도들을 진행하였다. 텃밭을 가꾸어서 저녁을 같이 만들어 먹거나 물건을 공유하는 장터를 열어 필요한 것들은 나눠 쓰거나 빌려 썼다. 잼을 만드는 사람과 밀가루와 버터, 우유를 넣지 않은 쿠키를 만드는 사람을 수소문해서 워크숍을 열기도 하였다. 재료는 텃밭에서 나온 것들을 활용했다. 그때 배운 것들을 토대로 잼과 쿠키를 만들어서 혜화동의 마르쉐 장터에 나가 팔거나 마을의 방과후학교 간식으로 주문받기도 하였다. 용돈을 따로 받지 않고 6개월을 살아 보는 과정을 기록으로 남겨 후배들에게 3만엔 비즈니스 모델로 마을에서 살아갈 수 있다는 가능성도 보여 주었다.

또 한 졸업생은 성미산학교 건물이 생태적이지 않다는 문제의식을 느끼고 학교를 생태적으로 바꾸는 작업을 진행하였다. 자신이 지내 왔던 교실이 여름엔 덥고 겨울엔 추워서 냉난방 기기를 사용해야 한다는 사실이 학교에서의 배움과 불일치한 것을 해결하고자 함이다. 전북 완주의 흙건축학교와 연계해서 생태 단열과 흙 미장 등 생태 건축의 전반에 대해 공부하고 실습을 하는 동시에 학교 건물에 대한 평가와 분석을 진행했다. 흙건축학교에서 익힌 것들과 직접 헌 집을 고치는 과정에 참여하며 배운 것들은 학교에 돌아와 워크숍을 열어 공유하기도 하였다. 그리고 3층 교실 중 단열에 문제가 있는 공간을 찾아 시범적으로 생태 단열과 흙 미장을 하였다. 이후 그 공간에서 후배들은 여름을 나고 겨울을 났으며 지금까지도 그 교실에서 잘 지내고 있다.

학생들은 단순히 관심 있고 하고 싶은 일을 하는 것이 아니라 자신의 삶 속에서 문제의식을 발견하고 마을과 학교, 자신을 둘러싼 관계들을 고려하여 필요한 일을 찾아 배우면서 해결해 가는 과정을 중요하게 생각한다. 그 속에서 배움의 과정을 스스로 기획해야 할 때도 있고 기존의 질서 속에서 겸손하게 일을 배워야 할 때도 있고 낯선 문화를 접하면서 자신의 삶을 성찰해야 할 때도 있다. 이를 통해 좁게는 자신의 삶을 주체적으로 살아가는 감각을 갖게 될 것이고 넓게는 더불어 사는 사회를 위한 실천의 밑거름을 마련할 것이라 믿는다.

최근에는 사회 정치적인 이슈에 관심을 갖는 학생들이 늘어 프로젝트가 더욱 다양해지고 있다. 참여연대와 연계하여 청년을 위한 정책을 만드는 일에 참여하면서 동시에 성미산학교 졸업생들의 삶을 탐구함으로써 자신의 삶에 대해 생각해 보는 시간을 가지기도 한다. 추상적이고 불가능해 보이거나 거대한 일을 실현하기 위해 자신의 삶과 연결시키고 현재 할 수 있는 일을 찾아 해 보는 것이다. 또한 빅이슈코리아와 한국정신대문제대책협의회와 관계하면서 사회적 이슈에도 참여하고 사회적 약자와 연대하는 활동을 진행하는 학생도 있다. 그러면서 성미산학교에서 해 왔던 사회적 활동의 의미를 해석해 보고 어떤 시민으로 사회를 만들어 가야 할지 생각해 보는 계기가 되기도 한다. 마을의 다양한 문화예술 생태계를 만들어 가는 데 기여하고자 10대들끼리 창작 연극을 만들어서 공연을 올리는 경우도 있다. 마을살이를 하는 10대들의 이야기들을 매개로 다양한 세대들이 더불어 살아갈 수 있는가에 대해 고민을 함께 나누는 자리를 마련하는 것이다. 그리고 사회와 마을의 '활동'을 되살려 내기 위해 기본소득 제도에 대해 관심을 갖고 실현시킬 수 있는 방안을 모색해 보는 10대도 있다. 국가의 정책으로서가 아니라 커뮤니티를 기반으로 하는 기본소득 제도를 만드는 실험이기도 하다. 그것이 어떻게 가능하게 될지 여러 사람들과 함께 이야기를 나누고 공부를 하면서 방법을 찾아가고 실현시키는 과정이 바로 굿워크 프로젝트다.

졸업 프로젝트를 통해 실제 세상을 디자인해 보고 몸으로 사회를 느껴 보면서 해법을 탐구하고 가능한 일을 찾아서 해 본다. 직접 경험해 보다가 안 되겠다 싶으면 다르게 궁리를 하면서 세상을 달리 만들어 갈 수 있지 않을까 기대한다. 기존의 산업 사회 시스템과 신자유주의적 질서에 적응하는 것이 아니라 스스로 뭔가를 만들고 누군가와 더불어서 자신을 살리고 사회를 살리는 새로운 영역을 만들도록 판을 벌일 수 있는 계기가 되도록 한다. 함께 사는 사회를 만들어야 삶을 지속할 수 있다는 깨달음을 얻기 위한 통과의례라고나 할까.

이렇게 성미산학교에서 별도의 진로교육은 없다고 할 수 있지만 굳이 진로교육이 무엇이냐고 묻는다면 이렇게 답할 수 있을 것 같다. 삶에 대해, 지속 가능한 사회에 대해 고민하고 지금 여기에서 할 수 있는 시도를 실천하고 항상 다른 가능성을 만들어 가는 과정 자체라고. 진로는 학교에서 프로그램화할 수 있는 일이 아니며 책임져야 할 교육의 목표로 제시될 수 없는 것이고 결과로서 설명될 수 없는 것이라고 생각한다. 진로는 지속해야 하는 삶 자체이며 공생의 생태계를 만드는 일이 되어야 한다. 진로교육, 배울 수는 있어도 가르칠 수는 없기에 끊임없이 이야기하고 상상하고 만들어 가는 과정으로 존재할 뿐이다.

# 배려가 아닌
# 적극적인 교육의 권리

### - 장애통합교육

**노리(김수희)**
성미산학교 통합 지원 교사 6년 차. 성미산학교를 선택한 데는 두 가지 큰 이유가 있습니다. 첫 번째는 좀 서툴러도 마을에 기대면 잘 살 수 있지 않을까 해서. 두 번째는 노동절에 쉬는 학교라서. 요즘은 책에서는 못 배우는 실제 삶의 모습을 알고 배우는 데 가장 관심이 많습니다.

얼마 전 점심시간에 있었던 일이다. 성미산학교 중등은 다목적실*에서, 초등은 각 교실에서 점심 식사를 한다. 각 교실에서 밥을 먹는 초등은 식사 당번이 있어 부족한 반찬을 더 가져오기도 하고 뒷정리를 하기도 한다. 그날 당번은 아마 3학년 수진이였나 보다. 맛있는 고기를 더 가지고 받아 올라가는 길에 손이 미끄러졌는지 그만 툭 떨어뜨리고 말았다. 다행히 음식은 많이 흘리지 않았지만 국물이 있는 요리라 주변에 앉아 있던 중등 학생들, 교사들 옷에 일부 고기 국물이 튀었고 바닥에도 음식물이 넓게 퍼졌다. 밥을 다 먹고 설거지를 하러 가려던 지연이의 바지에도 국물이 제법 튀었다. 나는 우선 식사 당번인 수진이의 표정을 살폈다. '아…… 민망하겠다. 놀라진 않았나?' 수진이의 얼굴에 제법 당황한 기색이 있었지만 그래도 침착하게 영양 교사인 빛나리를 찾아 도움을 요청하러 떠났다. 그런데 순간 주변에 앉아 있던 교사와 중등 여학생들 몇몇이 조용히 일어나더니 일을 나누지도 않았는데 착착 현장을 수습하는 것이 아닌가. 누구는

---

\* 다목적실은 말 그대로 다목적실이다. 상을 펼치면 식당이 되고, 상을 접고 모여 앉으면 회의실이 되고, 의자를 깔고 행사를 하면 강당이 되고, 공을 들고 모이면 운동장이 된다.

**장애통합교육** 성미산학교에서 통합교육은 장애 학생에 대한 '개별적'인 교육의 관점에서만 접근하는 것이 아니라, 다양한 특성을 가진 누구나 일반적인 교육 환경에서 교육받을 권리가 있다는 보편적 인권 감수성에서 출발합니다. 기본적으로 성미산학교의 교육과정을 다시 통합교육 차원에서 수정하여 운영하며 가정과 마을을 연계하여 다양한 관계망 안에서 교육 및 생활에 필요한 활동을 진행합니다.

걸레를 가져와 바닥을 닦고, 누구는 휴지를 뜯어 와 이도저도 못 하고 서 있던 지연이의 바지를 닦았다. 누군가는 자기 옷에 묻은지도 모르고 밥을 먹던 호진이에게 그 사실을 알리고 수습을 도와주기도 했다. 그러는 사이 빛나리와 이야기를 마친 수진이는 반찬을 가지고 교실로 올라갔다. 그러는 동안 어느 누구 하나도 '헉!' 소리를 내거나, '어쩌다 떨어뜨렸느냐'고 큰 소리로 묻거나 '조심 좀 하지 그랬냐'고 핀잔을 주지 않았다. 모두가 제일 먼저 수진이가 민망해하지 않을지 살핀 나와 같은 마음이었을까?

이 일은 나의 어린 시절 경험과 겹쳐졌다. 내가 수진이와 같은 나이였던 초등학교 3학년 때의 일이다. 당시 우리 학교는 급식실을 갖추고 있지 않아 학생들은 전부 도시락을 가지고 다녔고, 교사들은 교사들을 위한 작은 급식 시설을 이용해 점심을 해결했다. 당시 선생님의 심부름을 도맡아 하는 친구들은 마치 조교라도 되는 양 우쭐대곤 했다. 점심시간에 선생님의 급식을 받아다 교실로 전달하는 역할을 맡은 친구도 예외는 아니었다. 그 친구는 혼자 가기 심심했는지 늘 친구들을 한 명씩 데리고 가곤 했다. 그러던 중 어느 날, 드디어 나에게도 그 친구가 같이 가지 않겠느냐 물었고 나는 흔쾌히 따라나섰다. 내가 반찬과 국이 든 식판을 들고 있었고, 그 친구가 마지막으로 온장고에 들어 있던 밥공기를 식판에 내려놓던 순간이었다. 스테인리스로 된 밥공기가 뜨거웠는지 그 친구가 그릇을 살짝 높은 위치에서 떨어뜨렸고 순간적으로 균형이 흐트러진 식판은 와장창 바닥으로 떨어지고 말았다. 순간 그 안에 있던 모든 사람들이 나를 바라보았고, 소리를 듣고 주방에서 일하던 조리원은 저 멀리에서부터

화를 내며 다가오기 시작했다. "또 엎었어, 또! 아이고 진짜 하루라도 그냥 지나가는 날이 없어!" 급기야는 "누구야!"라고 묻고는 나의 얼굴까지 확인하며 한숨을 푹 내쉬고 가셨다. 돌아오는 길에 친구와 나 사이엔 침묵이 흘렀고, 그리고 며칠이 지난 후 점심시간에 용기 내어 "같이 갈까?" 물었을 땐 "아니"라는 단호한 답만 들었을 뿐이다. 그 후로 나는 선생님의 급식을 나르는 일을 한 번도 할 수 없었다.

성미산학교의 장애통합교육에 관한 글을 쓰는 데 무엇을 포커스로 잡아 글을 써야 하는지 고민만 하던 내게 그날의 흔한 점심시간의 풍경은 생각을 정리할 수 있도록 어떤 실마리를 제공해 주었다. 누군가 실수를 하거나 어떤 일에 잘못을 저질렀을 때, 그것이 다른 누군가에게 피해를 줄 수도 있다. 귀찮거나, '왜 하필 나야'라는 생각을 하게 하거나, 나는 절대 그런 실수는 하지 않을 듯 한심한 사람과 함께 살고 있다는 생각을 하게 될 수도 있다. 그런데 나는 그날의 침묵이 꽤나 마음에 들었다. 실수를 했다고 혼내거나, 배려한다고 호들갑을 떨며 괜찮으냐고 묻지도 않는. 그냥 그러려니 하는 것. 반면 내가 3학년 때 그 조리원은 — 식판을 엎지 않는 날이 하루라도 없을 정도로 일상적인 일이었는데도 — 큰 소리로 버럭 화를 내셨다. 아마 그분은 식판을 엎는 일은 있어서는 안 되는 일로 인식하고 있었기 때문일 것이다. 물론 수진이는 장애 학생이 아니고, 우연히 있었던 그 한 번의 일(보통 그렇듯이 우리 학교 학생들도 누가 실수하면 타박하기도 하고 좀 치우라고 하면 잔뜩 짜증을 내기도 한다)에 크게 의미를 부여하는 것일 수도 있다. 하지만 통합교육의 핵심은 이렇게 일상적인 것에 있다고 생각한다. 있어서는 안 되는 일이 자꾸

매년 봄과 가을, 초등 1학년에서 5학년까지 모든 학생들이
함께 산으로 하루 여행을 떠난다.
성미산학교 통합교육의 핵심은 일상적인 것에 있다.
그냥 당연히 여기에 있고, 그것을 자연스럽게 여기는 것.

생기거나 그 일을 '선한 마음'으로 이해해 '주는' 것이 아니라, 그냥 당연히 여기에 있고 그것을 자연스럽게 여기는 것.

학교에서 가끔 학생들이 발표회를 하거나 공연을 하는 일이 있다. 특정 주제나 콘셉트에 따라 일부 학생들만 등장하는 경우도 있지만, 대부분은 모든 학생이 함께 올라가 합창을 하거나, 리코더를 연주하거나, 돌아가며 순서대로 발표를 한다. 리코더 연주를 할 때면 한가운데 선 학생이 리코더 연주는 하지 않고 옆 친구의 악보를 덮어 버리거나, 자신의 발표 순서가 되었는데 도통 무대로 나오지 않으려 해서 온 친구들이 무대로 나오게 하기 위해 애를 쓰는 모습을 볼 수 있다. 최근에는 두 달간 해외 이동학습을 마친 11학년들의 발표회가 있었다. 11학년의 장애 학생은 유독 쑥스러움이 많아서 발표회 때마다 한사코 앞에 나가지 않으려고 한다. 이 친구의 이런 특성을 잘 알고 있는 학생들은 이 친구의 순서가 되기 전부터 만반의 준비를 한다. "너는 내가 발표한 다음에 나갈 거야. 그때 ○○이가 같이 나갈 테니 함께 나가야 돼"라고 순서를 알려 주고 당부한다. 이번 발표회에서도 나갈 때가 되자 양쪽에 친구들이 앉아서 신호를 주고 어서 나가라고 독려를 하는데 이번에도 도통 나가려 하지 않았다. 그러자 친구들이 작전을 바꿨다. 모든 친구들이 함께 무대에 나가기로 결정한 것이다. "우리 전부 다~ 나갈 거야. 혼자 앉아 있을 거야?" 결국 모든 친구가 무대로 나간 후에야 그 친구도 무대에 나가 발표를 하는 데 성공했다. 열심히 연습한 공연이 완벽하게 진행되지 않고 발표가 한참 지연되기도 했지만, 우리는 이런 모습을 자연스럽고 일상적인 일로 생각한다.

## 보편적인 감각

성미산학교에서는 차이와 다양성에 대한 교육을 많이 한다. 초등에는 '서로 함께'라는 수업이 있는데 다른 학교에서는 거의 찾아볼 수 없는 이름의 수업이다. 말 그대로 서로 다른 우리가 함께 지내는 방법에 대해서 공부한다. '나'를 잘 아는 것에서 시작해서(나는 어떤 사람인지, 무엇을 좋아하고 싫어하는지, 문제를 해결할 때는 어떤 방법을 주로 쓰는지, 어떨 때 화가 나는지 등) 내 옆의 친구와 나는 이런 점은 다르고 저런 점은 비슷하니 어떻게 하면 잘 지낼 수 있을까 고민한다. 잘 듣기 위해 어떻게 해야 할까, 의사소통을 잘하기 위해서 필요한 것들은 무엇일까 생각해 보기도 한다. 초등 고학년쯤 되면 나와 주변의 관계에서 조금 더 나아가 사회에 존재하는 다양한 소수자에 대해 배우고, 어린이의 권리나 차별에 대한 감각을 익히기도 한다.

중등의 '시민 사회' 시간에도 인권의 역사, 차별, 혐오 등의 내용을 다룬다. 이 사회에서 시민으로 산다는 것은 내가 이 사회의 어디에 있는지 인식하고 함께 연대할 이가 누군지 알고 우리의 문제를 함께 해결하기 위해 노력하는 것이라고도 할 수 있다. 인권의 역사를 통해 지금 우리가 이야기하는 인권의 개념이 어느 날 갑자기 생겨난 것이 아니라 시대적 맥락에서 탄생하고 오랜 투쟁을 통해 쟁취한 것임을 안다. 그러므로 이것은 절대적인 개념이 아니라 시대와 상황에 맞게 해석할 수 있어야 하고 지금 이 시대를 살아가는 사람으로서 중요한 이슈에 관점을 가지고 참여할 수 있어야 한다. 정보 사회, 미디어 시대에 새롭게 떠오른 문제들과 이를 인권의 관점에서 어떻게 해석해야 할지를 고민해 보기도 하고, 가장 중요한 사회 이슈로 떠오른 혐오에 대해 공부하기도 한다. 지금 현실에서 일어나는 수많은 문제 중에 '혐오'라고 이야기할 수 있는 것은 무엇이며 그것이 기존의 차별과 어떻게 다른지 이야기를 나누고, 어디에서 이런 문제가 오는지 새롭게 질문해 본다.

같은 맥락에서 수업을 넘어 사회의 여러 문제와 이슈들에 동참하고 연대한다. 밀양 송전탑 싸움에 연대하고, 세월호 유가족들과 함께하며 우리가 할 수 있는 방식으로 투쟁한다. 이는 결국 학교에서 중요하게 이야기하는 생태적 관점에서의 교육적 가치와 크게 다르지 않다. 이러한 학습과 경험을 통해 우리는 다 다른 사람들이지만 큰 사회적 맥락에서 같은 위치에 서 있다는 것을 배운다. 그리고 그것이 나와 내 친구의 문제와 다름없다는 것도 알게 된다. 이를 통해 배우는 것은 거창한 이념과 가치관이라기보다는 결국 함께 사는 방법과 그 감각이다. 이것은 단지 좋고 싫음의 일차원적인 감정을 떠나 나로부터 연결된 사회의 맥락에서 총체적으로 구성되어야 하는 감각이다.

최근에 나는 여학생들 간의 연대를 만들어 가는 문화에 집중하고 있다. 여느 중·고등학교 여학생들이 그렇듯 성미산학교에서도 외모 관리에 집중하고 타인의 시선을 신경 쓰고 인정받으려고 하는 문화가 감지되었다. 여학생들이 특정 남학생들과 좋은 관계임을 과시하듯 드러내며 자신의 위치를 끊임없이 확인하려 하기도 했다. 여학생들이 접속하고 있는 남학생들의 문화는 전체 중등 문화에도 영향력을 미친다. 예를 들어 남학생들 사이에서는 재미있는 '드립'을 툭툭 날릴 수 있는 이, 분위기 잡아야 할 때 잡으며 멋있는 말 한 마디쯤 할 수 있는 이, 너무 오글거리지는 않지만 적당한 겉멋이 있는 이가 인기 있는(결국 그것이 힘이 되는) 것으로 인식되는 문화가 있다. 이런 문화 속에서는 때때로 다른 사람을 무시하고 희화화하는 것도 '그냥 유머'로 치환되기도 하며 그 사이에서 약한 아이들은 치이게 된다. 인정받지 못하는 다른 욕구들은 결국 관계에서 가장 약한 아이들에게 풀게 될 가능성이 있다. 그 약한 아이들이 여학생과 장애 학생이 될 가능성은 더욱 높다. 나는 사회에 보편적으로 존재하는 남성 중심의 문화가 중등 학생들 사이에도 존재하고 있다는 사실에 문제의식을 느꼈다. 그래서 일명 '소녀들의 프로젝트'를 조용히 시작했다. 여성혐오 문화가 어떻게 만들어졌는지 공부하고, 페미니즘 관련한 영화를 보며 여성들끼리의 연대에 대해 이야기를 나누었다. 이를 통해 남성 중심의 문화를 해체하고 각자의 자존감을 높이고 서로 존중하는 문화를 만들어 가기를 기대했다. 이것이 장애 통합교육과 무슨 관련이 있냐고 의아해할 수도 있다. 하지만 장애 통합 문화를 위해 점검해야 할 것은 무궁무진하다.

## '적극적인 교육의 권리'로서의 통합교육

이렇게 보편적인 담론으로만 통합교육이 이루어지는 것은 아니다. 이 사회에서 특별한 것으로 인식되는 '장애'는 학교라고 다르지 않다. 통합교육은 우리가 이상적으로 지향하는 모습으로서 자연스럽고 장애·비장애의 특별한 구분이 없는 상태를 이야기해야 하지만 동시에 지금 이 사회의 맥락에서 특수성으로 존재하는 장애에 대한 이야기를 하지 않을 수 없다. '좋은 게 좋은 거다', '자연스럽게 해야 한다'라는 말로 뭉뚱그리다 보면 정작 지금 중요하게 봐야 하는 차이가 희석되어 마치 아무 '문제'가 없다는 듯이 이야기되기도 한다. 성미산학교에는 장애와 비장애의 경계에 있는 발달장애 학생들이 몇몇 있는데, 한창 공평함에 목숨 거는 초등 고학년 시기가 되면 장애 학생과 비장애 학생들의 갈등이 표면화되기 시작한다. 대부분 인지적인 학습을 하는 데에는 큰 어려움이 없으나 다른 사람의 표정과 마음을 읽고 이해하거나 특정 상황에서 어떻게 반응해야 할지 잘 모르는, 사회성에 어려움이 있는 친구들인 경우가 많다. 그럴 경우 갈등이 일어날 때 '저 아이는 항상 그러는데 도대체 왜 저러냐', '나보다 공부도 잘하고 어려움도 하나도 없는데 왜 만날 내가 참고 배려해 줘야 하는 거냐'라고 말하는 경우도 종종 생긴다. 반대로 좀 더 직접적인 지원이 필요한 장애가 있는 학생의 경우에는 으레 어른(교사)들이 도와주겠지 하며 나와는 상관없는 듯한 태도를 취하기도 한다. 수업 시간에 큰 소리로 소란을 피워도 '조용히 해'라고 먼저 말하기보다는 교사가 정리해 주기를 기다리는 모습을 자주 볼 수 있다. 또 장애 학생이 간단한 의사소통이 충분히 가능함에도 직접 대화하지 않고 옆에 있는 교사에게 'OO이 어디 갔다 왔어요?'라고 질문하기도 한다.

학생에 따라 개별적인 차이가 크지만 장애가 있는 학생 한 명을 교육하기 위해서는 일반적인 비장애 학생의 경우보다 훨씬 많은 '비용'이 든다. 말 그대로 '특수교육'을 해야 하기 때문이다. 직간접적으로 추가적인 교사의 지원이 필요하고, 교육과정을 따로 구성해야 하거나 개별 수업을 진행해야 할 때도 있다. 행동 문제를 소거하기 위해 훨씬 많은 시간을 들여 의논을 하고 때로는 한 명의 학생을 위해 전체 일정을 조정하거나 교육 프로그램을 전면 수정하기도 한다. 이것은 장애 학생을 위한 특별한 배려라기보다는 장애 학생의 '적극적인 교육의 권리'로 이해되어야 한다. 장애가 있는 학생의 교육은 다른 사람이 일부러 방해하거나 간섭하지만 않으면 저절로 보장되는 소극적인 권리가 아니라, 국가나 공동체가 구체적인 실행 노력과 때로는 비용을 들여 적극적으로 노력해야만 보장할 수 있는 권리이기 때문이다.

성미산학교에는 담임 교사 외에 통합 지원 교사(특수 교사)가 따로 있어 몇 명의 학생을 담당한다. 수업 참관을 통해 수업 참여에 어떤 지원이 필요한지 파악하고, 평소 학교생활을 관찰하며 관계 맺기나 일상생활에 어떤 어려움이 있는지 살핀다. 일정 시간 관찰이 끝난 후 학생과 관련된 사람들이 모여 개별화교육회의를 통해 이번 학기 중점적으로 필요한 교육과 학생의 목표를 공유한다. 올해 초등의 경우 교장, 담임 교사, 담당 통합 지원 교사, 통합 지원 팀 교사, 도서관 담당 교사, 학부모, 옆 반 담임 등이 모여 회의를 했다. 이 회의를 거쳐 개별화교육계획이 세워지고 그 계획에 따라 통합 지원 교사의 직접적인 지원이 필요한 수업 시간, 개별적으로 수업해야 하는 시간, 방과 후에 추가적으로 필요한 수업, 혹은 놀이나 여가 프로그램 등을 짠다. 그 학생에게 특별한 행동 문제가 있다면 사회성 기술을 직접 가르치기도 하고, 일상생활 기술에 어려움이 있다면 가정에서의 생활 지도 계획을 짜기도 한다.

## 여러 질문들

통합교육을 하다 보면 비장애인 중심의 사회에서 장애인과 비장애인이 같이 지내는 것이 정말 어렵다고 느껴지는 사례들도 존재한다. 일반적으로 장애가 심하다고 여겨지는 친구들이 그런 경우에 해당한다. 올해 4학년인 형준이는 자폐성 장애가 있다. 또래 관계에 대한 욕구는 큰데 관계를 맺는 방식이 서툴러 어려움이 있다. 자신이 관심 있는 주제가 아니면 대화를 지속하기가 어렵고, 학교생활에 통용되는 보통의 규칙을 알고 따르는 데도 어려움이 있다. 자신의 욕구가 충족되지 않으면 큰 소리를 내거나 자리에서 일어나 돌아다니고 옆 친구의 노트에 낙서를 하기도 한다. 무엇보다 어려운 점은 공격 행동이다. 불쑥 친구들을 때리는 경우가 종종 있는데, 컨디션에 따라 그 빈도수가 다르기는 하지만 또래의 어린 친구들에게나 교사에게나 형준이에게나 참 어려운 문제였다. 이 문제를 해결하기 위해 저학년 때는 반 전체의 문화를 만드는 데 주력했다. 담임 교사의 주도하에 '동전 프로젝트'를 진행하기도 했는데, 이 프로젝트의 내용은 이러하다. 형준이는 하루에 동전 3개를 가지고 시작한다. 다른 사람을 아프게 하면 교사가 동전을 하나씩 가져간다. 그렇게 형준이가 동전을 꾸준히 모아 30개가 되면 반 전체가 축하 파

통합교육은
인위적으로 구분하고 나누는 것에 대해
근본적인 질문을 던지는
철학을 의미한다.

티를 한다. 이는 형준이의 어려움을 형준이 개인의 문제로만 인식하지 않는 해결 방식이었다. 형준이의 어려움은 곧 반 친구들 모두의 어려움이었다. 아이들은 형준이가 동전을 잃으면 같이 안타까워하고 속상해했다. 때때로 교사에게 어떻게 하면 형준이가 공격 행동을 하지 않는지 묻기도 했다. 동전 30개가 모두 모여 파티를 할 때에는 반 친구들 모두가 서로의 노력을 인정하고 축하해 주었다.

학교에서뿐만 아니라 마을에서도 이런 접근은 필요하다. 성미산학교의 구성원들은 학교의 공식적인 교육과정 외에도 다양한 시간과 공간에서 관계하고 있기 때문이다. 어떤 장애 학생의 부모님은 힘들었던 점으로 '전체적으로 이야기를 나눌 때 마치 이곳에 우리 아이같이 어려운 소수의 학생은 당연히 없는 것처럼 간주될 때'라고 하셨다. 학년별로 모꼬지를 가거나 마을 체육대회를 할 때, 방과 후에 마실을 가거나 장애 학생이 혼자 동네의 가게를 이용할 때 등 비장애인 중심의 사회 어느 곳에서나 어려움은 존재한다.

다른 외부의 지원이 거의 없는 대안학교의 특성상 충분한 재정과 물리적으로 좋은 환경 속에서 교육을 하지 못하는 한계도 있다. 이런 한계 때문에 전반적인 지원이 필요한 학생의 경우에는 다른 곳에서 공부하는 게 더 적절하지 않나 질문하는 사람들도 있다. 혹은 우리의 역량이 충분하지 않기 때문에 우리에게 통합교육이 감당 가능한지를 묻기도 한다. 그런데 '감당 가능하다'는 것은 무엇을 의미하는가? 예전에 김도현 선생님이 부모들을 대상으로 장애학 강의를 하며 이런 말씀을 하셨다. '발달장애인의 자기 결정권을 이야기하는 것은 발달장애인이 원하는 것을 다 보장해야 하는 것을 의미하는 것이 아니다. 이는 상호의존적인 관계 안에서 서로 소통하고 조율하며 실현해야 하는 것이다. 어떠한 상황과 조건에서도 당사자와 소통하고 의견을 조율하고 존중하는 과정을 거치는 것이다.' 즉, 우리의 감당 가능함은 재정이나 물리적 조건이 충분한 상태가 아니라, 제한된 상황과 조건 속에서도 다양한 욕구들을 존중하고 조율하는 노력을 거치는 과정 그 자체에 있는 것이라고 할 수 있다.

성미산학교는 개교와 동시에 통합교육을 해 왔다. 성미산학교 통합교육의 역사는 성미산학교의 역사와 같이한다. 이렇게 10년 넘게 교육을 하며 교사들은 여러 한계와 어려움을 느끼기도 하고 새로운 질문이 생기기도 했다. '도움이 필요한 친구'라는 말에 대한 의문도 그중 하나이다. '장애'라는 말을 직접적으로 사용할 때의 어떤 거부감을 우려한 것인지 모르지만 초기에 통합 지원 대상 학생들을 '도움이 필요한 친구'라고 불렀고, 지금도 그렇게 부르는 사람들이 꽤 있다. 일반 학교의 경우 '특수교육 대상자'라고 부르는데 장애 여부와 상관없이 일반 교육에서 충족되지 않는 특별한 욕구가 있거나 지원이 필요한 경우 특수교육 대상자가 된다. 예를 들어 휠체어를 이용하는 지체장애 학생의 경우 물리적인 시설이 잘 갖추어져 있어 굳이 특별한 지원이 필요하지 않으면 특수교육 대상자는 아닌 것이다. 반면 장애 등급은 없지만 학습에 특별한 어려움이 있는 경우 특수교육 대상자가 될 수 있다. 성미산학교의 경우 전형을 할 때는 '특별 전형 대상자', 앞에서 말했듯이 '도움이 필요한 친구', 요즘은 '통합 지원 대상 학생' 등으로 구분 없이 부르고 있다. 굳이 분리해서 통합 지원 대상 친구들을 명명하는 경우는 거의 생기지 않는다. 하지만 어떤 맥락에서 그것이 필요할 때 거부감을 줄이기 위한 '도움이 필요한 친구'라는 말은 오히려 장애를 늘 도움이 필요한 어떤 상태로 오해하게 만든다. 장애 여부를 떠나 우리 모두는 도움이 필요하다. 맥락상 필요하다면 그냥 장애라고 표현하면 될 것이다.

최근에는 특별 전형이 굳이 필요한가에 대한 이야기도 나누고 있다. 성미산학교뿐만 아니라 사회적으로 점점 정서적인 어려움을 겪는 친구들이 늘어나고 있다. 그리고 학교에서 지내다 보면 장애로 인한 특별 전형 케이스보다 일반 전형이지만 학교생활을 하는 데 훨씬 어려움이 많은 경우를 자주 만나게 된다. 그럴 때면 정말 '장애란 무엇인가' 하는 근본적인 질문을 던지게 된다. 특별 전형이란 무엇이고, 우리는 무엇을 기준으로 그것을 분류하고 나누는가. 나는 특별히 구분하여 학생들을 선발하고 그 기준으로 인해 통합 지원을 하는 것이 아니라 구분 없이 학생들을 받고 넓은 의미에서 그때그때 지원이 필요한 학생들을 선정하여 장·단기적으로 적절한 지원을 하는 것이 좋지 않을까 생각한다.

통합교육은 사람을 인위적으로 구분하고 나누는 것에 대해 근본적인 질문을 던지는 철학을 의미한다. 또, 통합교육은 장애 학생의 개별적인 교육과정으로서 이야기되기도 한다. 어떤 경우에는 공동체의 문화를 의미하고, 어떤 경우에는 비장애 학생을 위한 장애 이해 교육으로 이해되기도 한다. 정답은 없다. 다만 우리는 계속 질문하고 성찰할 뿐이다. 같이 산다는 것은 무엇을 의미하는지, 누가 누구를 통합하고 누구와 같이 산다는 것인지, 그것은 과연 우리 모두를 '통합'하는 길인지.

# 우리는 문제가 많다
## – 식구총회

**심순(권희중)**
2005년부터 2015년까지 성미산학교 중등과정에서 동료 교사들과 아이들에게 많은 것을 배우며 지냈습니다. 지금은 학교 바깥에서 농사에 관심을 갖고 이런저런 모색을 하고 있습니다.

## 수요일 오후 풍경

 수요일 오후 식구총회 시간, 다목적실에 중등 학생들이 하나둘 모여들기 시작한다. 몇몇은 벽에 기대앉아 수다를 떨고 있고, 몇몇은 뒤쪽 매트에 모여 낄낄대고 있다. 앞에서 보면 마치 홍해가 갈라진 것처럼 왼쪽은 여학생, 오른쪽은 남학생으로 나뉘어 앉아 있다. 좀 섞여 앉을 법도 한데 어찌 그리 정확히 나뉘어 앉는지 참 신기하다. 앞에서는 진행자 학생들이 노트북 두 대와 마이크를 준비하고 있다. 노트북 한 대는 속기용, 다른 한 대는 논의 결과를 기록하기 위한 것이다. 2015년부터 중등 학생들이 80명을 넘어가면서 식구총회 때 마이크 사용은 필수가 되었다.

 집중하는 분위기는 쉽게 만들어지지 않는다. 뒤쪽에선 한 무리의 남학생들이 중등 남학생다운 어둠의 포스를 풍기며 떠들고 있다. 왼쪽에는 7, 8학년 여학생들 몇몇이 졸고 있는 모습이 보인다. 대부분의 학생들은 안건에 별 관심이 없는 듯이 보이고, 빨리 끝나기만을 기다리는 듯하다. 진행하는 학생들은 집중하지 않고 끊임없이 떠들

---

**식구총회** 자율, 책임, 참여를 통한 자치 문화를 만들기 위해 중요한 의례 중 하나로 6~12학년 학생들이 운영하는 전체 모임입니다. 학교 운영이나 마을의 대소사에 대해 회의하거나 다양한 문제들을 해결하거나 필요한 일을 만들어 가기도 하는 공동의 장입니다.

거나 무반응인 학생들 사이에서 애를 먹는다.

식구총회는 성미산학교 중등과정의 모든 학생과 교사가 참여하는 자치 기구이다. 이렇게 저렇게 운영 방법이 변해 오기는 했지만 여러 가지 사안을 논의하는 최고 의결 기구라고 할 수 있다. 취지만 보면 참 중요한 시간이지만 매년 학생들이 가장 싫어하는 시간 1, 2위를 다툰다. 이유는 물론 지루하고 지겨워서가 가장 크다. 교사들도 '식구총회를 어떻게 해야 하나?', '차라리 없애는 것이 나은가?' 고민했던 시간이 여러 번 있었다. 하지만 국제 대안교육 콘퍼런스의 정식 명칭이 IDEC(International Democratic Education Conference, 국제 민주교육 콘퍼런스)이듯이 학생 자치 활동을 통한 민주주의교육은 대안학교의 가장 중요한 교육적 기능이며 포기할 수 없는 부분이다. 좋은 배움은 실제 경험을 통해 일어난다(Learning By Doing)고 생각한다면 좋은 민주주의교육 또한 학교의 민주적 운영과 학생 자치를 통해 이루어질 수밖에 없을 것이다.

### 공동체적으로 해결한다는 것

어렵지만 자치 활동을 계속해 나가야 한다는 생각을 하게 만드는 일들이 가끔 발생하곤 한다. 2015년 들어 학교에서 발생했던 도난 사건으로 추정되는 몇 건의 분실 사건과 해결 과정이 그 사례일 수 있을 것 같다. 2015년 1학기 동안 몇몇 학생들의 가방 속 지갑에서 돈이 없어지는 사건이 발생했다. 2학기에는 지갑뿐 아니라 매점에서도 돈이 없어지고, 신발이 없어지기도 하는 일이 발생했다. 도난 사건이 일어난 것은 5~6년 만의 일이었다. 그 전에 두세 차례의 도난 사건이 있었던 것으로 기억하는데, 제대로 해결된 적은 없었다. 어떻게 범인을 잡을 수 있을까, 돈은 어떻게 돌려줄까 등으로 장시간 논의를 했지만 서로 바닥만 보여 주는 느낌이었다. 'CCTV를 설치하자', '경찰에 신고하자'라는 비현실적인 방안과, '돈을 모아서 돌려주자'라는 의견에 '내가 왜 돈을 내야 하느냐'라는 식의 이기적인 발언들이 오가면서 돈을 잃어버린 친구들만 더 상처를 받곤 했다. 심지어 전체 중등 교사들이 다시는 이런 일이 없었으면 좋겠다는 의미로 1,000배의 절을 하기도 했는데 물론 이에 대한 학생들의 평가는 그다지 좋지 않았다.

이번에는 학생들과 함께 회복적 서클이라는 방식을 통해 해결해 보고자 했다. 방학에 전체 교사들과 학교운영위원회에 참여하고 있는 학생 세 명이 회복적 서클 연수에 참여한 것이 계기였다. 1학기에 도난 사건이 일어났을 때 학생과 교사들은 둥글게 둘러앉아 돈을 잃어버린 친구들의 마음이 어떨지, 문제를 어떻게 해결하면 좋을지에 대해 이야기를 나누었다. 한동안 도난 사건은 다시 일어나지 않았고, 사건은 일단락되는 듯했다. 2학기에 도난 사건이 다시 발생했을 때, 회복적 서클의 방법을 그대로 따르지는 않았지만 식구 총회에서 매우 섬세하고 사려 깊은 문제 해결 과정을 경험할 수 있었다. 우선 사전 작업으로 문제 해결 과정 동안 사용할 용어에 관한 부분을 정리했다. 문제를 다른 방식으로 해결하기 위한 상상을 하기 위해서는 다른 언어가 필요하다는 인식에서 '가해 학생', '피해 매주 수요일 오후 열리는 식구총회.
'에휴, 이걸 왜 해야 하나' 하고 고민하다가도
'그래도 식구총회가 있어야지' 하고
한자리에 모여 앉는다.

학생'과 같은 용어를 사용하지 않고 대신 '가 학생', '나 학생'으로 부르기로 했다. 이후 사건 관련자를 학생으로 한정 짓는 것은 문제가 있다는 지적이 있어서 '가'와 '나'로 지칭하기로 최종 결론을 내렸다.

이후 구성원들의 감정을 살펴보는 시간을 함께 가졌다. 이 사건을 접한 자신의 감정 상태는 어떠한지에 대해 서로 이야기 나누고, 당사자인 '가', '나'의 감정은 어떨지에 대해서도 생각해 보았다. 이 과정을 통해 '나'가 단지 돈을 잃어버린 것 이상으로 학교 구성원들을 신뢰할 수 없게 되어 속이 많이 상했을 것이라는 것, 그리고 '가'도 어떤 문제를 갖고 있거나 매우 불안할 수 있다는 것을 이해하게 되었다. 이러한 이해는 이후 문제 해결을 위한 노력이 어떤 방향으로 이루어져야 하는가에 대한 합의를 도출하는 데 도움이 되었다.

다음으로 '무엇이 해결이라고 생각하는가?'라는 질문을 통해 어떤 방향으로 문제를 해결해 나가야 할지를 결정하기 위한 논의를 진행했다. 다양한 이야기들이 나왔지만 크게 ① '나'의 마음 치유 ② '가'의 사과 ③ 신뢰 회복과 재발 방지로 의견이 모아졌다. 그리고 이러한 결과에는 '나'의 의견이 많이 반영되었다. 대부분 도난 사건 문제 해결 과정에서 '범인을 잡느냐 마느냐', '돈을 돌려줄 것인가 말 것인가' 등의 이야기들이 중심이 되는 경우가 많다. 정작 '나'는 어떤 것을 문제 해결이라고 생각하는지에 대해서는 알아보지 않는 것이다. 그러나 '나'의 의견을 경청하고 여기에 구성원들의 의견을 보탬으로써 공동체 전체가 생각하는 '문제 해결'을 위해 노력할 수 있다. 아마도 이것이 '피해자 중심주의'적인 문제 해결이 아닐까 한다.

다음 단계로 구체적인 실행 방안을 마련하고 실천했다. 첫 번째는 '나'의 마음을 치유하기 위한 것이었다. 우선 '나'에게 추가적으로 상처를 주지 않기 위해 "'나'를 위한 공동체의 말과 태도"에 대해 정리하고 공유한 뒤 각 반별로 게시했다. 예를 들면 물건 간수를 잘해야 한다거나 '나'를 동정하거나 '가'를 욕하거나 도난 사건과 관련된 회의에서 집중하지 않는 등의 말과 행동은 하지 말아야 한다는 것, '나'에게 회복할 시간을 주어야 하고, 상처 입지 않게 배려와 격려가 필요하다는 등의 내용들이었다. 또 대면해서 말로 하는 것보다 편지가 마음을 더 잘 달래 줄 수 있다는 판단에 편지함을 만들어 학교에 비치했다. 위와 같이 문제 해결 과정에서 가장 먼저 '나'에 대해 생각하고, 2차 가해를 하지 않기 위한 지침과 격려를 위한 장치를 마련한 것은 이전 문제 해결 과정과 비교했을 때 가장 큰 성과라는 생각이 든다.

두 번째 실행 방안들은 '가'의 사과를 받고 공동체 안으로 '가'를 다시 불러들이기 위한 것들이었다. '가'에게 진심 어린 편지를 전달하는 것, 우체통과 익명 게시판을 통해 '가'가 자신을 드러내지 않고 사과할 수 있는 계기를 만드는 것 등이었다. '가'에 대한 조치도 처벌이 아닌 도움을 주고, 신뢰를 회복하여 '가'가 다시 공동체 안으로 들어오는 것이 우리의 목표라는 것을 분명히 했다. 이 또한 문제 해결을 위한 자리에 '가'가 있을 수 있다는 것을 충분히 생각하고, 범인을 잡는다는 기존의 개념과는 다른 방향으로 접근했다는 점에서 의미가 있다.

세 번째로 도난 사건의 발생 가능성을 줄이고 서로를 믿지 못하게 된 상황을 해결하기 위해 서로 더 친해질 필요가 있다는 생각을 하게 되었고, 공동체 놀이나 삼식이* 등의 프로그램을 마련해서 실행했다. 개인적으로는 '이게 잘될까?' 하는 생각이 들었지만 의외로 많은 학생들이 열심히 참여했고, 어느 정도 서로에게 관심을 갖게 되는 계기가 되었다. 공동체 내의 불미스러운 사건은 관계의 공백에서 발생하기 쉽다. 이 같은 시도를 통해 일상적으로 서로가 서로에게 기댈 수 있는 긴밀한 관계를 만들어 가는 일은 사건의 씨앗이 싹틀 수 없는 환경을 만드는 과정이기도 하다. 또 공유 저금통을 만들어 급하게 돈이 필요한 학생들이 빌려 갈 수 있게 하고, 나누고 싶은 물건들을 필요한 사람들에게 줄 수 있도록 공유함인 '화수분'도 만들었다. 이것은 '소유와 욕망'이라는 틀에서 벗어나 '공유와 나눔'이라는 틀로 공동체 문화의 정체성을 재정립하기 위한 과정이었다.

이렇게 여러 가지 활동을 했지만 결과적으로 '가'가 자신을 드러내고 사과를 하는 결과를 가져오지는 못했다. 하지만 문제 해결을 위한 식구총회의 노력은 매우 의미 있는 것이었다. 피해자 중심주의, 회복적 정의에 의한 문제 해결 등 대안적인 문제 해결을 위한 방법론들이 현실에 적용된 사례라고 볼 수 있을 것이다. 학생들은 이 각각의 과정에서 관용적이고 성숙한 태도를 보여 주었다. 무엇이 문제 해결인지에 대한 공동체 구성원들의 생각은 다양할 수 있다는 것을 인식하고, 최우선적으로 피해 학생의 마음을 살피고, 가해 학

---

\* 세 명을 한 조로 묶어 매주 미션을 실행하고 이것을 페이스북에 공유하는 형태로 진행되었다. 미션은 매주 아침에 만나면 하이파이브를 한다든가, 서로 좋아하는 음식을 알아낸다든가 하는 것들이었다.

생을 공동체 내로 다시 포용하기 위해 노력했다. 2학기 식구총회의 회복적 서클 과정은 앞으로 문제를 대하는 학교의 문화에 많은 영향을 미칠 것이라고 생각한다. 학생들도 이 과정의 의미를 어느 정도 느낀 듯하다. 한 학생은 모두가 함께 순수한 마음으로 문제를 해결하기 위해 노력한 것이 좋았다는 이야기를 했다. 힘든 과정이었겠지만 학생들에게는 공동체란 무엇인가, 올바른 문제 해결 과정이란 어떤 것인가에 대해 생각해 볼 수 있는 좋은 경험이었을 것이다.

## 지금 여기에서는

교사들과 학생들이 식구총회를 하면서 '에휴, 이걸 왜 해야 하나?' 하고 고민하다가도 '그래도 식구총회가 있어야지'라고 생각하게 되는 것은 위와 같은 일들 때문이다. 하지만 가끔 있는 사건들을 해결하기 위해 매주 두 시간씩 일부러 회의 시간을 잡아 놓아야 하는가? 그래서 식구총회가 단지 규칙을 정하고 그 규칙을 어긴 친구들을 처벌하기 위한 것이 아니라, 더 확장된 자치 기구로서의 기능을 수행할 필요가 있다. 성미산학교의 학생 자치 활동은 조금씩 그 범위를 확장해 오고 있다. 초기에는 자치 기구인 식구총회에서 생활 규칙에 관한 것을 논의하고 결정하는 수준이었다. 하지만 최근 이루어졌던 자치 활동들을 보면 학교 초기보다는 매우 다양해졌다는 것을 알 수 있다.

우선 학생들이 기획해서 진행하는 행사들이 많이 있다. 신입생

3층 복도 입구에는 사회적 이슈와 관련된 뉴스와 다양한 의견들을 나눌 수 있는 공간이 마련되어 있다. 오다가다 할 말이 있거나 나누고 싶은 생각이나 제안이 있다면 누구나, 언제든 환영.

오리엔테이션(시작 캠프), 학교 문화 만들기 토론회, 운동회, 학기 말 발표회, 예술제 등 여러 행사를 학생들이 맡아서 기획하고 진행한다. 2015년에는 한 해 동안의 중등 교육과정을 평가하는 자리도 학생들이 마련했다. 이러한 행사들은 거의 교사들이 기획하여 진행해 오던 것이었으나 하나둘 학생들과 함께, 또는 온전히 학생들이 진행하는 행사로 바뀌어 오고 있다. 이 행사들에 대해 교사들은 학생들의 기획을 함께 검토하고 필요한 부분(자금, 물품, 공간 예약 등)에 지원을 해 주는 정도로 개입하고 있다. 학생들이 행사를 기획하고 진행했던 초반에는 행사 내용이나 준비가 부실한 경우도 있었지만, 최근에는 선배 그룹이 주도적으로 행사를 준비하면서 학생들의 개성이 드러나는 재미있는 행사들이 만들어지고 있다.

행사 외에 자치 활동으로 학생들이 자신에게 필요한 여러 가지 일들을 스스로 해결하는 위원회 활동이 있다. 첫 위원회 활동은 초코우유위원회였던 것으로 기억한다. 학교에서 초코 우유를 먹고 싶다는 학생들의 요구에 대해 친환경 초코 우유를 만들어서 판매하는 활동을 했는데 당시에는 많은 학생들의 호응을 받았다. 그 이후 한 달에 한 번 생일 파티를 열어 주는 생일파티위원회부터 학교 탁구대 뒤에 그물을 설치하는 그물설치위원회 같은 일회성 위원회까지 학생들이 자신의 문제를 자발적인 참여를 통해 해결해 가는 문화를 만들어 오고 있다. 현재는 위원회라는 공식적인 명칭보다는 ○○ 팀, ○○ 모임과 같이 가벼운 명칭을 사용하기도 한다. 물론 식구총회에서 논의하기 귀찮아서 대충 위원회로 넘기고 끝내려고 하거나 늘 하는 사람만 일하게 되는 부작용도 있기는 하지만, 학생들이 자신들의 공동체에서 벌어지는 문제를 교사나 다른 어른들을 통해서가 아니라 스스로 해결해 보는 경험은 학생들의 성장과 자립에 많은 도움을 준다고 생각한다.

또 다른 의미 있는 변화로 학생들이 학교 운영과 관련된 공식 기구에 참여하게 된 것을 들 수 있다. 2013년부터 3명의 학생대표가 학교운영위원회에 참여하고 있다. 또 2015년에는 교장선출위원회에도 7명의 학생대표가 참여하여 교장 선출 전 과정에 함께했고, 마을운동회 준비 팀에도 참여하면서 학교를 넘어서는 활동도 시작하고 있다. 학생들이 학교 회의에 처음 참여할 때는 이런저런 걱정들이 있었다. 가장 큰 걱정은 학생들이 너무 지루해하거나 힘들어하지 않을까 하는 것이었다. 보통 회의가 저녁 8시에 시작해서 10시가 넘어서 끝나니 학생들이 참여하기에는 버거울 수 있다는 우려였다. 거기에 회의 내용도 학생들이 전혀 흥미 있어 할 만한 것도 아니니 학생들이 '참여'에 대한 안 좋은 인상만 갖게 되는 것이 아닌가 하는 걱정을 하는 것도 무리는 아니었다. 하지만 학생들은 우려했던 것보다 훨씬 책임감을 갖고 회의에 참여했고, 발언은 거의 없었지만 의외로 회의를 재미있어하기도 했다. 지금은 학생들이 학교 운영에 참여해야 한다는 생각이 학생들 사이에 많이 보편화된 듯하다. 지난 겨울 방학에 진행했던 학생, 학부모, 교사가 함께하는 평가회의도 학생들이 교육과정에 자신의 의견을 반영하고 싶다는 요청에서 시작된 것이었다. 이렇게 학교 운영에 학생 참여가 확대되면서 특히 고학년들 사이에서 학교에 대한 주인 의식이 높아지고 있다.

## 숙제들

많은 교사들이 대안교육에 입문할 때는 서머힐과 같은 자유교육, 민주교육의 이상을 구현하고자 하는 욕구를 갖고 있었을 것이다. 모든 사람은 자유롭고 평등하다는 것, 그러므로 학생과 교사 사이의 평등한 관계 속에서 학생들이 스스로 선택하고, 책임지면서 배워 갈 때 가장 훌륭한 배움이 실현될 것이라는 믿음이 있었을 것이다. 이것은 인간의 자발성과 자율성에 대한 믿음, 어쩌면 인간이라는 존재 자체에 대한 믿음이었다는 생각이 든다. 이 믿음 속에서 인간은 훈육되고 교육되어야 할 불완전한 존재가 아니라 그 자체로 가능성과 아름다움을 내포한 존재이다. 2000년대 중반 아이들이 더 이상 '서태지 세대'가 아니라 '잠자는 숲속의 공주/왕자 세대'가 되었다는 분석이 대두된 이후 10년이 지났다. 이제 자유교육이나 민주교육은 더 이상 대안교육 내의 화두가 아닌 듯하다. 10년 전에는 '아이들이 본연의 모습을 찾게 하는 것'에 대해 고민했었다면 지금은 '아이들을 바꾸어 내는 것'을 고민하고 있는 것 같다. 이 과정이 수긍이 가지 않는 것은 아니다. 하지만 이것이 성악설의 수준은 아닐지라도 매우 슬프게 다가오는 느낌이었다. 그렇게 무기력한, 호기심과 자발성, 자율성을 잃어버리게 된 아이들을 만들어 낸 것은 이 사회를 만든 기성세대이다. 그렇다면 여러 가지 질문이 있을 수 있다. 대안교육을 통해 이 아이들을 바꾸어 내야 한다고 이야기하는 것은, 자신들이 망가뜨린 이 사회로 인해 망가진 아이들을 다시 자신들이 고치겠다는 이야기처럼 들리기도 한다. 이것은 본말이 전도된 것 아닌가? 지금의 교육과정이 과연 아이들의 호기심과 자발성을 회복시키는 전환의 과정인가? 우리가 하는 교육이 결국 또 다른 방향으로 아이들을 모델화하는 과정일 뿐인 것은 아닐까? 그렇다면 우리의 대안교육은 과연 운동으로서의 가치가 있는가?

개인적으로는 교육과정에 대해 고민할 때 위와 같은 질문들을 계속 해 왔다. 물론 어떤 답을 찾지는 못했고, 현재 상황에 대해 정확한 판단을 하기도 힘들었다. 하지만 스스로 이런 질문들을 하다 보면, 아무리 엉망인 듯해도 학생 자치가 더욱 확대되어야 한다는 원칙은 포기하기 어려웠다. 학생 자치의 공간은 아이들이 자신의 욕망을 표출하는 장이고 그것이 집단화될 수 있기에 진정한 의미를 갖는 것이라고 생각한다. 성미산학교의 자치 상황도 이전에 비해 만족스럽기는 하지만 아직 갈 길이 멀다. 언젠가는 정말 학생, 교사, 부모들이 함께 토론하며 만들어 가는 학교가 되길 기대해 본다.

2부

# 마을이 세계를 구한다

# 지금의 우리는
# 이전의 우리와 다르다

### – 성미산 지키기 운동

**소녀(김언경)**
언론 관련 시민단체 활동가이며, 인권 감수성 향상을 위한 언론의 역할에 특히 관심이 많습니다. 성미산마을살이를 하며 내가 필요하거나, 내가 재미있을 만한 일이라면 되도록 함께하고 있습니다.

## 성미산 지키기란 무엇인가

나는 두 아이를 성미산학교에 보낸 적이 있는, 현재는 성미산학교 명예 설립위원이다. 성미산학교에 입학하게 되면 누구나 설립위원이 되고 졸업을 하게 되면 명예 설립위원이 된다. 성미산학교의 학부모로 지낸 시간을 뒤돌아보면 생태와 공동체는 그저 도덕적이고 관념적인 가치일 뿐, 실제 우리들의 마음과 삶의 변화로까지 이어지진 못했던 때가 있었다. 생태 학교이니 우리 아이가 생태교육을 받고 있는 것이려니, 마을 학교니까 아이들이 공동체성을 더 많이 느낄 수 있는 프로젝트 수업이 늘어나는 것이려니 생각했던 것 같기도 하다. 심지어는 서울 도심에서 생태교육을 한다는 것은 너무 비현실적이라는 걱정과 도대체 생태교육은 왜 하는 건지 모르겠다는 소극적 항의도 종종 들려오곤 했다. 그런 나에게 2010년부터 시작한 성미산 지키기 활동은 생태와 마을공동체에 대한 우리들의 생각을 정리해 주고 그것을 실천으로 옮기게 해 준 특별한 경험이었다.

**성미산 지키기 운동** 성미산 지키기 운동은 두 차례에 걸쳐 진행되었습니다. 첫 번째 운동은 1997년 서울시의 성미산 개발 계획이 발표된 후 공동육아, 두레생협 등에서 활동하는 사람들 중심으로 반대 운동을 진행했으며 그 결과 2003년 10월 건설 계획 유보 결정이 내려졌습니다. 이 운동을 계기로 협동조합 방식의 가게들과 대안학교 등이 만들어졌고 다양한 마을 의례와 축제들이 생겨나게 되었습니다. 두 번째 운동은 2006년 학교법인 홍익재단이 성미산을 매입하여 원래 체육 시설 및 공원 부지에 초·중·고등학교 건설 계획을 추진하면서 시작되었습니다. 2010년부터 본격적으로 학교 건설 반대 싸움을 진행했지만 결국 학교는 설립되었습니다. 지금은 성미산 생태 공원 만들기 운동으로 성미산 지키기를 이어 가고 있습니다.

성미산 지키기를 이야기하려면 먼저 성미산을 소개해야 할 것 같다. 성미산은 서울 마포구 성산동에 있는 높이가 66미터밖에 안 되는 작은 산이다. 성미산 인근에 살고 있는 성미산마을공동체와 성서초등학교 학부모 등 지역 주민들은 이 성미산의 생태를 지키기 위해 성미산대책위원회를 만들어 학교법인 홍익재단의 홍익초·중·고 건축 이전 시도에 맞서 활동해 왔다. 성미산 개발 논란의 전말은 이렇다. 홍익재단은 2006년 11월에 성미산의 체육 시설 부지와 공원화 예정 부지 등을 포함해 성미산 18,000여 평을 578억 원에 매입했다. 마포구청은 인근 지역 주민들의 반대에도 불구하고 서울시에 성미산 일부 사유지의 용도를 체육 시설 부지에서 학교 부지로 변경해 달라고 요청했다. 서울시 도시계획위원회와 오세훈 시장은 충분한 의견 수렴과 검토를 약속하였으나 결국 기습적으로 성미산의 체육 시설 부지 일부를 학교 시설 부지로 용도 변경을 해 주었다. 이후 지방 선거를 앞두고 서울시교육청은 2010년 5월 20일 실시 계획 인가를, 5월 26일 학교 건축을 승인해 주었다. 성미산대책위는 서울시가 성미산 전체를 매입하여 생태 공원으로 조성해 주기를 원했으며 이를 위해서 홍익초·중·고가 이전할 수 있는 대체 부지를 마련해 주기를 요구했다.

### 왜 그렇게도 열심히 성미산을 지키려 했는가

마을 주민들이 성미산을 지키려는 이유는 활동 기간이 길어지면서 보다 풍부해졌고 구체화되었다. 첫째, 마포구에 하나뿐인 자연숲을 훼손하지 말고 전체를 생태 공원화하여 서울 시민에게 돌려주자는 것이다. 성미산 일대는 생태적인 보존 가치가 높고, 상당 부분이 절대 보존 지역으로 보호가 필요한 지역이다. 성미산은 북한산에서 한강으로 이어지는 생태 축의 중요한 역할을 하고 있으며, 2001년 생태보전시민모임의 연구 결과에 따르면 성미산 지역 대부분이 서울시가 구분한 비오톱$^{biotope}$* 등급 중 '대상지 전체 지역에 대하여 자연 보호 가치가 있는' 1등급에 해당된다. 이런 이유로 2009년 한국 내셔널트러스트 보존 대상지 시민 공모에서 '꼭 지켜야 할 자연 유산 - 이곳만은 꼭 지키자'로 산림청장상을 받기도 했다. 실제 많은 환경단체들이 성미산 문제를 '서울의 4대강 사업'이라고 이름 붙이면서 성미산은 우리 사회가 꼭 지켜야 할 자연 유산이며 상징이라고 지지를 표명하기도 했다.

둘째, 성미산지키기비상행동을 주도해 온 성미산마을공동체의 사회문화적 가치를 지키기 위해서였다. 성미산마을공동체는 생태적 삶과 공동체적 상호 부조, 민주주의를 실천하는 자발적 마을 만들기의 좋은 사례로 호평을 받고 있다. 특히 2003년 서울시가 성미산에 필요하지도 않은 배수지를 짓겠다고 했을 때 주민들이 한마음으로 이를 막아 내면서 마을의 환경과 생태에 대한 관심과 사랑은 극대화되었다. 이 때문에 많은 언론들이 마을 주민이 마을의 아이

---

* 특정한 식물과 동물이 하나의 생활공동체를 이루어 지표상에서 다른 곳과 명확히 구분되는 서식지를 말한다. 성미산은 마포구의 유일한 자연숲으로 서울시 〈도시계획 조례〉에 의해 비오톱 1등급지로 분류되어 있다.

들을 함께 키우고 자연 친화적 공동체 삶을 살고자 하는 마을의 문화에 관심을 가졌고, 서울시에서 보기 드문 소중한 문화 자산이라고 평가하기도 했다. 이런 마을 주민들에게 성미산은 단순한 동네 뒷산이 아니라 마을공동체의 상징이며 생태적 삶의 토대였다. 마을 주민들은 성미산을 깎아 학교가 하나 들어와서 생기는 공익도 있겠지만, 모범적인 공동체 마을의 가치를 키우는 것이 더 큰 공공성이 될 수 있다고 생각했다. 셋째, 신축 공사가 진행될 동안 인근 성서초등학교 학생들의 통학 안전권이 심각하게 위협받는다. 공사 현장의 통학로는 약 100미터 정도로 매우 협소하며 자전거 전용 도로, 3차선 차도로 구성돼 평소에도 사고의 위험성이 높은 사고 다발 지역이다. 이처럼 좁고 위험한 길에 공사를 하는 동안 7,000대의 덤프트럭을 비롯해 건설 장비가 출입하게 되어 안전사고의 위험이 있었던 것이다. 넷째, 건축 공사 현장이 기존 성서초등학교와 상당 부분 면해 있어서 공사 기간 동안 성서초등학교 학생들이 소음과 먼지, 진동으로 인해 학습권과 건강권을 침해받을 것이 예상되었다. 다섯째, 기존 공립 학교 바로 옆에 사립 학교가 들어서게 됨으로써 발생할 위화감 문제가 있었다. 성미산마을에는 더 이상 교육 수요가 없음에도 홍익학원의 요구에 따라서 사립 초등학교가 들어오는 것은 지역 주민의 위화감에 대한 우려를 키울 수밖에 없었다. 여섯째, 학교가 준공된 이후에도 교통 및 통학 안전 문제는 여전히 남아 있다는 점도 지적되었다.

## 우리들의 행동은 어떻게 가능했을까

사실 성미산마을공동체라는 것은 여러 단위의 결합체이다. 성미산학교, 성미산어린이집, 우리어린이집, 참나무어린이집, 생협 등 여러 단위가 마을공동체에 소속감을 가지고 성미산 지키기의 주체로 함께 참여했다. 성서초등학교 학부모 일부도 함께했다. 성미산 지키기에 대한 마음의 온도가 천차만별이고 각 개인마다 사연도 다양했다. 처음 성미산 지키기를 시작할 때에는 서로 입장의 차이도 있었고, 내가 아닌 누군가가 조금 더 도맡아 이 일을 잘해 주기를 바라는 마음이 컸던 것 같다. 그러다 보니 다른 단위에 대한 아쉬움만 크게 드러나기도 했다. 그러나 우리는 성미산 지키기를 하면서 점차 한 덩어리가 되어 갔고 진정한 마을공동체로 변해 가고 있었다.

그렇게 할 수 있었던 힘은 어디에서 왔을까. 나는 개인적으로 그 힘은 우리 아이가 보고 있다는 생각, 우리 아이들을 위한 일이라는 믿음, 그리고 그 과정에서 막연하기만 했던 자연과 생명의 가치를 우리가 온몸으로 느끼게 되었기 때문이라고 본다. 그리고 이 모든 과정에서 각자의 실천, 서로의 노력이 더해지면서 자연과 생명의 가치에 대한 생각이 더욱 구체화되고 강해져 갔던 것 같다.

우리는 먼저 아이들에게 고향이 될 성미산을 그대로 지켜 주고 싶었고, 이 지역에 계속 살지 않는다 하더라도 서울시에 있는 소중한 자연숲을 지키는 것은 생태적 삶을 지향하는 주민으로서 당연히 해야 할 일이라고 생각했다. 공사가 진행됨에 따라 아이들의 교통안전이 위협받는다는 생각에 칼바람 부는 겨울에 거리에서 도로 교통안전 감시를 나서기도 했다. 우리는 성미산 지키기를 시작한 뒤, 내가 살고 있는 지역의 환경을 지키는 것이 생태의 시작이라는 것을 알았고, 이를 위해 노력하는 것이 내 아이에게 보여 줄 수 있는 가장 좋은 생태교육임을 깨달았다.

　나무와 풀을 사랑하는 마음이 새삼스럽게 더 커진 것도 또 다른 변화였다. 사실 성미산은 늘 우리 곁에 있던 뒷동산이었지만, 성미산 지키기 운동을 하면서 많은 학부모들이 무조건 산을 찾았으며 무조건 나무를 지켜야 했다. 처음에는 지켜야 한다는 생각만 컸지 정말 그 나무가 그렇게 사랑스럽고 귀하다는 생각은 하지 못했던 것 같다. 그러나 우리가 애정을 갖고 나무 한 그루 한 그루를 마음에 담고 아끼면서 우리는 그 나무들이 무너질 때 내 아이가 다쳤을 때와 비슷한 깊은 슬픔을 느꼈다. 홍익재단 관계자들이 인부들과 함께 우리들 한 명 한 명을 움직이지 못하게 붙잡은 채 아름드리나무를 전기톱으로 자를 때 우리는 모두 울부짖었다. 그 자리에 없었던 학부모들도 당시 영상을 보며 울었다. 우리가 어떻게 지켜 왔던 나무인데, 우리가 얼마나 아꼈는데 하는 생각에 마음이 저려 왔다.

　성미산을 지키면서 내 아이를 내가 키우는 것이 아니라, 우리 아이를 우리가 함께 키우자는 마을공동체성도 커져 갔던 것 같다. 마을 주민 모두 일을 하고 자녀를 키우는 서울의 평범한 시민이었기 때문에 그 일상에서 시간과 마음을 내어 이런 일들을 한다는 것은 사실 매우 힘들었다. 따라서 서로 품앗이를 하듯 산을 지키고 문화제에 나갈 수밖에 없었고, 이 과정에서 주민들은 서로를 위로하고 서로에게 고마워했다. 성미산 지키기로 인해 몸과 마음이 피폐해져

성미산 지키기 운동은
우리 자신이 생태 학교, 마을 학교의 부모이며
공동체란 무엇인가 느끼게 해 준 계기였다.

사진 제공 : 성미산대책위원회

서 정신적인 고통을 호소하는 경우도 많았다. 상황이 변할 때마다 마을 총회를 해서 주요한 결정을 주민이 함께 했고, 성미산학교를 비롯해 공동육아어린이집은 수시로 내부 회의를 통해서 힘을 모았다.

특히 내가 속한 성미산학교 학부모들에게는 성미산 지키기가 우리 자신이 생태 학교, 마을 학교의 부모이며 그것이 무엇을 의미하는지 온몸으로 느끼게 해 준 큰 계기가 됐다. 우리는 나무 한 그루, 풀 한 포기의 가치를 깨달았고 모두 함께 힘을 모아 그것을 지키고자 했다. 그동안 글로 아무리 읽어도 우리의 마음과 몸까지 움직이지 못했던 생태와 공동체라는 가치는 성미산 지키기를 하면서 마을 주민들과 학부모 모두의 마음에 깊숙이 체화되었다.

### 아이들은 무엇을 했을까

성미산 지키기가 시작되면서 성미산학교 교사들은 아이들과 무엇을 이야기해야 하고, 어떤 기준을 가지고 이 일에 대처해야 하는지 고민했다. 홍익재단의 공사 움직임이 시작되면서 아이들은 서울시장이나 서울시 교육감에게 보내는 글을 쓰고 성미산의 나무에게 "우리가 지켜 줄게"라는 그림 편지를 쓰는 등의 활동을 했다. 아이들이 커다란 광목천에 그린 예쁜 그림과 약속의 글을 성미산에 걸어 놓기도 했다. 그러나 성미산의 나무들이 베어지기 시작하면서 우리는 아이들을 먼저 성미산 공사 현장에 출입하지 못하게 했다.

커다란 아름드리나무가 베어진 것을 보는 것이 아이들에게 너무 큰 상처가 될 것 같아서 내린 결정이었다. 공사를 진행하는 사람들이 아이들에게 산에 오지 말라며 겁박하는 경우도 생기면서 학생들은 성미산에 가지 않는 것이 좋겠다고 이야기했다.

아이들이 가장 열심히 참여한 것은 성미산 문화제였다. 첫 성미산 문화제를 했던 날에는 비가 오는 날씨에도 불구하고 거리는 어린이들로 가득했다. 성미산학교 학생들과 공동육아어린이집 유아들이 엄마, 아빠 손을 잡고 거리로 나온 것이다. 사실 아이들에게는 문화제에 참여한다기보다는 마치 저녁에 동네 마실을 나가는 기분이었을 것이다. 성미산은 아이들에게 자연 놀이를 가는 산이다. 이런 산이 사라질 위험에 처해 있어 어른들이 지키고 있다는 이야기를 해도 아이들은 제각각 수다를 떨거나 촛불로 장난을 쳤다. 우리는 문화제를 하면서 아이들을 의식해서 지나친 발언은 하지 않았고 욕이나 강경한 구호도 외치지 않았다. 하루 동안 있었던 성미산 이야기를 보고하는 대책위원장의 얘기도 늘 어린이들이 알아들을 수 있는 눈높이에서 이루어졌다. 성미산 문화제 사회를 봤던 나는 문화제 도중 한 번씩 아이들에게 "어린이 여러분, 우리가 여기 왜 나왔지요?"라고 묻곤 했다. 누군가가 발언을 하고 공연을 할 때 산만하고 시끄러운 태도를 보이는 어린이들 때문에 시작한 잔소리였다. 그러나 아이들은 차츰 또렷하게 "성미산을 지키려고요"라고 대답했고 "우리가 의젓하고 멋지게 행동해야 성미산이 지켜진다"라고 이야기하면 아이들은 잠시 의젓한 모습으로 돌변하기도 했다. 자칫 훈계라고 느껴질 수도 있지만 나는 자주 아이들에게 성미산 문화제에 참 성미산 지키기 운동에는 아이들도 함께했다.
투쟁에 아이들을 동원한다는 비판도 있었지만,
아이들이 성미산 지키기를 함께하면서
눈으로 입으로 몸으로 마음으로 많은 것을 배웠을 거라 생각한다.
사진은 나무에 리본 달기 및 나무 끌어안기 행사 때 모습.

석하는 것의 의미와 고마움을 전했다.

 많을 때는 200명에서 적을 때는 10명 내외, 평균 50여 명이 모이는 성미산 문화제는 불법 집회가 아니어야 했기에 소음에도 늘 조심했고 문화제다운 문화 공연도 이어질 수 있도록 노력했다. 처음 문화제가 열릴 때에는 주로 노래 잘하는 마을 주민들이 나와서 힘을 내자는 의미로 공연을 했다. 마을 주민들이 만든 성미산의 아름다움을 담은 동영상을 보기도 했다. 레퍼토리가 떨어지자 나무와 자연을 사랑하는 마음이 담긴 시를 낭송하는 시간을 갖기도 했다. 특히 어린이들은 작은 연설을 준비해 와서 발언을 하기도 했고, 피아노, 연극, 춤, 노래 등 다양한 공연을 준비해 주었다. 이에 질세라 중등 학생들도 밴드 연주, 클래식 기타 연주 등을 준비해 주었다. 어른들이 만들어 준 개사곡만 부르다가 스스로 곡을 선택해서 성미산을 지켜 달라는 예쁜 가사의 개사곡을 만들어 부르기도 했다.

 성미산지키기비상행동의 활동이 언론을 통해 알려지면서 백자, 연영석, 지민주, 최도은, 엄보컬·김선수, 조약골 등 인디밴드 여러분들, 노래패 꽃다지, 아마도 우린, 한신대 노래패 보라성, 새민족교회 노래패, 환경운동연합 노래패 솔바람, 한백교회, 서울대 율동패 연 등 참 많은 공연자가 왔다. 아이들은 이들의 문화 공연에 몰입해 정말 다양한 음악을 경험했다. 특히 초등 고학년부터 중등과정 학생들은 문화제에 참여한 대학생들과 인디 뮤지션들을 보면서 저렇게 멋진 사람이 되고 싶다는 롤모델로 삼기도 했다. 또한 아이들은 이 과정을 통해 성미산뿐만 아니라 우리 사회에 관심이 필요한 또 다른 주요한 일들이 많다는 것도 알게 되었다. 홍대 앞 칼국숫집 두

리반을 도와주던 인디밴드들도 성미산에 달려왔는데, 이들의 공연과 이야기를 들으면서 아이들은 재개발의 문제점이 무엇일까 생각할 수 있었다. 홍익대학교 청소 용역 노동자들을 위해서 성미산 주민들이 연대하는 과정에서 노동 문제도 어렴풋이 알게 되었다. 4대강 문제를 비롯한 여러 가지 환경 문제에 대해서도 관심을 갖기 시작했다.

누군가는 아이들이 문화제에 참여하는 것을 두고 아이들을 거리로 나가게 했다며 '비교육적'이라고 비웃기도 했다. 그러나 우리는 교육적인 문제가 생기지 않도록 최대한 노력했다. 소음이나 발언 수위는 물론 문화제 시간도 아이들을 고려해서 잘 지키려고 노력했으며, 날씨가 추워지면서는 아이들이 문화제에 나오는 것을 자제시키기도 했다. 아이들은 일 년 동안 나무 한 그루를 지키려 뛰어다닌 엄마, 아빠들을 보았다. 아이들은 저마다 힘들다고 하소연하고 원망하고 걱정하다가도 다시 힘을 내는 엄마, 아빠의 모습을 보았다. 어떤 아이는 부모에게 왜 엄마, 아빠는 열심히 성미산을 지키지 않느냐고 묻기도 했다. 매일 밤 문화제에 모여서 성미산을 지키려는 마을 어른들의 이야기를 들었으며, 마을 밖 사람들이 매일 찾아와서 우리를 지지하고 격려해 주는 이야기를 들었다. 그 과정에서 아이들은 좋은 어른들이 많다는 것을 느꼈다. 교육적 효과라는 것은 그렇게 빨리 나타나지 않는다고 한다. 그러나 나는 우리 아이들이 성미산 지키기를 함께하면서 눈으로 입으로 몸으로 마음으로 많은 것을 배웠으리라 생각한다.

## 생태적 삶은 매일 조금씩 실천하는 것이다

가끔 사람들은 나에게 성미산은 어떻게 되었냐고 묻는다. 그 질문에는 '성미산은 못 지켰지? 그런데 어떻게 그렇게 잘 살고 있냐?' 하는 뉘앙스가 느껴지기도 한다. 나는 잘 살고 있다. 홍익학원이 들어선 성미산을 볼 때마다 눈물이 나지만, 전기톱이 성미산에 들어오기 전 마지막으로 봤던 완벽하리만치 아름다웠던 성미산을 떠올리면 목이 아파 오지만 그래도 잘 산다.

마을과 학교가 한마음이 되어 생태 감수성과 공동체성을 배웠고 옳지 않은 것에 대해서 묵인하지 않고 자신이 할 수 있는 최선의 노력을 기울여 볼 필요가 있다는 것, 누군가 우리에게 그랬듯 우리 역시 타인의 어려움에 관심을 가지고 함께해야 한다는 것을 알게 된 지금의 우리는 분명 이전의 우리와 조금 다르다. 먼저 나무 한 그루를 그렇게 소중히 여겼던 그 마음으로 우리는 사라진 녹지를 되찾기 위한 노력을 시작했다. 성미산 지키기 운동 이후에도 우리는 변함없이 매해 해 왔던 성미산 나무 심기 행사를 열었고, 마을에 조그만 공간만 있으면 상자 텃밭을 만들어 아이들과 함께 가꾸기도 했다. 부모들은 집집마다 주머니 텃밭을 분양받았고 탄소 발자국을 줄이려는 에코 마일리지 운동에도 함께했다. 그리고 우리는 앞으로도 성미산 지키기를 지지해 준 많은 사람들의 마음을 기억하며 우리 역시 그렇게 다른 마을, 다른 환경 문제에 연대할 것이다. 또 성미산을 아름다운 생태 공원으로 만들기 위해서도 계속 노력할 것이다.

# 골목에서 놀자

## - 골목 놀이터

**하나(김하나)**
이제 막 중등의 새내기 학부모가 되었으며, 글쓰기가 제일 어려운 그냥 동네 아줌마이면서, 여전히 부족함을 느끼고 채우려는 사람입니다.

## 같이 놀아 볼까?

 2011년 첫째 아이가 성미산학교에 들어가면서 마을살이를 시작하게 되었습니다. 시골살이를 접고 이사를 왔는데 학교생활이 바로 서울살이였습니다. 학교 교육과정 중 '손끝놀이 활동'이라는 수업을 진행하기도 하고, 학교 도서관을 정리하기도 하면서 점차 관계가 넓어지자 다른 일들도 생각하게 되었습니다. 학년 부모님과의 반 모임, 교육위원회 모임 등 학교 안의 모임에서 마을의 카페 작은나무, 생협으로 점차 넓혀 가면서 활동을 하게 되었습니다.

 처음 마을에 들어오며 기대했던 것은 성미산마을이니까 아이들끼리 어울려 잘 놀겠구나 하는 거였습니다. 하지만 현실은 많이 달랐습니다. 맞벌이를 하는 집 친구들은 방과후활동을 많이 해서 같이 놀 수 있는 친구가 거의 없었습니다. 학교에 마실 문화가 있긴 했지만 제가 생각하는 아이들끼리의 놀이와는 달라서 처음에는 많이 당황스러웠습니다. 학교에서 놀다가 같이 친구 집에 놀러 가고, 또

---

**골목 놀이터** 성미산마을과 학교에서는 생태적 감수성을 키우고 다양한 관계를 맺을 때 놀이를 매개로 경험과 배움을 연결하려고 합니다. 마을에서는 공동육아어린이집이나 마을 방과후를 통해 서로 돌보는 관계가 형성되어 서로의 집으로 놀러 다니는 마실 문화가 발달되어 있습니다. 하지만 아이들이 뛰어놀 만한 공간도 없고 다양한 또래가 모여서 어울려 노는 문화도 사라지고 있어 이를 회복하기 위해 성미산학교 학부모와 마을 주민이 만든 것이 바로 골목 놀이터입니다.

놀러 오는 놀이의 연장으로 알고 있었던 마실이라는 것이, 부모끼리 사전에 약속을 한 후 한 명의 친구와 집에서 노는 것이어서 낯설었습니다. 그렇다 보니 첫째 아이는 놀 친구가 없어 심심해하고 친구들과 놀지 못한다는 것에 많이 속상해했습니다. 그래도 같은 학년끼리 마실을 하면서 첫째 아이는 점차 적응했지만 그래도 놀고 싶을 때 놀 수 없다는 아쉬움과 심심함이 반복되었고 가끔은 친구들이 다니는 피아노 학원을 보내 달라고 하기도 하였습니다.

그렇게 시간이 지나 둘째 아이도 학교에 들어가고 저는 놀이에 대해 더 진지하게 고민하게 되었습니다. '이렇게 놀 수밖에 없나?', '이렇게 노는 것이 아이들과의 관계에 좋은 것인가?' 하는 생각이 들었습니다. 그렇게 고민을 계속 하던 중에 학교와 함께 프로젝트로 전래놀이를 시작하게 되었습니다. 편해문의 《아이들은 놀기 위해 세상에 온다》라는 책과 EBS의 놀이 관련 영상을 소개하고 놀이가 아이들에게 얼마나 소중한지 이야기를 나눴습니다. 그리고 학부모들께 아이들과 집에서 조금씩 놀이 활동을 해 달라고 했습니다. 그러다 또래와의 관계에서 힘들어하는 아이들이 생기게 되자 놀이를 통해 관계를 회복하고 즐겁게 지내기를 바라는 마음에서 본격적으로 시작하게 되었습니다. 학교에서는 쉬는 시간에 교사들과 아이들이 고무줄놀이, 비사치기(비석치기), 8자놀이, 얼음땡놀이 들을 하였어요. 손끝놀이 활동 도우미로 학교를 들락거리다 아이들 노는 것을 보고 하루는 같이 놀아 주니 아이들도 재미있어하더군요. 자연스럽게 제가 어렸을 때 골목에서 놀았던 생각이 나면서 '골목에서 아이들이 다 같이 모여서 놀면 어떨까'라는 생각이 들었고 그렇게 마을에서 골목

마실을 계획하게 되었습니다.

### 골목에서 놀 사람?

저희가 사는 곳은 성미산학교 옆 빌라였습니다. 도시에서 골목은 차가 다니는 곳이어서 아이들과 골목에서 놀 생각도 못 하고 집에서 놀았죠. 다행히 집이 1층이어서 저희 집에 마실 온 아이 중 몸으로 놀고 싶어 하는 친구가 있으면 딸이랑 저랑 세 명이 말뚝박기, 숨바꼭질, 한발뛰기를 하며 놀았습니다. 다른 빌라로 이사한 후에 놀기 좋은 골목이 있어서 딸아이에게 골목에서 놀자고 이야기했는데 집 마실에 익숙해서인지 골목에서 못 놀고 3학년 내내 집에서만 놀았습니다.

그렇게 지내다가 4학년 봄에 다시 이야기를 했습니다. 첫째 아이도 쉬는 시간에 고무줄을 하면서 친구들과 어울려 노는 것에 재미를 느낀 것 같았습니다. 처음에는 4학년 부모님들께 메신저로 토요일 오전에 같이 놀자고 이야기를 했습니다. 아이들에게 집에서 노는 게 아니고 골목에서 놀 거라고 이야기했더니 아이들은 "뭐 하고 놀아요?", "뭘 가지고 놀아요?", "재미없을 것 같아요~", "그냥 공놀이 하면 안 돼요?" 하고 저마다 투덜거리거나 낯설어하면서도 호기심을 보였습니다. 저 또한 마찬가지로 휑~한 골목길에서 아이들을 데리고 뭘 해야 될지 막막하기도 하고 설레기도 하였습니다.

미리 준비해 놓은 놀이 도구를 풀어 놓자 여자아이들은 사방치

골목에서 노는 아이들. '무궁화 꽃이 피었습니다' 놀이는
'매트릭스 꽃이 피었습니다', '마네킹 꽃이 피었습니다' 등으로
다양하게 변형, 진화되었다.
아이들은 가르쳐 주지 않아도, 배우지 않아도 잘 논다.

기, 고무줄놀이를 하였고, 남자아이들은 병뚜껑딱지놀이, 달리기놀이를 하였습니다. 아이들은 처음엔 익숙한 도구를 가지고 각자 잠깐 놀았습니다. 그래서 하나하나 가르쳐 주며 적극적으로 놀아 주기 시작하자 아이들도 같이 모여 노는 놀이에 조금씩 참여하기 시작했습니다. 모두가 다 참여할 수 있는 '무궁화 꽃이 피었습니다'를 하니 아이들은 신나고 재미있어했습니다. 그 후 수요일마다 초등 고학년 아이들과 놀다가 어느 정도 자리를 잡고 나서는 초등 저학년 아이의 친구들도 한 명씩 늘려 가며 놀기 시작했습니다. 4학년 아이들이 1학년 아이들에게 놀이 방법과 규칙을 설명하며 같이 놀았습니다. 아이들은 어른인 제가 알려 주는 것보다 더 신나게 즐겁게 놀이를 하듯이 알려 주었습니다. 한 아이는 사방치기를 할 때 마음은 앞서 가는데 몸이 안 되어서 처음에 힘들어했습니다. 그랬던 그 아이가 점차 규칙도 익히고 새롭게 규칙을 만들기도 하더니 어느덧 동생들을 가르쳐 주는 선배가 되었습니다. 어린 아이들과 선배 아이들이 다 같이 어울려 놀다 보니 서로 놀 수 있는 것들이 다르다는 것을 알게 되었습니다. 자연스럽게 초등 고학년 아이들은 금요일에 모여 놀고, 초등 저학년과 더 어린 아이들은 수요일에 모여 놀기 시작했습니다. 이틀 동안 골목 안이 아이들 노는 소리로 시끌시끌했습니다.

　어느 하루는 골목길에 접한 집에서 사는 할머니 한 분이 나오시더니 아이들 노는 모습을 지켜보고는 "이렇게 골목에서 노는 친구들이 다 있네" 웃으며 말씀하셨습니다. "아이들이 시끄럽게 떠들어 죄송합니다" 말을 건네니 "아니, 아이들 노는 거 보는 게 재미있어~"

하시며 그 후에도 몇 번인가 놀고 있는 아이들을 지켜보고는 하셨습니다. 놀이에 재미를 느끼기 시작하자 수요일에만 오던 아이들이 금요일에도 오면서 아이들의 수가 많을 때는 스무 명이 넘었습니다. 아이들이 늘어나자 마을과 학교에서도 "도와줄까요?" 물어보셨지만 저는 "아니요~ 아이들이 더 모이면 저도 빠지고 아이들끼리 놀 수 있게 하는 게 제 목표라서 괜찮습니다"라고 말했습니다. 참여하는 아이들이 많아지면서 5학년과 4학년 형님들이 1, 2학년들과도 같이 놀게 되었고 얼음땡, 경도(경찰과 도둑), 다방구, 한발뛰기 등 놀이도 다양해지고 더 활기차졌습니다.

처음에 한발뛰기 놀이를 할 때 "1학년 세 발이 너희들 두 발이다"라고 말해도 "아니에요~ 똑같이 뛰어야 된다고요~" 우기던 형님들도 몇 번 놀더니 자연스럽게 동생들에게 자신들보다 한 발을 더해 양보해 주는 배려도 조금씩 알아 가는 듯했습니다. 그리고 아이들은 놀이를 배우고 끝나는 것이 아니라 놀이를 계속 진화시키거나 변형시켜 나갔습니다. 예를 들어 '무궁화 꽃이 피었습니다'라는 놀이는 '할미꽃이 피었습니다', '매트릭스 꽃이 피었습니다', '마네킹 꽃이 피었습니다', '오이꽃이 피었습니다' 등으로 변주되었고 아이들이 모여서 노는 중에도 계속해서 새로운 규칙과 새로운 버전의 놀이가 만들어지기도 했습니다. 마네킹 꽃, 한 발 뒤로 가 꽃, 끈끈이 꽃 등은 한 번 술래 할 때 한 번씩만 사용하기, 한 명이 계속 술래가 되었을 때 술래 바꾸기 등 아이들은 점차 놀이 속에서 양보와 배려를 배우기도 하고 규칙을 새롭게 만들기도 하고 새로운 놀이를 개발하기도 하면서 성장하고 있었습니다.

## 어디서든 놀 수 있어

그러던 어느 날, 골목집의 누군가가 아이들의 웃고 떠드는 소리가 시끄럽다며 경찰에 신고를 하는 일이 생겼습니다. 그동안 몇 번 경고를 받았지만 이번에는 심각해서 더 이상 양해가 안 되었습니다. 그래서 그 골목에서는 놀 수 없게 되었습니다. 그날은 3학년 아이들을 처음 초대한 날이었습니다. 처음 놀러 온 아이들이 흥분해 소리가 커졌는지 아님 그동안 놀이 소리가 싫었는지 민원을 해결하러 온 경찰들도 양보하지 않았습니다. 조용히 하든지 다른 곳에서 놀아 달라고 정색하고 말해서 우리는 긴장해서 아무 말도 못 하고 성미산으로 갔습니다. 성미산에서 서로 사방치기를 알려 주며 어울려 놀았습니다. 간식을 먹고 나서는 까막잡기, 한발뛰기, 무궁화 꽃이 피었습니다를 하며 놀았어요. 무궁화 꽃이 피었습니다를 할 때는 그곳에서 놀고 있던 다른 아이들도 같이 하고 싶다 하여 다 함께 놀았습니다. 그러고 나서 아이들은 저마다 고무줄놀이, 비사치기, 자연놀이 삼매경에 빠졌습니다. 경찰의 신고로 아이들이 상처를 받지 않았을까 걱정이 많이 되었습니다. 하지만 오히려 아이들은 이제 더 이상 골목에서 놀 수 없다는 이야기를 자연스럽고 담담하게 이야기해서 어른인 저를 놀라게 했습니다. 처음에는 이 골목이 누구 한 사람의 골목도 아니고 공공의 골목인데 하는 생각에 화가 났고 그냥 계속 놀아 버릴까 생각해 보기도 했습니다. 하지만 그분도 얼마나 참았을까 하는 생각에 다른 골목을 찾아보기로 했고, 안 되면 성미산에서 놀아야지 하고 마음을 바꿨습니다.

그 후 수요일에는 이움 아파트 앞 공터에서 놀이를 하고 금요일에는 성미산으로 갔습니다. 이움 아파트 옥외 주차 공간에서 놀 때에는 차가 가끔 지나가기도 하여 그냥 뛰어놀기를 했습니다. 다 같이 어울려 놀 수 있는 장소가 협소해 자신의 순서가 되기를 기다려야 하는 아이들이 늘어나자 금방 심심해했고 놀고 나서도 신나게 놀았다는 기분이 들지 않았습니다. 그래서 금요일을 기대하고 온 아이들이 많아졌습니다. 하지만 성미산은 너무 넓다 보니 각자 자신이 관심 있는 놀이 방식대로 놀아 버려서 서로 섞여서 어울려 노는 것에는 한계가 있었습니다. 그러다 보니 점차 초등 고학년 아이들이 슬며시 놀이에 나오지 않는 날이 늘어 갔습니다. 자연스럽게 비슷한 또래들끼리 놀게 되고, 놀다가 싸우는 일도 자주 일어나고, 또 그러다 보니 어른들이 개입하게 되는 일이 많아지게 되었습니다.

이움 아파트 공터와 성미산에서 놀이를 이어서 해 보았지만 더 이상 예전의 골목 놀이가 아니었습니다. 골목에서의 놀이가 더 신났고 흥이 났기 때문에 아이들은 그때의 놀이를 그리워했습니다. 여전히 1학년 아이들은 골목에서 왜 못 노는지 이해하지 못하고 골목에서 놀고 싶다고 투정을 부렸습니다. 초등 고학년들이 아무리 쉽게 이야기를 해 주어도 아이들은 골목에서 놀고 싶은 마음이 더 커서 못 노는 이유를 이해하고 싶어 하지 않았습니다. 솔직히 어른들이 아이들보다 용기가 더 없어서 그렇게 되었는지도 모릅니다. 몇 번의 민원 신고와 경찰과의 갈등 이후 골목 안 사람들에게 양해를 구하거나 협조를 부탁하는 말을 현명하게 혹은 용기 있게 적극적으로 하지 못했습니다. 눈치를 살피게 되고 괜히 서운해하게 되고 여러

골목 놀이에 참여하는 아이들이 늘어나고,
소음 때문에 민원이 발생하기도 하면서 장소를 성미산으로 옮겨 놀기도 했다.
골목 놀이는 사라졌지만 아이들은 이제 혼자 노는 것보다
함께 노는 것이 더 재미있다는 것을 안다.

가지 복잡한 생각과 불편한 마음들이 엉키어 다른 장소로 옮기게 된 것이지요. 그러다 결국 골목 놀이 문화가 사라지게 된 건 아닌가, 뒤늦게 아쉬움이 많이 남게 되었습니다.

하지만 아이들과 같이 놀 때는 저도 신나고 재미있었습니다. 언젠가는 아이들끼리 노는 문화를 만들어 가야 한다는 생각에 골목 놀이를 시작했습니다. 물고기 잡는 법을 가르쳐 주듯 골목에서도 놀 수 있으며, 같이 어울려 노는 게 재미있다는 사실을 알게 해 주고 싶었습니다. 그리고 마을의 어른들도 아이들이 골목에서 뛰어 놀고 있음을 알고, 누구네 집 아이라고 서로 알아보는 관계가 생기기를 바랐습니다. 그래서 서로 알고 지내는 관계가 새롭게 만들어지고 서로 알고 지내다 보면 이해가 되고 서로 돌볼 수 있을 거라 기대했습니다. 아이들이 집에서 혼자 텔레비전을 보거나 부모들끼리 약속해서 마실을 다니는 아이들끼리만 놀 수 있는 게 아니라 골목으로 나와 자유롭게 누구와도 어울려 놀 수 있고 새로운 친구와 동생, 누나들을 만날 수 있어야 한다고 생각했습니다. 그 계기를 만들 수 있어서 다행스러우면서도 사라지게 된 것이 안타깝기도 합니다.

골목 놀이가 사라졌어도 아이들은 서로 친해지는 계기를 다른 방식으로 만들기 시작했습니다. 서로의 집에 우르르 몰려다니며 다 함께 놀 수 있는 놀이를 새롭게 만들어 놀기도 합니다. 예전처럼 혼자 노는 것보다 다양하게 어울려 노는 것이 자연스러운 일이 된 것이지요. 그리고 골목 놀이를 한다고 했을 때 여러 가지로 마음과 품을 내어 주신 마을분들이 많이 계십니다. 시끄러움을 참다가 끝내

민원을 넣은 분도 있지만 더 많은 분들이 아이들의 노는 모습을 지켜봐 주었습니다. 무엇보다 골목에서 너나없이 신나게 잘 놀아 준 아이들에게 고맙다는 말을 전하고 싶습니다.

# 물건은 버려지지 않는다
## - 물건 프로젝트

**옆집(김명기)**
성미산학교는 교사로 초대받은 나에게도 귀한 배움의 장소입니다. 내가 알던 세상이 얼마나 좁은지 새삼 발견하게 합니다. 가능성에 대한 믿음이 어떤 꽃을 피워 낼 수 있는지 증명합니다. 믿음. 그것이 없었다면 나는 진즉에 멈추어졌을 것입니다. 여전히 묻습니다. 어떻게 살 것인가. 무엇을 할 것인가. 그리고 계속 부끄럽습니다.

## 삶이 되는 쓰레기

2011년 후쿠시마 핵발전소 사고 이후 성미산학교 중등 교육과정은 생태적 삶 중심의 프로젝트 학습으로 재편하였다. 생태적 삶은 생태철학에 기반한 삶을 의미하며 이는 현재의 삶과 문명을 전환하는 방향으로 나아가야 한다고 생각한다. 그래서 생태 프로젝트의 핵심 키워드는 '전환'과 '마을'이다.

전환마을 만들기의 일환으로 진행되었던 수업이 '물건 프로젝트'이다. 프로젝트를 진행하면서 학교의 쓰레기 배출량을 확인했다. 교실마다 쓰레기통이 하나둘씩 있었는데 종이부터 비닐, 휴지, 플라스틱까지 구분 없이 쏟아졌다. 우리나라는 나름 쓰레기 분리 배출 시스템이 잘 마련되어 있어서 분류만 잘해서 버리면 60% 가까이 재활용할 수 있는 체계를 갖추고 있다. 그래서 매주 월요일 아침, 학교의 모든 쓰레기통을 가져와서 종이, 플라스틱, 비닐, 페트병, 캔, 철, 일반 쓰레기로 구분하고 양을 측정했다. 캔과 철을 묶고 플라스

**물건 프로젝트** 중등의 전환마을 만들기의 일환으로 진행하는 프로젝트입니다. 일상에서의 다양한 물건들이 어떻게 만들어지고 사용되고 버려지는지, 다시 재활용할 수 있는지에 대해 탐구합니다. 학교와 마을에서 쓰레기를 만들지 않고 물건을 되살려 쓰거나 서로 공유하는 활동들도 기획하여 진행합니다. 또한 마을의 되살림가게 운영에 직접 참여하여 리사이클링과 업사이클링을 실천할 수 있는 일들을 만들어 가고 있습니다.

틱과 비닐을 묶어 모둠을 5개로 나누고 통계를 냈다. 쉽지 않았다. 슬리퍼는 플라스틱인지 비닐인지, CD는 어디에다 버려야 하는지 헷갈렸고 화장실에서 나온 휴지를 보면서 헛구역질을 하는 녀석도 있었다. 단위를 무게(g)로 해야 하는지 부피($l$)로 해야 하는지도 고민이었다. 헷갈리는 것 중 일부는 구청 환경과에 전화해서 확인하고, 단위는 에너지시민연대에서 쓰레기의 탄소 배출량을 부피(10$l$당 0.2Kg)로 계산한다고 해서 부피로 정리했다.

반발이 없진 않았다. 문제는 똥 휴지였다. 휴지를 맡은 친구들이 냄새나고 더러운 이것들을 왜 보고 만져야 하느냐고 항변했다. '니들은 똥 안 싸냐'고 반박하면 "학교에선 안 싸요!"라고 응수했다. 내가 나서서 똥 휴지를 처리할 때도 있었고, '굳이 학교에 와서 똥을 싸는' 누군가를 함께 욕해 주면 저희들끼리 코를 틀어쥐고 완수하기도 했다(물론 고무장갑은 끼고 했다). 그런데 학기 중반 중등 1학기 여행을 다녀오고 나서 태도가 180도 바뀌었다. 5주간 나온 쓰레기의 양을 분석했는데 중등이 여행을 간 주간에 학교에서 나온 쓰레기가 전주에 비해 130%가 줄어든 반면, 여행에서 돌아온 후 다시 70%가 늘어났기 때문이었다. 학교에서 쓰레기가 왜 이렇게 많이 나오느냐며, 누가 쓰레기를 이렇게 버리느냐며, 학교에서 왜 이렇게 똥들을 많이 싸느냐며 불평했었는데 그 '누구'가 바로 우리 자신이었다. 그 다음부턴 월요일 아침이 왜 그리 조용한지.

평균 학교 쓰레기 배출량을 확인한 후엔 어떻게 쓰레기를 줄일 수 있을지 머리를 맞댔다. 교실마다 쓰레기통이 있으니 너무 쉽게 쓰레기를 만들고 버리게 되는 것 같다는 의견이 나왔다. 한번은 '쓰레기통이 없으면 쓰레기도 아예 안 나올 것'이란 가설 아래 일주일 동안 학교의 모든 쓰레기통을 없앤 적도 있었다. 그날 초등학생들 사이에서 웃지 못할 해프닝이 일어나곤 했다. 초등과정 교사들의 이야기에 따르면 쓰레기통이 사라지자 많은 친구들이 자신의 책상 서랍이나 학교 공간 구석구석에 쓰레기를 몰래 숨기는 사달이 벌어졌다고 했다.

그래서 다시 생각들을 모으기 시작했다. 학교의 쓰레기통이 분리 배출을 할 수 있게끔 명확히 구분이 되어 있지 않고, 충분히 갖춰져 있지도 않은 것 같다는 사실들을 근거로 방법을 모색했다. 쓰레기통이 작아지고 개수가 줄어들면 쓰레기가 줄어든다는 이야기를 바탕으로 각 교실마다 놓여 있는 쓰레기통을 수거하고, 수거한 쓰레기통을 7개 세트로 맞췄다. 각각에 '일반 쓰레기', '비닐', '플라스틱', '페트', '캔', '병', '철'로 라벨링을 한 후 각 층에 한 세트씩만 배치했다. 종이 또한 복사지를 따로 모으면 다시 재생 복사지를 만들 수 있고 우유팩은 고급 휴지를 만들 수 있다는 사실에 착안하여 양면을 다 쓴 복사지와 이면지와 우유팩과 잡종이 들을 구분해 버리도록 하는 종이 나누기 함도 만들었다. 쓰레기통 재배치 후 7주 동안 모니터링을 했는데 평균 쓰레기 배출량이 재배치 전에 비해 47% 떨어졌다. 학교를 청소해 주시는 분들도 눈에 띄게 쓰레기가 줄어서 일하기가 편해졌다는 말씀을 전해 주셨다.

## 분리 배출 축제

이후 학교의 분리 배출 시스템은 '되살림통'이란 새로운 이름을 달고 유지·보수됐다. 새롭게 구성된 물건 팀 내에서 기존의 분리 배출 시스템을 살펴본 결과, 크게 두 가지 수정 의견이 제기됐다. 쓰레기통이 너무 쓰레기통답게(?) 생겼다는 것과 쓰레기통들이 빛이 들지 않아 어두침침한 화장실 앞 복도에 있다는 점이었다. 두 지적의 공통점은 (쓸모가 있을지도 모를) 무언가를 버리는 데 전혀 거리낌이 없도록 한다는 것이었다.

우선 모든 층의 되살림통 위치를 조정했다. 1층 되살림통은 빛이 잘 드는 1학년 교실 앞 복도로, 3층 되살림통은 물건 프로젝트 팀이 사용하는 앞방 앞으로 옮겼다. 2층은 복도에 여유 공간이 없어 집살림 교실과 복도 사이의 넓은 공간 한 측면에 되살림통을 비치했다. 쓰레기통답지 않은 쓰레기통이란 개념도 적용했다. 2층의 되살림통의 경우 쓰레기통을 늘어놓는 기존의 방식 대신 책장을 뉘여 칸마다 라벨링을 한 박스를 넣어 서랍장 느낌이 나도록 의도했다. 3층은 책장 위에 양면 다 쓴 복사지, 이면지, 잡종이, 박스를 버릴 수 있도록 비치하고 아래에 생태, 환경 관련 책을 놓음으로써 쓰레기와 지구를 시각적으로 잇고, 쓰레기를 버리는 행위를 무의식적으로나마 고찰할 수 있도록 의도했다.

그리고 학교 바깥의 마을에서 쓰레기를 줄이는 캠페인을 확장해 나가기로 했다. 성미산마을축제가 진행되는 기간 동안 물건 프로젝트 팀은 되살림통을 운영하기로 했다. 곁에서 몇 년의 마을축제를 지켜봤을 때 (여느 야외 행사가 그러하듯) 프로그램이 잘 굴러가고 많은 사람들이 와서 즐기는 것이 주된 관심사이지 이후 나오는 쓰레기들까지 신경을 쓰진 않고 있는 듯 보였기 때문이다. 무엇보다 되살림통이 물건 프로젝트의 성격을 가장 잘 보여 줄 수 있는 최선의 미디어라고 생각했다. 마을축제가 열리는 성서초등학교 운동장 입구와 안내소 옆 두 군데에 종이, 비닐, 플라스틱, 페트, 일반 쓰레기로 구분해서 버릴 수 있도록 각각 되살림통을 배치했다.

아침 10시부터 오후 4시까지 두 시간 단위로 물건 팀 팀원들이 둘씩 돌아가면서 되살림통을 지켰다. 무엇을 어디에 버려야 하는지 헷갈려하는 분들에게는 자세히 안내를 했다. 쓰레기는 정말 많았다. 5시까지 쓰레기를 정리했는데 일반 쓰레기만 100리터 쓰레기봉투로 7개 정도 나왔다. 페트병, 비닐, 플라스틱 따위를 빼고도 그 정도인데 기존 마을축제에서 나온 양은 도대체 어느 정도일까, 상상만 해도 무시무시하다.

마을축제에 되살림통을 갖고 참가한 것에 대해 많은 마을 사람들이 프로그램을 운영하거나 무언가를 팔지 않고도 축제에 참여할 수 있는 새로운 방식을 봤다고 독려했다. 축제에 참여했던 어른들은 학교 학생들이 나서서 쓰레기를 정리하는 모습이 인상적이었고, 덕분에 일반 쓰레기가 확실히 많이 줄었다는 피드백을 주었다.

## 마을과 함께 되살림

 마을축제를 계기로 이후 활동은 마을과 함께할 수 있는 일을 찾고 되살림 문화를 알리는 것을 중심으로 진행하였다. 마을의 되살림가게가 이사한 후 재개장하는 일에 본격적으로 결합하여 리사이클과 업사이클 작업을 하기로 했다. 되살림가게는 몇몇 마을 주민들의 필요에 의해 자발적으로 만들어진 가게이다. 2007년 녹색가게운동협의회의 되살림 강좌에서 마을의 딱풀, 마리아, 별사탕, 보리, 퐁퐁이 만나 뜻을 같이한 후 현재 울림두레생협 옆의 비어 있는 공간에서 물건을 새로 사지 말고 서로 나눠 쓰자며 시작한 게 지금의 되살림가게가 되었다. 내게 필요는 없지만 누군가에게 쓸모 있는 물건들을 기증하고 전달하는, 물건을 통해 마을 주민과 주민이 연결되는 공간이었다. 물건을 기증하면 지역 화폐 '두루'로 적립해 주고, 되살림가게에서 구매 시 50%까지 사용할 수 있도록 해 대안 경제를 실험하는 공간이기도 했다. 하지만 2014년 말 임대료가 감당할 수 없는 수준으로 오르자 임시로 문을 닫았다가 마을 주민 미리내가 마음을 내 줘 미리내 집 (1층처럼 보이는) 지하 1층 공간을 임차했다.

 6평이 조금 안 되는 공간을 '되살림'이라는 취지에 맞게 물건 프로젝트 팀에서 디자인해 보기로 했다. 10월 1일을 되살림가게 재개장 날로 잡아 약 한 달의 시간이 주어졌다. 처음에는 재활용 목공을 주요 사업으로 하는 사회적기업 문화로놀이짱과 함께 내부 인테리어 A to Z를 배우면서 해 보려고 했다. 그런데 열다섯 명의 학생들과 교육적 효과까지 달성하면서 공간을 꾸미고 여는 데 한 달이란 시간은 턱없이 부족했다. 문화로놀이짱의 대표 아랑과 활동가 꼼은 우리의 바람대로 하려면 한 학기, 아니 1년의 시간이 필요할 것이라 조언했다. 그래서 전체 총괄은 문화로놀이짱이 하고 우리가 품을 내되 되살림가게 간판, 탈의실에 놓을 발판, 되살림가게 외부에 놓을 평상을 워크숍 형태로 제작하기로 했다.

매주 수요일 오전과 금요일 하루 전체 시간을 되살림가게 공간을 리모델링하는 데 썼다. 우리의 첫 임무는 간판 만들기 워크숍이었다. 정면에 보이는 간판과 함께 되살림가게가 교차로에 있다는 점에 착안해 측면 간판도 만들기로 했다. 두 팀으로 나뉘어 디자인 작업을 시작했다. 우여곡절이 있었다. 두 시간 남짓 구상을 했는데 양 팀 것 모두 불가한 것으로 결정이 났다. 스티커에 글자를 인쇄한 후 붙이자고 한 정면 간판 팀은 좀 더 '되살림'이라는 취지에 맞게 나무 조각들이나 남은 철제 부품 등의 소재들을 활용해서 했으면 좋겠다는 피드백을 받았고, 측면 간판 팀은 벽에서 튀어나온 형태로 만들었다가 잘 보이지 않을 것 같다는 의견을 들었다. 수고가 무화되니 '멘붕'에 빠졌다. "나 안 할래." "기운 빠져서 못 하겠어." '프로젝트 특성상 기획하고 실행하는 과정에서 조율은 필수적인 과정이라는 것', '교실 혹은 학교 안이라면 우리들이 하고 싶은 대로 할 수 있는 여지가 훨씬 넓지만 우린 마을 내에서 상업 공간으로 실제 활용할 곳을 놓고 고민하고 있다는 것', '교사 외에도 문화로놀이짱 활동가들, 마을 어른들 등 다양한 사람들과 의견을 주고받으면서 일을 한다는 것은 매우 귀한 경험'이라는 사실을 강조하며 한편으론 압박하고 한편으론 달랬다.

그렇게 다시 시작. 정면 간판 팀의 승우가 "음산한 느낌의 글자체"를 제안해 인서와 연재가 국대떡볶이체를 찾아 '되살림가게'라는 글자를 인쇄했다. 문화로놀이짱 활동가 꿈이 주신 길이 1미터, 너비 50센티미터 정도 되는 합판을 하얀색 페인트로 칠한 후 인쇄한 글자를 붙였다. 그 다음 일은 꿈도 "정말 어려운 작업"이라고 인정한 '칼로 글자 오려 떼기'. 고도의 집중력이 필요한 그 작업을 인서와 연재는 2시간 동안 달라붙어 해냈다. 떼어 낸 자리에 파란색 물감을 톡톡 칠해서 빈티지한 느낌의 간판을 완성했다. 합판의 네 모서리는 우리 손가락만 한 두께에 길이가 가지각색인 나무 조각들로 패치워크해 붙이기로 했다. "이렇게 할까?" "저렇게 할까?" "이렇게 하니 어때?" 정면 간판 팀 인서, 연재, 인찬, 승우에 더해 꿈과 나까지 모여 앉아 나무 조각을 이리 돌렸다 저리 돌렸다 이리 붙였다 저리 붙였다, 인쇄부터 패치워크 확정까지 꼬박 9시간이 걸렸다. 반면 측면 간판 디자인은 일찌감치 확정됐다. 꿈이 갖다준 나무 조각들을 현지, 지수, 지니, 수연이가 이리저리 조합해 봤더니 우연히 '되살림가게'라는 글씨가 아주 예쁘게 나왔다. 나무 조각별로 색깔이 약간 바래져 있어 더 멋스러웠다. 옆으로 튀어나오게 틀을 만들어 줄을 매달려 햇빛 때문에 잘 보이지 않을 수 있다는 의견에 벽에 붙이기로 결정했다. 두 간판은 재개장 날 되살림가게를 찾아 준 마을 어른들께도 많은 호평을 들었다. 그중 마을 내에서 작업 공간을 준비하던 마을 주민 아침이 간판 제작을 의뢰해 와서 기백, 지수, 수연이가 작업 중이다.

　물건 프로젝트를 통해 지역의 사람들과 더 구체적으로 만나고 배

되살림가게 새 단장을 물건 프로젝트 팀에서 맡아 진행하기로 했다.
첫 작업은 되살림가게의 간판을 만드는 일이었는데,
반응이 너무 좋아서 마을 주민들로부터 다른 간판 제작 의뢰가 들어오기도 했다.

움을 나눌 수 있는 기회도 가졌다. 마을에서 진행하는 '또보자 마을학교' 프로젝트의 일환으로 지역의 초등학교인 성서초등학교에서 우리가 배우고 경험한 것들을 나눌 수 있었다. 성서초등학교 5학년 2반 학생들 스물네 명을 대상으로 소이캔들 만들기 워크숍과 장난감을 활용한 정크아트 워크숍을 각각 두 차례씩 진행했다. 이수, 이주, 하연, 희재가 소이캔들 만들기 워크숍을, 인찬이와 연재, 지니, 승우가 장난감 정크아트 워크숍을 진행하게 되었다. 9월 4일 오리엔테이션에 친구들과 함께 갔다. 기획 측은 당연히 교사인 내가 워크숍을 진행할 거라 생각했다가 중학생 친구들이 한다니 다들 깜짝 놀라는 눈치였다. "와, 대단하네요"라고 말씀들은 하시는데 반신반의하는 것 같았다. '가능성에 대한 신뢰', '제한을 두지 않는 것' 이런 점이 프로젝트를 중심으로 돌아가는 성미산학교 중등과정의 장점이라는 자부심이 들었다.

### 그럼에도 불구하고 우리가 잘 이어 가야 하는

"여러분들은 절실하세요? 이걸 정말 절실하게 하고 싶으세요?" 4년 동안 프로젝트를 해 오면서 처음으로 뒤통수를 맞은 느낌이었다. 2012년 1학기 물건 프로젝트를 쓰레기에 초점을 맞춰 진행한 후 2학기 주제를 정하고 방향을 논의하는 과정에서 교장인 스콜라가 우리에게 했던 질문이다. 우리에게 절실한 것을 하라는 말이었는데 그동안 해 왔던 프로젝트에 대해 다시 생각해 보게 되었다. 우리가 해 왔던 일들이 삶으로 연결되지 않으면, 우리가 절실해서 우리의 삶의 문제로 해결하지 않으면 전환 프로젝트로서의 의미는 없을 거라는 생각이 들었다.

 브리핑을 마무리한 후 따로 팀원들과 정리 모임을 가졌다. 우선 스콜라와 브리핑 자리에 함께 있었던 깜장콩, 깜장고무신의 의견을 듣고 돌아가면서 각자의 생각을 이야기했다. 충분히 이야기를 나눈 후 자책과 후회, 자괴감에 무너지지 않도록 "그럼에도 불구하고 우리가 잘한 것들"도 이야기를 나누었다. 첫 번째 이슈에는 한없이 가라앉더니 두 번째 주제를 이야기하면서는 팀원들이 조금씩 자신을 추스르는 것이 보였다. 피드백에 대해 갈무리한 후, 우리에게 절실한 것이 무엇인지 함께 찾았는데 생각지도 않게 '공책'이 가장 많은 표를 받았다. (아무래도 스콜라가 "종이를 아끼자면서 여러분들은 공책을 끝까지 써 본 적은 있으세요?"라고 하신 말씀이 방아쇠였을 가능성이 높다.)

 '공책'이란 키워드로 스물두 명의 팀원들이 떠오르는 단어들을 자유롭게 나누고 그것을 다시 개인(나)-실천-전체-제안이란 범주로 묶었다. 함께 프로젝트 계획을 세우고 가장 먼저 각자 자신들의 공책을 살펴봤다. "새 학기 시작할 때마다 몇 장 쓰곤 다음 학기엔 다시 새 공책을 사서 집에 새 공책만 십여 권"(범규)이라는 사실을 발견하고 이면지를 모아 직접 손바느질을 해 프로젝트 공책을 만들었다. 누군가의 공책이 그 사람의 "자서전"(다형)이 될 수 있다는 사실을 발견하곤 각자의 취향과 개성에 맞는 공책도 만들어 보았다. 보안을 강조하여 타인이 열면 물 풍선이 터져 속지가 싹 다 젖어 버리는 공책, (이게 무슨 소용인지는 모르겠지만) 앞뒤 표지에 계란 판을 붙여 높은 곳에서 떨어져도 안전한 공책 등 재미있는 공책 아이디어도 쏟아졌다.

자신의 공책(과 그것을 쓰는 습관)을 들여다보고 직접 공책을 만들어 보는 작업은 "공책이란 무엇인가?"에 대한 질문에 대한 탐구로 마무리되었다. 기록하고 기록되어 있는 것이라면 페이스북과 같은 SNS나 '일방통행'이라고 쓰여 있는 아스팔트 역시 공책이라고 볼 수 있지 않을까. 그렇다면 세상 모든 것이 공책이 될 수 있지 않을까. 사람들에게 종이가 어떻게 낭비되고 어떻게 분리수거를 하고 재활용하고 있는지 정보를 전달하고, 이면지를 이용하여 공책을 만드는 방법 등을 글과 그림을 통해 소개했다. 그리고 우리가 만든 다양한 노트를 사진으로 찍어 인쇄하였다. 이 작업 과정을 모아 한 권의 잡지로 만들었는데 모두 이면지를 이용하여 인쇄하였으며 팀원들이 손바느질해서 묶어 냈다.

2012년 이후에도 2년 정도는 학기 초에 이면지를 활용해 프로젝트 공책을 직접 만들었다. 하지만 해가 지날수록 조금 느슨해진 면도 있다. 2011년에 시작한 저탄소 여행도 시간이 흐르면서 조금씩 유연해졌다. 첫해에는 대중교통을 타고 이동하고, 다녀와선 배출한 탄소 발자국의 양이 얼마나 되고 그것은 몇 그루의 나무를 심은 것과 같은 것인지 후속 작업을 했었는데……. 갈수록 무질서가 더해진다는 엔트로피 법칙에 기대지 않더라도 '일상'을 잘 유지하는 것은 만만찮은 에너지와 끈기가 필요한 작업이라는 사실을 요즘 새삼 깨닫는다. 프로젝트를 하는 당시에는 열심이지만 그 이후에는 스스로 의지를 발휘해 삶의 방식으로 만들어 가지 않으면 의식하고 실천하기가 아무래도 힘든 것이다. 그래서 공통의 감각을 키우고 구체적인 삶의 방식으로 만들어 가기 위해서 지금 여기에서 우리가 지켜야 할 것들을 이어 가야 한다. 이런 배움과 경험을 통해 만들어 온 삶의 태도들이 있으니 그것에 믿음을 걸어 본다.

# 학교 대신 텃밭으로!
## – 버뮤다 삼각텃밭 프로젝트

**F4(강다운, 강유진, 오선재, 윤가야)**
우리 네 명은 성미산학교 중등과정의 네 명의 여학생 그룹으로 꼭 네 명이어야만 하는 완전체로 일명 F4로 불리기도 합니다.

아침 8시 40분. 모두들 학교로 등교하는 시간, 성미산학교 학생들은 자전거를 타고 버뮤다 삼각텃밭에 등교한다. 작물들에게 물도 주고, 땅도 파고, 닭에게 잡초도 뜯어 주고, 텃밭에서 놀기도 한다. 그러다 보면 해가 중천이고 어느새 점심시간이다. 한여름에는 밭에 가는 게 너무 덥고 땀 흘려 일하는 게 힘들었지만 밭에 열린 딸기나 참외를 따 먹을 때는 엄청 맛있어서 일하는 보람을 느낀다. 대부분의 10대들이 책상에 앉아 공부를 하고 있는 시간에 왜 우리는 텃밭에 있는 것일까?

### 첫 시작, 또 농사?

성미산학교 중등과정은 2013년 전환마을 만들기 프로젝트의 주제를 '먹을거리'로 정하면서 도시 농업을 하게 되었다. 당시 9학년들은 대부분 농사를 지어 보는 게 처음이어서 약간 기대를 하고 있었

---

**버뮤다 삼각텃밭 프로젝트** 중등의 전환마을 만들기 프로젝트의 일환으로 진행된 먹거리 전환 프로젝트입니다. 서울 상암동 월드컵파크 아파트 단지 내 버려진 나대지를 생태계를 회복하고 먹거리를 생산할 수 있는 도시 텃밭으로 바꾸는 과정을 진행합니다. 흙을 살리는 것에 중점을 두고 양계와 양봉, 생태 화장실과 빗물 저금통, 오븐과 화덕 등 퍼머컬처 방식을 적용하여 디자인하였습니다. 지역 주민들과 함께하는 커뮤니티 텃밭으로 만들어 가는 게 목표입니다.

지만 바로 전해에 1년 동안 농장학교*를 다녀온 8학년 후배들은 또 농사를 짓는다는 것에 불만을 갖고 시작한 경우도 많았다.

처음에는 불만이 많았지만 그럼에도 불구하고 8학년들은 1년 동안 농장학교에서 배운 지식과 기술을 농사 경험이 부족한 9학년들에게 많이 전수해 주었다. 농장학교에서의 배움이 단지 1년으로 끝나지 않고 도시에서도 이어질 수 있어서 후배들에게도 좋은 기회였을 것이다.

지금의 버뮤다 삼각텃밭이 '나대지'였던 모습을 처음 보았을 때는 모두가 충격에 빠졌다. 잡초 하나 자라지 않고(당연히 다른 식물이나 곤충도 찾아볼 수 없었다) 땅을 파기만 하면 공사장에나 있을 법한 폐기물들이 나오는 이곳에서 어떻게 농사를 지을 수 있을까, 라는 의문이 절로 들었다. 게다가 옆에는 '다모아 자동차'라는 버스 차고지도 있었고, 건너편에는 '우주자원개발'이라는 이름을 가진 쓰레기 폐기장 같은 고물상이 있었다. 또 대로변에 위치해 있어서 큰 차들이 씽씽 지나다녀서 공기도 정말 안 좋았다. 이런 조건 속에서 농사를 지어야 한다니, 너무 막막했다. 우리는 이 삼각형 모양 나대지의 이름을 '버뮤다 삼각텃밭'이라고 지었다. 버뮤다 삼각지대는 배나 비행기가 흔적도 없이 사라져 버리는 미스터리한 지대다. 이 나대지가 버뮤다 삼각지대처럼 도시의 매연, 소음, 미세 먼지 등을 다 빨아들이는 신비의 텃밭이 되었으면 좋겠다는 바람을 담아 이렇게 이름을 짓게 되었다.

---

* 강원도 평창이나 홍천 등지에서 1년 동안 '농사'를 기반으로 공동체 생활을 하는 프로젝트.

처음 이 땅은 상암월드컵파크 9단지의 소유였다고 한다. 폐자재를 갖다 놓는 용도 외에는 거의 쓸모없이 비어 있던 공터를 아파트 주민들이 여러 사람들이 같이 공유할 수 있는 공간으로 만들었으면 좋겠다고 '여성이만드는일과미래'에 제안해 왔다고 한다. 여성이만드는일과미래는 마포도시농업네트워크에도 참여하고 있는데 2012년에 근처 상암동에서 두레텃밭을 만들었던 경험이 있었다. 그들은 이 땅을 교육용 텃밭으로 만들면 좋겠다고 의견을 모았다. 마침 성미산학교는 농장학교 이후 도시에서 농사를 이어 갈 수 있는 땅을 찾고 있었는데 마포도시농업네트워크와 인연이 닿아 삼각텃밭을 함께 시작하게 되었다.

### 그냥 단순한 농사짓기가 아니더라!

맨 처음 밭에서 한 일은 흙이 농사짓기에 적합한지 알아보는 것이었다. 서울시농업기술센터에 토양 오염 검사를 의뢰했더니 약간 산성을 띠긴 하지만 밭을 만들지 못할 정도는 아니라는 결과가 나왔다. 그래서 첫해 우리의 농사는 흙을 살리는 일에 중점을 두었다. 여러 종류의 콩, 땅콩, 자운영, 바질, 호밀, 클로버 등과 같이 흙을 되살리는 녹비 작물들을 심었고 데이비드 몽고메리의 《흙 - 문명이 앗아간 지구의 살갗》이라는 책을 같이 읽으면서 흙에 대한 이야기도 나누었다. 이 과정을 통해 흙이 어떻게 만들어지게 되었고 농사는 어떻게 시작되었는지, 화학 비료와 농약, 제초제가 땅을 얼마나 망쳐 왔는지도 알게 되었다. 또한 땅은 우리의 피부와 같아서 옷을 입혀 주듯이 멀칭(뿌리 덮기)을 해 주어야 한다는 사실도, 땅은 모든 생물들의 집이라는 사실도 알게 되었다. 그렇게 흙을 살리기 위해 노력했더니 예전보다는 눈에 띄게 풀들도 잘 자라고 나비와 벌도 날아오고, 서서히 밭의 모양을 갖추어 가기 시작했다.

우리는 텃밭이라고 하면 땅에 작물을 심어 키운 후에 수확해서 먹는 전형적인 '농업'의 현장을 생각하고 있었다. 그런데 버뮤다 삼각텃밭에서는 우선 땅을 살리는 게 먼저여서 녹비 작물을 심어야 했기에 먹을 수 있는 '생산물'을 재배하지 못했다. 이런 경험들을 통해 농사란 시간과 노력을 많이 들여야 하며 꼭 당장의 이득을 위해서만 짓는 것이 아니라는 것을 어렴풋이 느꼈다.

버뮤다 삼각텃밭은 작은 텃밭이지만 농사짓는 것 외에도 세 가지 의미를 더 찾을 수 있을 것 같다. 첫 번째는 자연 그대로의 순환을 실험한다는 점, 두 번째는 도시에서 농사를 지음으로써 도시를 녹색으로 바꾸는 도시 재생 프로젝트라는 점, 세 번째는 많은 사람들이 같이 일을 하면서 커뮤니티가 생긴다는 점을 들 수 있다. 예를 들면 텃밭에 어린이집 친구들이 찾아오면 우리는 4~7세 어린이들에게 텃밭을 소개해 준다. 많은 사람들이 텃밭을 친근하게 느끼고 관심을 갖게 하기 위해 간판을 레고를 이용해 제작하기도 하였다. 어린이뿐만 아니라 처음 텃밭에 오거나 궁금한 게 있는 분들에게도 친절하게 설명을 하려고 노력한다. 교육자 입장에서 어렵지만 보람은 많이 느낄 수 있었다. 그래서 텃밭을 가꾸는 일은 농사만 짓고 끝나는 것이 아니라 같이 의미 있게 할 수 있는 가능성을 더 찾아

서울 상암동의 나대지에 만든 버뮤다 삼각텃밭은
자연 그대로의 순환을 실험하는 공간이자 도시를 녹색으로 바꾸는
도시 재생 프로젝트이다. 성미산학교 학생뿐만 아니라 인근 아파트 주민들과
어린이집 친구들도 함께하는 커뮤니티 텃밭이기도 하다.

실현시키는 과정이기도 하다.

## 순환의 고리들

버뮤다 삼각텃밭에는 다른 도시 텃밭에서는 찾아보기 힘든 생태 화장실, 퇴비간, 화덕, 닭, 벌, 지렁이 등이 있다. 이런 것들이 있는 이유는 '순환'이라는 키워드로 설명할 수 있다.

현재 우리가 살고 있는 도시는 소비만을 하도록 기획된 것 같다. 우리 생활 전반에 필요한 모든 것들을 쇼핑에 의존하며 살고 있다고 해도 과언이 아니다. 우리는 탈핵을 공부하고, 마을과 자립에 대해 고민하기 시작하면서 순환에 대해 생각하게 되었다. 우리가 생각하는 순환의 기본은 기르고, 먹고, 싸는 것이다. 옛날에는 이 세 가지의 순환이 잘 이루어졌지만 현재는 첫 단계인 기르는 것조차 안 되고 있다. 물론 우리 또한 버뮤다 삼각텃밭을 하기 전까지만 해도 그 과정을 직접 실천해 보지는 못했다. 어릴 때 봤던 동화책에서 "똥은 금이다"라고 했던 것이 기억난다. 그 책에는 아빠가 어렸을 때에는 똥이 아주 귀했다고 나와 있는데 지금은 '똥은 더럽다'고 인식된다. 우리가 보는 똥의 모습은 항상 변기 안에 있다가 물과 함께 사라지는 것이었다. 퇴비에 대해 공부하면서 똥은 물을, 오줌은 공기를 만나면 쓸모없게 된다는 사실을 알았다. 하지만 변기에는 항상 물이 있다. 똥은 작물에는 정말 좋은 양분 덩어리지만 수세식 변기를 사용하게 되는 순간 어찌할 수 없는 골칫거리가 되어 버린다.

그런 고민 속에서 만든 게 생태 화장실이다. 국제생태화장실협회 WETA : World Eco Toilet Association 의 도움을 받아 만들었는데 WETA 팀의 햇님은 우리에게 화장실을 많이 사용하라고 말하셨다. 학교에서 마려운 거 다 참고 텃밭에 와서 싸라고. 하지만 뭔지 모를 불쾌함에 쉽사리 사용을 하지는 못했다. 처음 마주한 생태 화장실은 변기 부분 벽 쪽에 창문이 있어 화장실에서 볼일을 보는 것이 밖에서 적나라하게 보였고, 문도 안에서 잠그는 것이 아니라 밖에서 잠그는 이상한 방식이었다. 첫인상이 좋지 않았다. 하지만 조금씩 불편한 부분들이 보완되었고, 너무 급해 어쩔 수 없이 화장실을 처음 사용하게 됐는데 생각보다 괜찮았다.

순환에서 생태 화장실만큼 중요한 것은 퇴비간이다. 똥을 무조건 텃밭에 준다고 좋은 것은 아니다. 잘 숙성시켜서 그 안에서 미생물들이 활발하게 활동하도록 만들어야 한다. 그 작업을 하는 게 바로 퇴비간이다. 서울시에서 퇴비통을 세 개 받아서 가져왔는데 이를 채우는 것의 대부분은 음식물 쓰레기였다. 근처 소년원 식당이나 아파트 단지에서 나오는 음식물 쓰레기를 텃밭에 가져오면 모아서 퇴비통에 넣는다. 음식물이 종량제 봉투에 들어가면 쓰레기가 되어 버리지만 텃밭에 들어가면 쓰임새가 달라진다.

생태 화장실과 퇴비간, 그리고 우리가 쉴 공간인 쉼터를 만들 때 필요한 재료는 새로 구입하지 않고 고물상이나 아파트 단지에 버려진 것들을 재사용하기로 했다. 우리가 작업을 할 때 함께 정한 약속이 있다. 전기보다는 우리의 노동력 쓰기, 재활용 재료 사용하기, 마감은 콩기름을 사용하기 같은 것들이다. 작업할 때 이를 지키면서 하려고 노력했다. 처음 텃밭이라고 말하기에는 뭐한 나대지에 갔을 때 제일 눈에 거슬렸던 것은 건너편에 있는 우주자원개발이라는 곳이었다. 우리 눈에는 그저 온갖 쓰레기가 모여 있는 곳이었는데 WETA 팀은 그곳을 보물 창고라고 했다. 여기저기에 쓸 만한 재료들이 많이 보인다면서. 그 얘기를 듣고 다시 우주자원개발이라는 곳을 바라보니 새롭게 보였다. 이름도 우주에 있는 자원들이 모여 있는 흥미로운 곳이라는 뜻으로 다시 읽혔다.

텃밭에는 빗물 저금통도 있다. 농사를 짓는 데 정말 중요한 '물'. 하지만 삼각텃밭 주변을 아무리 둘러봐도 물을 찾아보기 힘들었다. 초반에는 물이 너무 필요해서 물차를 불러 사용했다. 그러다 텃밭 안에서 직접 해결할 수 있는 방안들을 고민하게 됐고 빗물 저금통을 만들기로 했다. 애초에 텃밭을 만들 때 퍼머컬처permaculture*의 원리 중 하나인 '외부 에너지 사용 안 하기'를 계획했기 때문이다. 빗물 저금통은 쉼터와 생태 화장실 지붕을 비스듬히 만들어서 비가 내리면 자연스럽게 빗물이 지붕을 따라 흘러서 통에 고이는 방식으로 만들었다. 어렸을 때부터 '빗물은 더럽다'는 말을 많이 들었는데 공부해 보니 빗물은 정말 쓸모가 많았다. 실제로 빗물 저금통을 사용해 보니, 비가 안 와 말라 있을 때도 많았지만, 틈틈이 내려 준 비 덕분에 나름 유용했다. 이런 경험을 통해 자연이 주는 것들로도 할 수 있는 게 얼마나 많은지 다시 생각해 보게 되었다.

* permanent agriculture, 지속 가능한 농업.

## 지렁이와 닭과 벌, 생태계를 이루다

이것 외에도 버뮤다 삼각텃밭에는 우리의 자랑거리인 많은 생물들이 살고 있어 밭이 더욱 풍성하고 활기차진다.

제일 먼저 텃밭에서 키우는 생물을 이야기하라고 하면 지렁이를 빠트릴 수 없다. 지렁이는 삼각텃밭의 흙을 좋게 만들어 줄 수 있는 막강한 힘을 가졌다고 해서 키우게 되었다. 하지만 지렁이도 일단은 좋은 흙에서 자라야 한다고 해서 바로 밭에 안 풀고 지렁이 집을 따로 만들었다. 처음 지렁이 집을 만들었을 때는 좀 혼란스러웠다. 수많은 지렁이를 가져와 가둬 두는 느낌이 들어서 불편하고 자연스럽지 못하다는 생각을 했다. 게다가 우리는 '지렁이 집에 넣어 준 흙은 진짜 좋은 게 맞는 거야?'라는 의문을 가지기 시작했다. 지렁이 집을 만든 곳의 흙도 우리 텃밭의 흙이랑 크게 다르지 않은 것 같고 지렁이가 있다고 달라질 것도 없을 것 같았다. 그러던 어느 날, 지렁이의 효과를 실감하는 사건이 생겼다. 텃밭에 배추 모종을 심다가 시들해져서 못 심는 배추를 조금의 기대도 없이 지렁이네 집에 심었다. 그런데 얼마 뒤, 아무 생각 없이 지렁이네 집에 먹이를 주려고 갔는데 그 배추가 엄청나게 자라 있었다! 모두 깜짝 놀랐다. 튼튼한 모종들도 결국은 커 가면서 병들고 시들시들 죽어 갔는데 진즉에 죽었어야 할 배추가 보란 듯이 파릇파릇하게 커 있으니까. '이게 지렁이의 힘인가' 싶었다.

두 번째 생물로 삼각텃밭의 자부심인 닭이 있다. 삼각텃밭을 더 풍성하게 만들기 위해 건강한 닭을 키우고 달걀을 생산해 보자는 마음을 가진 사람들이 모여서 양계협동조합을 만들었다. 조합의 이름도 텃밭의 이름을 따 '버뮤닭'이라고 지었다. 양계에는 우리 모두 특히 애정을 쏟았다. 다른 텃밭과 차별되는 우리 텃밭만의 자랑이라고 생각한다. 도시 농업을 하는 곳에서도 양계를 하는 경우는 거의 없어서 새로운 실험이라고 할 수 있다. 양계협동조합에서 닭장도 만들고 방사장도 만들었는데 이 또한 재활용 자재를 활용해 우리 힘으로 만들었다. 양계협동조합에는 총 14개 팀들이 참여하는데 돌보는 일도 요일별로 나눠서 하고 있다. 닭의 먹이는 학교 급식에서 나오는 전처리 음식물과 근처 소년원에서 나온 잔반들을 모아서 주었으며 그날 낳은 달걀은 당일 돌보는 팀에서 가져가는 것으로 약속했다. 닭을 키우면서 새롭게 발견한 건 닭이 살아가는 일이 곧 생태계의 순환 자체라는 사실이었다. 잔반과 텃밭에 있는 시들시들한 푸성귀를 닭에게 먹이로 줄 수 있고, 그걸 먹고 닭이 똥오줌을 싸면 퇴비간에서 발효시켜 '자연 거름'을 만들 수 있다. 또한 닭은 맛있는 달걀을 주기도 한다.

그런데 텃밭에서 닭과 같이 살아가는 일이 쉽지만은 않았다. 양계장에서 나는 냄새 때문에 불편하다는 민원이 여러 번 들어왔다. 닭을 키우는 문제로 그 주변에 사는 주민들과 갈등이 생길 거라는 생각은 미처 하지 못했다. 우리는 이런 일들을 겪으면서 딜레마에 빠졌다. 텃밭에서 닭을 키우는 일도 중요하지만 주변의 주민들이 닭 때문에 못 살겠다고 하면 그 역시 무시 못 할 일이지 않은가. 그 뒤 주민들의 지속되는 반대에 우리는 방사장을 철거하였고, 잔반을 모아 먹이로 주는 대신 냄새가 덜한 사료를 주어야만 했다. 또한 30여

닭은 버뮤다 삼각텃밭의 자부심이다.
건강한 닭을 키우고 달걀을 직접 생산해 보자며
양계협동조합을 만들고 이름을 '버뮤닭'이라고 지었다.
한여름, 양계장을 짓느라 고생했던 게 생생하다.

마리 닭 중 수탉만 죽어서 병아리를 보지 못한 것도 아쉬운 일이다. 방사장을 철거한 다음 날, 닭 한 마리가 또 죽은 것도 충격이었다. 모든 생명을 소외시키지 않고 텃밭을 만들어 가려면 우리는 어떻게 해야 할까. 여전히 고민 중이다.

버뮤다 삼각텃밭에서는 양계뿐만 아니라 양봉도 시도했다. 도시 양봉을 하는 사회적기업인 어반비즈 www.urbanbeesseoul.com 와 연계하여 벌을 분양받고 양봉 교육도 받았다. 벌집 두 통을 분양받았는데 며칠 뒤 말벌이 꿀벌들을 다 죽여 버렸다. 어렵게 시도한 도시 양봉이 이렇게 끝나는 게 황당하기도 하고 어이가 없었다. 우리의 시작을 망친 말벌이 괘씸하기는 했지만, '이런 것도 생태계구나' 하고 새삼 느꼈다. 우리가 어떤 생명을 키운다고 정말 '키우는' 게 아니라는 것도 절실하게 느낄 수 있었다. 양봉을 두 번째로 도전하면서는 어반비즈에서 진행하는 교육을 받으면서 꿀벌에 대해서도 공부하고, 채밀하는 것도 구체적으로 배웠다. 꿀을 위해서 텃밭에 다양한 꽃들도 심었다.

이런 다양한 생명들을 만나면서 우리는 삶과 죽음을 모두 경험하고 있다. 놀라운 건 텃밭 하나 생겼을 뿐인데 나비도 날아오고 우리가 키우는 벌이 아닌 다른 벌들도 찾아와 집을 짓고 참새도 날아오고 여치와 무당벌레도 살기 시작했다는 사실이다. 풀들을 건들거나 상추를 따거나 할 때면 벌레들이 우르르 움직이는 게 보이는데, 우리 밭에 이렇게 많은 이름 모를 벌레들이 살고 있다는 것이 신기했다. 그러면서 깨달은 건 이 공간에 원래 아무 생물도 없었던 게 아니라 결국은 인간이 공사를 하면서 사라진 것이라는 사실이었다.

우리가 농사를 시작하니까 식물도 자라나고 곤충과 동물들도 하나둘씩 모여들고 도시 속 작은 생태계가 만들어졌다.

## 함께하는 커뮤니티 텃밭

7월이 되자 삼각텃밭에서 커뮤니티 파티가 열렸다. 삼각텃밭에는 성미산학교뿐만 아니라 월드컵파크 아파트 주민들, 어린이집 등 같이 농사짓는 분들이 많다. 학교 수업 시간에는 만날 기회가 거의 없었는데 이런 파티를 통해 잠깐이라도 서로 인사하고 이야기를 나눌 수 있었다. 커뮤니티 파티는 많은 사람들과 관계를 맺는 시간이고, 뜻이 같은 사람들끼리 모여 힘을 얻어 가는 중요한 시간이기도 하다. 삼각텃밭은 혼자서 농사지어 혼자만 먹는 것이 아니라 같이 텃밭을 공유하고 일을 하고 얼굴 보면서 이야기도 나누고 맛있는 것도 나눠 먹는 커뮤니티 텃밭이다. 함께 농사짓는 분들 외에도 텃밭을 통해 많은 인연들이 맺어졌다. 마치 하나의 뿌리에서 여러 잔뿌리들이 뻗어 나가는 것처럼 흙 살리기에서 시작해서 양봉, 양계, 지렁이 키우기 등 다양한 일들이 벌어지면서 그만큼 다양한 사람들이 엮이게 되었다. 처음에는 성미산학교밖에 없는 듯했지만 밭이 만들어지기 시작하면서 점점 함께하는 사람이 많아져 관계도 풍성해졌다. 여성이 만드는일과미래, 동네예술가, WETA, 양계협동조합, 어반비즈, 난지물재생센터, 푸른미래, 룰루랄라예술협동조합, 그리고 마포구 상암동 일대의 주민들 모두 소중한 인연이 되었다.

이날 커뮤니티 파티에서는 텃밭을 분양받은 각 팀들이 밭에서 난 작물들을 가지고 음식을 한 가지씩 만들어서 나눠 먹었다. 우리 성미산학교 학생들도 버뮤다 삼각텃밭에서 자란 작물로 요리를 만들었다. 이 외에도 직접 만든 화덕에서 피자를 구워 먹고 벌집을 가져와 채밀도 해 보았다. 텃밭에서 농사만 짓는 게 아니라 농사를 매개로 다양한 일이 일어나는 게 신기했다.

다 준비되어 있는 곳에 농사만 짓는 것이 아니라 밭을 함께 만들고 가꾸어 나갔기 때문에 많은 일들이 일어날 수 있었다. 농사를 매개로 다른 다양한 일도 할 수 있었고 도시 농업에 관심 있는 사람들도 많이 만나고 그 네트워크를 통해 더 많은 걸 시도해 볼 수 있었다. 그런 관계망과 같이 순환이라는 키워드를 가지고 여러 생물들과 함께 텃밭을 만들어 가니 더 의미 있고 우리가 생각하는 텃밭의 '진짜 제자리'를 찾아가는 느낌이 들었다.

### 텃밭으로 놀러 가 볼까?

버뮤다 삼각텃밭을 하면서 모두들 느낀 점은 조금씩 달랐을 것이다. 중요한 것은 우리가 '함께했다'는 것이다. 물론 함께해야 되기 때문에 어려운 점도 있었다. 나는 열심히 일하는데 다른 친구는 놀고 있어 자신이 손해 보는 느낌을 받기도 했다. 그런데 시간이 지나면서 텃밭에 관심을 가지고 일을 많이 한 사람이 더욱 주체성이 생기고 텃밭에 애정도 생기며 그만큼 기쁨과 보람도 크다는 것을 알게 되었다.

그리고 학교에서 먹거리 문제를 공부하면서 단순히 머리로만, 말로만 도시 시스템의 문제점을 알고 있었는데, 실제로 무언가 행동하며 대안을 만들 수 있어서 자부심이 생겼다. 가끔은 밭에서 땅을 파고 작물에 물만 주는 게 전부인 것 같아 큰 의미를 느끼지 못할 때도 있었다. 그래도 농사는 시골에서만 지을 수 있다는 고정관념을 깨고 우리들의 집 근처에서 농사를 지었다는 것이 뿌듯했다. 텃밭 옆으로 차들이 지나가다가 우리가 농사짓는 모습을 보고 잠깐 멈춰서 관심을 갖는 것만으로도 기분이 좋았다. 여름 방학에도 쉬지 않고 양계협동조합에서 힘들게 땅을 파서 양계장을 만들었던 것도 기억에 남는다. 텃밭에서 나오는 열매채소를 몰래 따 먹거나 작물이 변화되는 모습을 보는 것도 즐거웠고 텃밭을 더 재미있게 만들고 가꾸기 위해 다양한 일을 상상하며 시도해 보았던 것도 생각난다.

학교 수업 시간에 해야 되기 때문에 의무적으로 시작했지만, 텃밭에 대한 기억이 풍성해지면서 조금씩 편안하고 의미 있는 공간이 되어 갔다. 아직 버뮤다 삼각텃밭 프로젝트는 현재 진행형이다. 우리는 오늘도 '학교' 대신 '텃밭'으로!

# 완전한 연소였다

## – 적정기술 프로젝트

**완전연소 팀**
버뮤다 삼각텃밭의 화덕과 오븐을 제작하고 설치한 후 마을에 보급하는 일을 진행하고 있습니다. 마을에서 좋은 일을 벌이고 관계도 만들고 적당히 먹고사는 문제를 해결하면서 사업을 진행하는 팀입니다.

## 첫 화덕

새 학기, 전환마을 만들기 프로젝트를 시작하려는 우리는 다 함께 모여 앉아 〈은수저〉라는 애니메이션을 봤다. 〈은수저〉는 도시 토박이 주인공이 농촌에 있는 농축산 고등학교에 다니게 되며 벌어지는 이야기를 담은 만화다. 꿈이 없는 자신에게 계속 공부를 강요하는 도시를 벗어난 주인공은 처음으로 돼지를 키우고 주변의 도움을 받아 베이컨을 만들게 되면서 학교에 익숙해져 간다. 병아리를 키우는 이야기도 있고, 소가 머리카락을 핥아서 머리가 딱딱하게 굳어버린 재미있는 에피소드도 있었다. 그중 가장 호응이 좋았던 장면은 바로 주인공과 친구들이 화덕을 만든 후 직접 만든 치즈와 채소들을 토핑으로 얹어 맛있게 피자를 구워 내는 장면이었다. 비록 애니메이션 화면이었지만 너무 먹음직스러워서 몇몇 친구들은 선생님에게 "왜 점심시간 전에 이런 만화를 보여 주는 거냐"며 원성의 목소리를 내기도 했다. 우리는 꼬르륵거리는 배를 부여잡고 언젠가 꼭 화덕으로 피자를 만들어 먹겠다는 다짐을 했었다. 그것이 지금의

---

**적정기술 프로젝트** 전환마을 만들기 일환으로 진행된 프로젝트로 버뮤다 삼각텃밭에 직접 설계하고 디자인한 화덕과 오븐을 만들어 설치하고, 지역에도 화덕을 제작하여 보급하는 활동을 하고 있습니다. 또한 생태 단열이나 재활용 목공 기술을 익히고 활용하여 집을 수리하거나 다양한 핸드메이드 작업을 하기도 합니다.

완전연소의 시작이었다.

　마침 학교에서는 마포도시농업네트워크와 함께 상암동 나대지를 텃밭으로 만드는 프로젝트를 진행하고 있었다. 처음 나대지를 찾아갔을 때 250여 평 정도로 보이는 땅은 오랫동안 방치되어 쓰레기장을 방불케 했으며 잡초도 자라지 않을 정도로 황폐했다. 그 땅을 어떻게 디자인하고 밭으로 만들어 갈지 서로 상상력을 펼쳤다. 텃밭에 있는 동식물을 조사해 사전을 만들자고 제안한 친구들도 있었고 양봉과 양계를 하자는 친구들도 있었다. 그때 몇몇이 '이때다!' 하고 〈은수저〉에 나온 피자의 기억을 되살리며 화덕을 만들자고 제안했다. 그렇게 관심 있는 사람들이 모여 '비전력 팀'이라는 이름으로 텃밭에 화덕을 만들기로 했다.

　처음 화덕을 구상할 때는 그냥 벽돌로 대충 만들면 되는 건 줄 알았는데 그리 쉬운 일이 아니었다. 우리는 적은 연료로 높은 에너지를 만들고 싶었고, 그 에너지로 우리가 원하는 요리를 하고 싶었다. 또한 제작 과정에서 환경에 최대한 피해를 덜 주고 싶었고, 많은 사람들과 관계를 맺고 싶었다. 초기에 가졌던 이런 생각들은 화덕을 만드는 과정과 작업 방식에 영향을 많이 미쳤다. 나름 철학이라면 철학이라고 해야 하나?

　프로젝트의 시작은 화덕을 만드는 게 아니었다. 화덕의 원리에 대해 공부하고 자료 조사를 하고 서로 생각하거나 기대하는 것들에 대해 충분히 이야기를 나누는 것부터 차근차근 진행했다. 팀원끼리 책을 보고 서로 가르쳐 주거나 실제 화덕을 제작해서 사용하는 곳에 탐방을 가서 인터뷰를 진행하기도 했다. 그리고 부족한 것은 강의를 듣거나 인터넷 자료를 참고해 가면서 공부했다.

그러면서 알게 되었던 것이 바로 '완전연소'이다. 나무는 열을 받으면 우드 가스를 내뿜는데, 다시 한 번 공기를 주입해 주면서 그 가스까지 태우는 것이 완전연소이다. 간단하게 말하자면 쓸모없는 '연기'가 반드시 필요한 '에너지'로 바뀌는 것이다. 우리가 만들 화덕을 어떻게 제작해서 텃밭에 배치할 것인지 아주 세밀하게 계획을 세우고 설계 도면을 그렸다. 그 다음, 설계 도면에 따라 작은 사이즈로 실물과 똑같이 모형을 만들어 보았다. 재료가 얼마만큼 필요한지 어떤 기술이 더 필요한지를 알기 위한 작업이었다. 이 과정에서 우리는 이게 정말 장난이 아니구나 실감했다. 그냥 피자 하나 먹겠다고 무모하게 도전한 건 아닌지 은근히 걱정이 밀려왔다. 학교 구성원과 텃밭을 함께 만들어 가고 있는 주민들을 대상으로 설문 조사를 통해 의견을 듣기로 했다. 설문 조사를 하고 사람들을 만나면서 우리가 하려고 하는 일이 꽤 괜찮은 일이라는 사실을 새삼 깨닫게 되었다. 이 과정에서 또 한 가지 좋았던 것은 사용자들이 우려하는 점을 듣고 우리가 설계한 화덕을 되돌아보게 되었다는 것이다. 의견을 수렴해 화덕을 만들 위치를 정하고 연통의 방향도 결정했다.

드디어 실전이다. 공부와 설계 단계를 지나(물론 공부는 아직도 하고 있다) 본격적인 작업을 하기에 앞서 우리는 작업 과정에서 지켜야 할 약속을 정했다. '비전력 팀'의 원칙인 '비전력'은 화덕을 만드는 과정에서도 적용된다는 것을 다시 한 번 확인했다. 전동 드릴 등 전기가 필요한 도구를 사용하지 않고, 되도록 자연에서 구하거나 혹은 주변에 버려진 것들을 활용하기로 했다. 예를 들어 흙 미장을 버뮤다 삼각텃밭에 화덕과 오븐을 만들었다.
애니메이션 〈은수저〉의 판타지를
실현시켜 주었던 우리들의 첫 화덕!

할 때 받침은 나무판자를 주워 각자 손에 맞게 만들어서 사용하는 식이다. 처음으로 우리의 생각이 강하게 반영된 작업이었는데 습득이 아니라 창조의 과정이었기에 의미 있었다. 우리 화덕의 정체성이 결정된 시기였다고나 할까.

상암동 나대지가 점차 버뮤다 삼각텃밭으로 변신을 해 갈 때 우리도 첫 화덕을 완성했다. 처음 화덕을 만들고 싶다는 마음을 먹었을 때부터 거의 1년이 걸린 우리의 첫 화덕이었다. 화덕을 만들어 보니 화덕의 장점은 피자를 구울 수 있다는 점 말고도 엄청나게 많았다. 밭에서 난 작물을 이용해 바로 조리해 먹을 수 있고, 음식을 나눠 먹으며 소통을 할 수도 있다. 무엇보다 나무라는 연료를 사용하기 때문에 지금의 에너지 문제에 작은 대안이 될 수 있었다. 학기 말에 버뮤다 삼각텃밭에서 함께 농사를 짓고 있는 다양한 그룹의 사람들과 함께 텃밭에서 파티를 열었는데 그때 화덕이 한몫을 톡톡히 해냈다. 특히 양봉하는 친구들이 채밀한 꿀과 상암동 주민이 만든 바질 페스토를 활용해 화덕에서 구운 고르곤 졸라 피자는 정말 맛있었다. 이로써 우리는 〈은수저〉의 꿈을 실현시킨 셈이다.

### 진지한 시작, 마을의 적정한 기술

이어서 우리는 '비전력' 대신 '적정기술'로 이름을 바꾸고 프로젝트 팀을 다시 구성했다. 버뮤다 삼각텃밭에 화덕와 오븐을 만들다 보니 전반적인 기술에 대한 고민으로 확장되었기 때문이다. 비전력은 기술을 다루는 방식 중 하나인데 이를 포함하여 자립 능력을 키울 수 있는 생활 기술이 더 필요했기 때문에 적정기술에 대한 고민으로 넓어졌다. 적정기술은 현재 '중간기술', '적당기술' 등의 단어와 함께 쓰이고 있다. 보급과 연구를 진행하는 그룹이 다양해 그룹마다 조금씩 해석에 차이가 있다. 중간기술이라는 말에서도 볼 수 있다시피 기술로서는 최신 기술과 원시적 기술의 사이쯤에 위치하고 있다. 우리는 적정기술을 '사용하는 사람이 사용하기 가장 적정한 기술'이라고 생각한다. 여기서 사용자라 함은 한 개인을 뜻하기도 하지만 가족, 지역, 국가, 더 넓게는 지구 전체를 의미한다. 그러므로 적정하다는 것은 사용하기 편리한 것만을 넘어서 경제적으로도, 생태적으로도 적당해야 한다는 것을 의미한다.

적정기술에서는 사용자와 제작자의 관계가 중요하다. 현재 우리 사회가 그렇듯 사회가 커지고 직업 간 역할 분담이 확실해질수록 사람은 마치 기계 속의 톱니바퀴처럼 바뀐다. 톱니바퀴가 하나라도 빠지면 전체가 멈춰 서는 기계처럼 이제는 사람들도 혼자서는 살아갈 수가 없게 되어 버렸다. 그러나 기계는 윤활제 역할을 하는 화석연료가 없어지면 작동을 못 한다. 개인이 자기 삶에 필요한 것들을 하나하나 자급할 수 있는 능력을 가지는 것만이 톱니바퀴에서 벗어나는 길인데, 이런 점에서 적정기술은 기술적인 측면에서의 자립을 추구한다. 그러기 위해서는 각각의 단위들이 서로에게 선생님이 되고 동료가 되어야 한다. 현대 사회의 톱니바퀴들을 다시 하나하나의 개체로 돌리기 위해서는 더욱 돈독한 관계가 필연적이다.

맛있는 피자를 구워 먹고 싶다는 단순한 생각으로부터 이런 생태적 전환에 대한 고민이 시작되었다. '멀리서 운반해 온 재료 대신 지역에서 생산되는 재료를 사용해서 음식을 만들 수는 없을까?' '화석 연료 대신 생태를 살릴 수 있는 에너지를 사용할 수는 없을까?' 그래서 우리끼리 배운 것들을 실험해 보는 것을 넘어 마을로 확장하여 화덕을 보급하는 일을 진행해 보기로 했다. 성미산마을 내에 널리 보급된다면 더 이상 가스와 전기에 의존하지 않고도 살아갈 수 있다는 바람을 안고 우선 우리 팀원들의 집부터 찾아가 제안을 했다. 특히 우리 팀에는 공동 주택에서 살고 있는 친구가 있어서 가능성이 높다고 생각했다. 커뮤니티 공간에 화덕을 만든다면 같이 모여서 파티를 할 수 있을 거라며 설득을 했다. 동시에 버뮤다 삼각텃밭에 만든 화덕 사진을 내걸고 직접 마을을 돌아다니거나 찾아다니며 홍보를 했다. 사실 성미산마을은 우리가 무얼 한다고 하면 응원해 주고 지지해 주고 직접 도움을 주는 어른들이 많다. 그래서 우리가 무엇을 하려고 하고 왜 하고 싶어 하는지, 그리고 그것이 왜 필요한 일인지에 대해 잘 전하면 누군가는 들어 줄 거라는 믿음이 있었다. 드디어 마을의 공동 주택 두 곳에서 화덕 제작 주문이 들어왔다. 두 곳 모두 다 같이 모일 수 있는 옥상이나 공동 공간에 화덕과 오븐을 만들기로 했다. 각각 그 공간과 동선에 맞게 설계를 해야 했고, 공동 주택 사람들의 의견을 받아 사용하기 편리한 형태로 디자인과 도면을 완성했다. 그리고 모형을 만들어서 사람들에게 공유한 후 작업을 진행했다. 어떻게 하면 장작을 적게 사용하면서 효율을 높일 수 있을지, 어떻게 하면 이용하기 편리할지, 어떻게 하면 완전연소가 되는지 열심히 연구했다.

화덕이나 오븐을 만들 때에는 공동 주택 사람들도 작업에 함께 참여할 수 있도록 워크숍을 열기도 했다. 흙 미장을 같이 하기도 하였으며, 완성이 되었을 때에는 삼겹살 파티를 열어 다 같이 즐겁게 화덕과 오븐을 사용해 보기도 했다. 벌써 세 곳에 화덕과 오븐을 보급했으니 이제 정말 사업을 해 봐도 되지 않을까? 상상만으로도 흐뭇했다.

## 마을의 기술자

프로젝트를 진행하고 나니 고민이 하나 생겼다. 아무래도 학교 정규 수업 안에서 화덕 보급 프로젝트를 진행하다 보니 학생이라는 신분으로는 제약이 많았다. 물론 학생이다 보니 도움도 쉽게 받을 수 있었고 작은 일에도 칭찬을 많이 받았다. 반면에 어른들은 우리를 믿지 못하고 '이렇게 해라, 저렇게 해라' 잔소리가 많았다. 물론 알려 주고 싶은 게 많아서였겠지만 기술자로서, 동료로서 평등하게 함께 일한다는 느낌을 받지 못한 경우들이 있었다. 단순히 학생과 마을 어른의 관계가 아닌 마을의 기술자와 그 기술을 존중하는 동료의 관계가 되고 싶었다.

거기에 더해 학교 졸업 후 진로까지 고민한 끝에 화덕에 관심이 많은 사람들을 모아 진짜 사업을 진행해 보기로 했다. 후지무라 야스유키 선생님이 말씀하신 3만엔 비즈니스 모델로도 딱이지 않은가! 클럽을 만들어 학생이 아닌 마을의 기술자로서 일을 하고 화덕

은평전환마을의 향림텃밭에 화덕을 만들고 있다.
함께 만들어서 즐겁고, 만들고 난 후 무얼 함께 먹을까 상상하며
행복해지는 시간이었다.

보급 사업을 진행하기로 했다. 그 클럽 이름이 바로 '완전연소'다.

완전연소의 첫 사업은 은평구 향림텃밭 퍼머컬처학교에서 이루어졌다. 사전 미팅을 하면서 적정기술과 화덕에 대해서 설명하고, 많은 질문들을 받았다. 우리의 기술이 그렇게 대단한 것은 아니지만 그래도 우리의 기술을 존중해 준다는 느낌을 받았다. 기존에 우리가 겪었던 학생 대 학부모, 학생 대 교사의 관계가 아니라 같은 길을 걷는 동료와 만나는 느낌이었다. 계획된 시간이 길지 않아서 부담이 많이 됐는데 놀랍게도 향림텃밭 퍼머컬처학교 학생들이 두 눈 초롱초롱하게 관심을 가지고 참여해서 금방 멋진 화덕을 만들 수 있었다.

이어서 마포구와 노원구에서 두 차례 열린 도시농업축제에 가서 화덕 시연을 하고 설명회를 열기도 했다. 라면을 끓여 냄새 마케팅을 했는데 다들 눈빛은 '한 입만~' 했지만 대부분의 사람들은 화덕을 낯설어했다. 아직 도시에서 화덕을 선호하지 않는 건 사실인 것 같다. 집과 집 사이가 너무 가깝기도 하고, 공동 주택이 아닌 작은 단위의 집은 비용과 관리 부분에서 부담이 되지 않을 수 없다. 버튼만 누르면 불이 켜지는 자동화된 기술이 아닌 것에는 본능적인 거부감과 귀찮음이 너무 크게 자리 잡고 있는 것도 같다.

이후에도 계속 화덕과 오븐을 함께 만들자는 제안이 들어오고, 워크숍 문의와 화덕 제작에 대한 상담도 종종 들어오고 있다. 덕분에 학교 시간 외에도 바빠졌지만 새로운 가능성을 열어 가는 과정이기에 기꺼이 주말을 내놓고 지내고 있다. 우리가 기대하는 변화는 느리겠지만 화덕 디자인을 열심히 연구하고 홍보하면 마을 안팎에서 조금씩 관심이 생길 것이라 믿는다. 그래야 전환하는 삶을 살 수 있고, 완전연소도 유지할 수 있으니까 말이다. 그날이 오기를 기다리지만은 않을 것이다. 그날이 올 수 있도록 우리가 그렇게 만들 것이다.

## 불은 끄고 관심은 켜고

### – 절전소 프로젝트

ㅈㅈㅅ

절전소의 초성만 적어 표기한 팀명입니다. 일명 '관절'이라고 불리기도 합니다. '관심이 필요한 절전소의 줄임말입니다. 에너지 전환은 중요하기 때문에 절전소 프로젝트가 생겼을 때부터 관심을 가져 달라는 간절함에서 그렇게 이름을 정했습니다.

## 관심이 필요한 절전소

성미산마을의 공동육아어린이집의 열 명 남짓 아이들이 옹기종기 둥글게 모여 앉아 우리가 준비해 간 동화 《투발루에게 수영을 가르칠 걸 그랬어!》에 귀를 기울이고 있다. 초롱초롱 반짝반짝한 눈으로 꼼짝 않고 이야기에 집중하고 있는 모습이 사랑스럽다. 남태평양의 작은 섬나라인 투발루에 살고 있는 고양이 투발루와 소년 로자의 이야기가 끝나기 무섭게 질문이 쏟아진다. "그럼 고양이는 혼자 살아요?", "투발루 섬은 물에 잠겨요?", "진짜 가라앉아요?", "로자가 크면 다시 돌아올 수 있어요?", "우리도 그렇게 되면 어떡해요?" 꼬리에 꼬리를 물고 질문이 계속된다. 하나의 질문에 대답을 해 주면 다시 질문이 이어지고 아까 대답했던 질문에 다시 질문을 해 오고 정신없이 대답을 해 주다 보면 우리도 모르게 같이 고민하게 되고 상상을 하게 된다.

투발루공화국은 남태평양에 위치한 작은 섬나라이다. 지구 온난

---

**절전소 프로젝트** 에너지를 생산하고 소비하는 방식에 대해 공부하고 마을과 학교를 중심으로 에너지 전환을 모색하는 활동을 진행하는 전환마을 만들기 프로젝트 중 하나입니다. 에너지교육과 모니터링을 통해 에너지를 얼마나 사용하고 어떻게 쓰고 있는가 직접 확인하며 줄일 수 있는 다양한 방법들을 상상합니다. 더불어 지역을 중심으로 필요한 전력을 직접 생산하는 지속 가능한 방식에 대해서도 탐구하고 비전력 워크숍 등 에너지 생산을 통해 자립도를 높일 수 있는 활동을 진행합니다.

화로 해수면이 높아져 점점 바닷속으로 가라앉고 있다. 이 이야기로 아이들을 만나는 이유는 마을의 아이들과 어른들에게 에너지 전환에 대한 관심을 만들어 내기 위해서다.

성미산학교에서는 후쿠시마 핵발전소 사고 이후 '전환마을'이라는 단어를 지속적으로 써 왔다. 《전환도시》라는 책을 쓴 이유진 선생은 전환마을을 짧게 정의해서 '기후 변화와 피크 오일에 대한 공동체의 대안'이라고 말씀하셨다. 그러면서 생태마을이 마을 환경의 지속 가능성과 순환을 강조한다면 전환마을은 에너지의 지속 가능성을 높이기 위한 삶의 전환에 중심을 두고 있다고 했다. 따라서 우리가 전환마을 만들기 프로젝트를 한다고 했을 때 에너지 전환은 가장 핵심 프로젝트가 될 것이라는 생각이 들었다.

전환마을에 대해 공부하며 영국의 토트네스라는 마을을 알게 되었다. 석유로부터 독립을 준비하고 있는 '에너지 하강 행동계획 2030'을 실천하며 기후 변화 시대에 어떻게 살아갈 것인지 그 전과는 다른 삶의 가능성에 대해 즐겁게 상상하며 삶의 방식을 만들어 가고 있는 곳이다. 방법은 단순하고 명쾌하다. 2030년까지 에너지 사용량을 절반으로 줄이고 필요한 절반은 재생 가능 에너지로 충당하는 것이다. 이를 실행하기 위해 마을 곳곳에서 에너지 절약 및 효율 향상, 재생 가능 에너지 생산이 진행된다. 우리도 그렇게 할 수 있을까. 그 가능성을 시험해 보기로 한 것이 바로 절전소 프로젝트이다. 토트네스의 실천이 우리에게 길라잡이가 되어 주었기 때문에 우리는 마을에서 할 수 있는 일들을 상상하기가 어렵지 않았다. 토트네스 마을처럼 에너지 하강 계획을 만들어 빨리 시작하고 싶었지만 계획을 만드는 것보다 더 중요한 것이 사람들의 의지와 동기를 만드는 일이었다. 에너지 전환에 대한 인식을 만드는 과정이 가장 필요하고 시급한 일이라고 생각했다. 우리는 어떻게 하면 에너지 문제에 대해 생각해 볼 기회를 만들 수 있을까 고민했다. 그래서 마을의 다양한 가구 세대들을 대상으로 에너지 전환이 왜 필요한지 어떻게 함께할 수 있는지에 대해 구체적으로 알리는 일부터 하기로 했다.

먼저 성미산학교와 마을의 공동육아어린이집과 방과후협동조합 등 아이와 어른을 동시에 만날 수 있는 곳을 중심으로 에너지교육을 준비했다. 처음 공동육아어린이집을 찾아갔을 때는 긴장을 많이 해서 그런지 아이들의 반응을 살피지 못하고 준비해 간 프레젠테이션을 설명하는 데 급급했다. 아이들이 이해하기 어려운 단어나 개념들은 빼야 했기 때문에 더 많이 신경 써야 했다. 피크 오일이나 후쿠시마 핵발전소 사고 등에 대한 설명보다 전기가 어떻게 만들어지고 어떻게 쓰이고 있는지에 대해 알려 주고 집에서 할 수 있는 일들을 제안하는 방식으로 진행했다. 동화책으로 시작해서 전기에 대한 이야기로 연결하고 간단하게 나만의 절전형 멀티탭을 꾸미는 활동들을 진행하고 그것을 가지고 집에 가서 잘 사용할 수 있도록 안내했다. 어른들의 경우 기후 변화 시대에 대한 이야기와 전환마을을 만들어 가는 상상을 나누는 것으로 시작한다. 성미산마을에 함께 살아가고 있는 어른들이라 생태나 먹거리, 교육에 대한 관심을 이미 갖고 있기 때문에 공감대는 충분했다. 설명만 들으면 재미없으니까 일상생활에서 사용할 수 있는 절전 용품을 함께 만들어 보는 워크숍도 곁들였다. LED 스탠드를 함께 만들면서 에너지 효율을 높일 수 있거나 절전할 수 있는 방법도 안내하면서 집에서 에너지 사용량을 줄일 수 있도록 했다. 교육을 진행하면서 발견한 사실 하나는 모두 적극적이고 진지하게 참여하고 무언가 생활 속에서 실천하려고 노력한다는 점이다. 이렇게 관심을 가지며 반응을 보일 줄 몰랐다. 교육하기 전에는 다들 귀찮아하고 별로 관심을 갖지 않을 거라 예상했었는데 뜻밖의 호응에 깜짝 놀라기도 하였다. 그래서 우리는 더 신나서 이번엔 이렇게 해 볼까 하며 서로 즐겁게 이야기를 나누면서 최선을 다해 진행했다. 아이들은 의외로 이해력이 좋았으며 집에 가서 부모들을 대상으로 다시 교육을 시켜 주는 좋은 활동가이자 동료였다. 처음 만나 어색해하던 어른들도 함께 무언가를 만들어 갈 수 있다는 사실에 신기해하고 즐거워했다.

에너지교육과 함께 중요하게 진행한 일이 바로 에너지 모니터링이다. 가구별로 월별 에너지 사용량을 체크하고 다음 달에 어떻게 전기를 줄일 수 있는지 컨설팅을 해 주었다. 성미산학교 재학생 가구를 포함하여 에너지교육을 진행했던 어린이집 등이 주요 컨설팅 대상이 되었다. 모두 134가구가 참여하여 에너지 사용량을 월별로 모니터링하고 1년 동안 5% 감소를 목표로 컨설팅을 받았다. 그렇게 해서 첫해에는 9%를 절감하는 높은 성과를 이루어 냈다. 두 달에 한 번 '지구와 쉬는 시간'이라는 캔들 나이트를 진행했다. 전기 없이도 즐겁게 모여 노는 날이다. 한 시간 정도 전기를 끈 후 자전거 발전기를 돌려 영화를 보거나 촛불을 켜 두고 시를 나눠 읽거나 언플러그드 라이브 콘서트를 열었다. 전기는 끄고 에너지에 대한 관심은 켜는 활동이다. 초등학생이 많은 경우에는 어둠 속에서 과자 집을 만들거나 핼러윈 파티를 빙자한 귀신 놀이나 런닝맨 놀이 등 전기 없이도 할 수 있는 재미난 게임을 많이 했다. 한번은 핼러윈 파티를 하면서 무서운 분장을 한 중등 학생들 때문에 초등학생들이 울면서 도망치기도 하고 집에 돌아가 악몽을 꾸었다고 주의를 듣기도 했다.

이날의 특별한 이벤트는 그동안 에너지 모니터링을 해서 가장 전기를 적게 쓴 가구에게 상을 주는 것이다. 상은 절전형 멀티탭이나 LED 전구 교체권, 절전소 프로젝트에서 디자인해서 만든 절전 티셔츠 등이다. 지난달과 비교하여 사용량이 줄어들었거나 에너지 모니터링을 한 가구 중 가장 에너지를 적게 쓴 가구에게 상을 주는데, 이들에게 노하우를 전수받는 시간을 마련하기도 한다. 2014년도부터 에너지를 가장 적게 쓰는 부동의 1위는 공동 주택에 살고 있는 한 가구이다. 4인 가구인데도 이 가구의 한 달 전기료는 10,000원도 채 안 되는 6,000~8,000원밖에 나오지 않는다고 한다. 에너지를 덜 쓰고 생태적 삶의 방식으로 바꾸어 가는 과정에서 텔레비전과 전기밥솥까지 없앴고 이제는 냉장고까지 없애야 하나 고민이 많다고 한다. 그리고 불명예스럽게도, 여기에서 밝히지는 못하지만, 전기를 가장 많이 사용하고 있는 가구에게는 에너지 컨설팅을 해 주면서 응원하는 차원에서 절전형 멀티탭을 선물로 주기도 했다.

에너지를 절약하는 것과 동시에 에너지를 생산하는 일에도 중점을 두었다. 특히 서울시의 지원을 받아 미니 태양광을 보급하여 64가구가 설치하였고 전기 사용량을 꾸준히 줄인 가정을 대상으로

LED 전구 교체 비용을 지원해 주기도 하였다. 여러 사람들의 참여를 위해 짧은 광고 영상을 찍어 SNS에 올려 공유하였는데 예상외로 인기가 많았다. 한 상조회사의 광고를 패러디해서 '에너지 절전 어렵지 않다', '미니 태양광 설치 같이 하자'라는 메시지를 담아 두세 개의 광고를 찍어 홍보를 했다. 이 광고 덕분에 다른 지역에서도 관심을 갖고 문의를 해 오기도 하고, 광고에 출연했던 선생님의 인기 또한 높아져 지나다니다 보면 알아보는 사람이 많아졌다는 후문도 있었다.

에너지 모니터링도 진화하여 2016년부터는 '절전은행'을 만들어 운영하고 있다. 에너지 모니터링에 참여한 가구마다 절전 통장을 나눠 주고 스스로 에너지 모니터링을 하게 하여 에너지를 절약한 만큼 은행에 축적하는 것이다. 그래서 전체 가구가 얼마만큼의 에너지를 줄이고 있는지 은행에서 확인할 수 있다. 에너지 모니터링과 컨설팅을 하다 보니 이제는 절전보다 생산하는 것이 필요하다고 느끼는 가구들이 많아져서 앞으로는 에너지 생산 협동조합을 만드는 일을 추진할 계획이다.

### 에너지 마켓

에너지 마켓은 2014년에 절전소 프로젝트를 시작할 때부터 계획에 있었지만 에너지교육과 모니터링 및 컨설팅과 관련된 일들을 하느라 바빠 실현하지 못했다. 1년이 지난 후인 2015년에도 하고 싶고 필요하다고 생각하는 학생들이 많아 하기로 결정했다. 원래 계획은 카고 바이크나 리어카를 만들어 절전, 비전력 제품을 싣고 마을 이곳저곳을 돌아다니면서 에너지교육도 하고 제품도 판매하는 에너지 마켓을 하는 것이었다. 하지만 한자리에서 꾸준하게 하는 게 홍보 효과가 있으며 소통 창구 역할도 할 수 있다는 의견들이 오고가면서 리어카 에너지 마켓은 잠시 보류하기로 했다. 그 후 마을에서도 이런 관심을 가지고 함께 움직여 줄 수 있는 곳을 찾다가 마침 울림두레생활협동조합이 좋겠다는 데 생각이 모아졌다. 울림두레생협에서는 긍정적으로 받아 주며 가능성을 염두에 두고 사업 계획서를 제출하라고 제안했다. 그래서 우리는 실제로 에너지 마켓을 운영하고 있는 '성대골 에너지 슈퍼마켓'을 방문하여 조언을 구하기로 했다. '마을닷살림협동조합' 김소영 이사장님을 만나서 그동안 답답하게 느껴졌던 많은 어려움들을 해결할 수 있었다. 에너지 슈퍼마켓이 어떻게 시작되었는지, 어떻게 운영되고 있는지 등 운영에 관련한 구체적인 이야기들을 들을 수 있었다. 그리고 절전 제품들을 어떻게 발굴하고 어떻게 납품을 받는지, 수익은 어떻게 남기는지, 또 어떤 제품들이 잘 팔리는지 등에 대한 정보들도 얻고, 교육과 워크숍에 대한 조언들도 받았다. 그리고 한 가지 같이 해 보면 좋을 일도 나누었다. 다양한 절전 제품과 비전력 제품을 찾아서 공유하자는 제안이었다.

탐방을 다녀온 후 우리는 에너지 모니터링과 교육 사업을 하면서 만난 어린이집, 방과후학교 부모들을 대상으로 에너지 절약 용품의 수요를 조사해 보았다. 약 50여 명의 응답자들은 생협 내에서 절전

제품이나 비전력 제품을 구입하고 나아가서는 에너지 절약에 대한 정보를 제공받는 것에 대해 모두 찬성이라는 의견을 주었다. 이후 생협 마을분과위원들과의 만남에서도 에너지 마켓 설치에 대한 긍정적인 반응을 들을 수 있었다. 그리고 생협 상무이사님을 만났다. 우리의 제안서를 보고 꼭 함께하면 좋겠다고 하였고 가능하면 절전 제품은 국산 중소기업 제품이면 좋겠다고 부탁하셨다. 그렇게 우리는 생협 매장 내 생활재 판매 코너의 작은 공간에 에너지 마켓을 설치하고 오픈할 수 있게 되었다. 생협에서 일하시는 분들과 이야기도 나누면서 절전 코너는 어떻게 꾸밀 건지, 절전 TIP은 어떻게 할 건지, 오픈 당일 행사는 뭘 할 건지, 사은품은 무엇을 줄 건지 등 세세한 계획들을 세우기 시작했다. 오픈일에 맞춰 우리는 본격적인 홍보에 들어갔다. 어떤 제품이 많이 팔릴지 알기 위해 설문 조사 패널panel도 만들고, 홍보를 위한 재미있는 패널도 만들어서 마을운동회 때 설치해 놓기도 했다.

드디어 에너지 마켓 오픈 날, 에너지 절약에 관한 간단한 퀴즈를 내고 점수에 따라 선물을 드렸다. 마침 서울햇빛발전협동조합에서 텀블러와 1구 멀티탭을 준 터라 선물로 잘 사용했다. 이후 수요일과 금요일에는 에너지 마켓을 지켰다. 절전 및 에너지에 대한 관심을 끌 수 있도록 다양한 이야깃거리를 준비해서 워크숍과 교육 홍보 활동을 하기도 했다. 하지만 점차 우리의 프로젝트가 아니라 생협의 일이 되어 가는 것 같아서 애매하기도 했다. 학생인 특성상 일상적으로 에너지 마켓 코너를 지키거나 적극적으로 운영하는 것에는 한계가 있었기 때문이다. 하지만 한편으로는 우리가 시작한 일

지구촌 한 시간 불 끄기 행사 'Earth Hour' 홍보를 위해
홍대 길거리를 찾았다.
지구를 위한 한 시간, 불은 끄고 관심은 켜고.

이 마을의 일이 되어 가는 것 같아 뿌듯한 느낌이 들기도 했다. 전환마을이 되어 가는 것 같다는 생각에 자부심을 느끼기도 했다.

## 함께 전환하기

전환마을을 꿈꾸면서 우리가 제일 먼저 바랐던 것은 학교에서 하는 절전소 프로젝트가 마을로 확장되는 것이었다. 마을 곳곳마다 태양광 발전기가 설치되어 있고, 자동차 대신 자전거를 타고 다니고, 작은 텃밭도 함께 만들고, 되살림가게에서 물건들을 교환하고 공유하고, 비전력 공방에서 물건을 손수 고치거나 만드는 모습을 상상했다. 솔라 키친solar kitchen을 만들어서 함께 모여 점심을 해결하고 우리가 만든 온풍기로 음식물 쓰레기를 처리해서 퇴비를 만들어 나눠 주는 일상을 꿈꾸었다. 절전소 프로젝트는 모든 전환 프로젝트의 기본이며 중심이라는 생각이 들었다. 그래서 우리는 전환을 꿈꾸고 만들어 가는 모임을 만들기로 했다. 영국의 토트네스 마을의 TTT* 그룹을 생각하며 가까이에 있는 학부모들과 마을 사람들, 그리고 전환마을에 관심이 있는 모든 사람들을 모으기로 했다. 일명 '함께 전환하기 모임'이다. 이 모임은 절전소 프로젝트의 일환으

---

* Transition Town Totnes. 토트네스를 기반으로 일종의 중간 지원 조직의 역할을 수행한다. 정부 주도가 아니라 아래로부터 주민 스스로 마을의 문제를 인식하고 이를 해결하겠다는 목표를 구체화함으로써 시작되었다. 기후 변화와 석유 고갈에 대응하기 위해 2030년까지의 에너지 독립 계획을 수립하여 실천하고 있다. 또한 에너지뿐만이 아니라 식량, 지역 경제, 문화, 교육 모든 분야에 대해 석유 독립에 대한 과제를 마련하고, 실천에 옮기고 있는 핵심 그룹이다.

로 학교를 넘어 무언가 더 만들어 가고 싶은 학생들이 참여하기로 했다. 삶의 전환에 관심이 있는 사람들이 모여 함께 고민하고 실천해 가자며 홍보를 하자 대략 열 명 정도의 사람들이 모였다. 성미산학교 학부모, 절전소 프로젝트 팀의 학생과 교사, 마을의 활동가, 마을에 거주하고 있는 사람들 그리고 멀리서 찾아온 사람들까지 다양한 사람들이 모여서 서로 기대를 나누고 무엇을 함께 해 보면 좋을지 계획을 세우기 시작했다. 성대골 에너지 마을을 함께 구상하며 만드는 데 참여했던 이유진 선생님을 초대해서 전환마을에 대한 상상을 나누고 그중 성미산마을에서 함께 해 보면 좋을 일들의 순서를 정해 보았다. 음식물 쓰레기를 퇴비로 만드는 정거장 만들기, 게릴라 가드닝, 에너지 생산, 주택 단열과 비전력 워크숍, 쓸모없는 옷을 재활용하는 생활 직조 등 다양한 관심사들을 월 1회 모여 배우고 서로의 경험을 나누는 방식으로 진행하기로 했다. 함께 전환하기 모임은 모두가 삶을 전환하는 주체가 되어 함께 만들어 가는 모임이기 때문에 필요한 것들에 대해 서로 알아가고 공부하면서 진행해야 했다. 더구나 배운 것들을 각자 삶에서 실천할 의지가 많이 필요한 모임이었다. 이 모임이 잘되면 전환마을의 비전을 세워 가는 핵심 그룹이 될 수 있지 않을까 하는 기대를 걸어 본다.

함께 시도해 보면 좋을 일들 중에서 시급한 것은 음식물 쓰레기 문제였다. 음식물 쓰레기를 퇴비로 만드는 정거장을 만들어 보기로 했는데 우선 공부가 필요했다. 그래서 퇴비에 대해 조언해 줄 수 있는 선생님을 알아보고 모임에 초대해서 워크숍을 진행하기로 했다. 음식물 쓰레기를 퇴비화하는 워크숍을 통해 배운 내용들을 가지고 각자 가정과 학교에 정거장을 만들어서 한 달 동안 실행하기로 약속했다. 한 달에 한 번 정기적인 모임을 통해 서로 필요한 것들을 함께 배우고 일상에서는 배운 것들을 실천하고 다음 모임에서 다시 공유하는 방식으로 진행했다. 그렇게 해서 음식물 쓰레기로 퇴비를 만들어서 집에서 화분에 먹거리를 키우는 데 쓰기도 하였다. 음식물 쓰레기를 해결하기 위해 퇴비를 만들기 시작했고 그 퇴비가 쓰일 곳을 찾다 보니 자연스럽게 텃밭을 일구는 활동으로까지 확장된 것이다. 학교 지하 주차장에도 작은 정거장을 만들었다. 이동식 퇴비통을 만들어서 설치하고 학교 인근 사람들에게 퇴비를 만드는 과정을 설명하는 안내문을 붙였다. 퇴비통 관리는 마포도시농업네트워크와 텃밭보급소의 도움을 받고 있다.

음식물 쓰레기를 퇴비로 만드는 것을 시작으로 에너지와 관련한 공부를 하기로 했다. 일상에서 에너지를 생산해서 휴대전화나 노트북을 충전해 보기로 했다. 함께 전환하기 모임에 참여하고 있는 우리는 절전소 프로젝트 팀에게 에너지 관련 교육과 워크숍을 제안했다. 절전소 프로젝트 내 비전력 기술 팀은 흔쾌히 태양광 충전기와 LED 스탠드를 만드는 워크숍을 진행하기로 했다. 태양광 충전기와 LED 스탠드 제작 워크숍은 2회에 나눠 진행했는데 1인 1개씩 직접 만들어서 사용할 수 있도록 했다. 이 워크숍이 특히 의미 있었던 이유는 학교에서 배운 것들을 마을 사람들과 나눌 수 있었기 때문이었다. 우리가 배운 것들이 함께 전환하기 모임에 모인 열 명에게 확산되고, 집에 돌아가면 그 가족들이 관심을 갖고 사용할 것이고, 그렇게 점점 다른 사람들에게도 전파될 가능성이 커질 것이다.

함께 전환하기 모임은 2015년부터 시작해서 지금도 여전히 활발하게 지속되고 있다. 우선 모임에 참여하고 있는 사람들이 재미와 필요를 느끼고 성실하게 만들어 가고 있다. 어른들은 일상적으로 실천을 하길 원했기 때문에 우리들보다 삶의 문제를 해결하는 데 더 적극적이었다. 우리는 단지 학교에서 좋은 것을 배우고 다른 사람들에게 나누는 것에 중점을 두었는데 어른들은 삶의 문제로 연결시켜 실천해 가고 있었다.

절전소 프로젝트를 하면서 계속 생각하게 되는 지점은 결국은 삶의 문제라는 것이다. 에너지교육을 통해서 마을의 공동육아어린이집의 아이들을 만나면서 기후 변화 시대에도 희망을 꿈꿀 수 있다고 말했다. 에너지 모니터링과 컨설팅을 하면서 삶의 작은 습관을 바꾸는 실천이 세상을 변화시킬 수 있다고 말했다. 에너지 마켓을 하면서 혼자 하기보다 우리가 함께한다면 더 좋은 마을을 만들 수 있다고 말했고, 함께 전환하기 모임을 하면서는 지금의 삶을 즐겁게 바꾸면 미래를 바꿀 수 있다고 말했다. 이 말들이 힘을 가질 수 있으려면 실제 우리의 삶의 모습으로 드러나야 한다는 것을 이제야 깨달았다. 그리고 그 일은 언제나 즐겁게 함께 모여서 해야 한다는 것도 잊지 말아야겠다.

# 우리는 왜 협동조합이었나
## - 협동조합 두더지실험실

**F4(강다운, 강유진, 오선재, 윤가야)**
우리 네 명은 성미산학교 중등과정의 네 명의 여학생 그룹으로 꼭 네 명이어야만 하는 완전체로 일명 F4로 불리기도 합니다.

2014년 12월 3일, 성미산학교 1층 미니샵 안에서는 재미난 오픈식이 벌어졌다. 선착순으로 조합에 가입한 50명에게 사탕을 주는 것이다. 1시, 조합원 가입이 시작되었다. 아이들은 조합 가입 신청서와 출자금을 하얀 봉투에 넣어 손에 꼭 쥔 채 미니샵으로 왔다. 미니샵 안은 곧 조합원이 되고자 하는 아이들로 가득 찼다. 오픈식을 기준으로 '협동조합 두더지실험실'이 시작되었다.

### 두더지실험실의 내력

2010년부터 선배들은 마을에서 필요한 일들을 찾아 하는 '일머리실험실'을 하며 경제 활동을 시작했다. 학교 안에 있는 미니샵이라는 카페 공간의 운영이 끝나고 난 이후 시간을 이용하여 '라면데이'를 운영하거나, 5시까지 운영하는 마을의 되살림가게에서 야간 개장을 실험하기도 했다. 영등포 달시장이나 혜화동 마르쉐, 파머스

**협동조합 두더지실험실** 10대들이 주체가 되어 마을과 학교에 필요한 일을 만들며 지속 가능한 경제 활동 모델을 만드는 프로젝트입니다. 사회적 경제 활동의 일환으로 협동조합을 만들어 보는 과정을 학습하고 실천해 갑니다. 마을에서 커뮤니티 비즈니스 혹은 3만엔 비지니스 모델을 실험하는 하나의 시도로서 학교와 마을에 필요한 매점과 에너지 마켓을 운영하고, 에너지 전환마을을 위한 다양한 교육 프로그램이나 워크숍을 기획하여 진행하는 일들을 모색합니다.

마켓 등에 참여하여 쿠키와 잼을 만들어 팔기도 하였다. 이는 '3만 엔 비즈니스'*를 실현해 보는 실험 중의 하나였으며, 여기에서 벌어들인 수익금은 해외 이동학습 공동 경비로 쓰였다. 그동안 학교에서 배웠던 굿워크**를 실제로 해 보면서 먹고사는 문제에 대해 고민하고 일머리를 익히는 시간들이었다.

그 실험들을 이어서 2012년, '두더지실험실'이라는 청소년 카페를 만들었다. 이 휴카페는 서울시의 마을공동체사업의 지원을 받아 만들어졌다. 앞이 막히면 뒤로 돌아가고 옆이 막히면 다른 쪽으로 가는 두더지, 가끔씩 땅 위로 올라와 동료들을 확인하는 두더지를 모토로 삼았다. 우리도 두더지처럼 두려워 말고 앞이 막히면 다른 쪽으로 가자며 청소년들의 커뮤니티 공간을 만든 것이다. 두더지실험실에서는 3만엔 비즈니스의 모델이 되는 일들을 만들어서 진행하거나 자유로운 활동들을 실험하며 청소년들의 사랑방처럼 운영했다. 그러나 두더지실험실 카페는 2년 만에 문을 닫게 되었다. 이유는 간단했다. 사람들이 찾아오지 않아서였다. 특히 청소년들이 두더지실험실에 관심을 갖지 않았다. 게다가 그곳이 필요하다고 느끼며 더 이어 갈 사람도 없었다. 아이러니하게도 두더지실험실이 문을 닫게 되자 여러 사람들이 아쉬워하는 것을 볼 수 있었다.

2014년, 선배들의 실험을 이어 우리도 마을에서 어떤 좋은 일을 해야 할지 고민했다. 두더지실험실 카페의 정신처럼 '청년들이 돈에

---

\* 후지무라 야스유키 쏨, 김유익 옮김, 《3만엔 비즈니스, 적게 일하고 더 행복하기》, 북센스, 2012.
\*\* E. F. 슈마허 쏨, 박혜영 옮김, 《굿 워크》, 느린걸음, 2011.

압도당하지 않고 살아가며, 또 승자독식을 넘어서 같이 좋은 일을 실험할 수 있는' 일을 하고 싶었다. 또 우리처럼 경제력이 없는 10대가 어떻게 자본을 만들어서 좋은 일을 만들어 갈 수 있을지에 대해 고민을 나눴다. 두더지실험실 카페의 시행착오를 보며 '어떻게 하면 이와 같은 일을 지속 가능하게 만들 수 있을까?' 본격적으로 생각을 펼치기 시작했다.

### 123과 1/( )

'우리들이 하는 일에 동의하고, 이 일이 필요하다고 생각하는 사람들이 모여 의기투합한다면?' 뜻이 같은 사람들이 모여 십시일반 돈을 내어 사업의 기반을 만들고, 공동으로 책임을 나누면서 운영에 참여하는 방식이 바로 협동조합이다. 협동조합은 출자금을 내면 조합원이 될 수 있다. 출자금은 조합원이 조합의 관리·운영에 참여할 권리의 근거가 되고 조합에 대한 주인의식을 갖게 하는 경제적 가치가 된다. 이렇게 조합원들이 낸 출자금을 사업에 필요한 초기 자본금 등으로 쓸 수 있다. 누군가 투자(?)를 한다는 점에서 주식회사랑 느낌이 비슷할 수도 있겠다. 주식회사는 주주가 돈을 벌기 위해 투자하고 1주 1표라는 점에 비해 협동조합은 조합원들이 필요에 의해 돈을 내고 1인 1표라는 점에서 차이가 있다. 또 협동조합은 조합원들이 민주적인 의사 결정을 하며 운영한다. 한 명이 책임지는 방식이 아니기에 지속 가능하다는 큰 장점이 있다.

이 협동조합에서 처음으로 시작한 사업은 매점과 에너지 마켓이다. 협동조합은 '우리들의 필요에 의해 만든 조직'이기에 우리에게 필요한 사업이 무엇인지 생각하며 첫 사업을 결정했다. 에너지 마켓은 학교에서 전부터 에너지 공부를 이어 오던 맥락에 따라 시작했고 매점은 배고픈 학생들에게 건강한 먹을거리를 팔 수 있고 다양한 연령층을 아우를 수 있어서 시작하게 되었다. 매점의 이름은 '123매점'이다. 매점은 협동조합 두더지실험실과 함께 2014년 12월 3일에 오픈을 했다. 그래서 123이기도 하고, 또 하나는 일이(12) 삶(3)이라는 뜻을 담았다. 일과 삶이 따로 분리되어 있는 것이 아니라 일치시켜 살아가는 매점이라는 의미이다. 에너지 마켓의 이름은 '1/( )'이다. 환경 디자이너인 윤호섭 선생님이 학교에 오신 적이 있다. 윤호섭 선생님은 강의를 다닐 때마다 ( )를 쓰고 이 괄호 안에 각자 에너지 사용량을 얼마만큼 줄일 것인가를 쓰게 한다고 했다. 거기에서 아이디어를 얻어 에너지 마켓의 이름을 '1/( )'로 정했다.

### 다른 두더지들을 만나다

협동조합을 만들기 전에 EBS 다큐프라임 〈자본주의〉를 보며 경제에 대해서 공부했다. 경제의 역사, 은행과 대출, 인플레이션과 디플레이션 등에 대해 공부하고 얘기를 나누었다. 경제에 대한 공부는 어려웠지만 지속할수록 관심이 생기고 협동조합이 생긴 이유에 대해 조금씩 알아 갈 수 있었다.

다큐에서 얻은 경제에 대한 지식을 바탕으로 새로운사회를여는 연구원 이수연 선생님과 함께 사회적 경제와 협동의 경제학에 대한 수업도 하였다. 물질적 이익을 최우선으로 하는 인간의 합리성으로 돌아가는 기존 경제 패러다임의 실패 사례와 그 해결 방안에 대한 강의였다. 공동 통장 게임, 죄수의 딜레마, 사슴 사냥 게임 등을 통해 소통과 협력에 관한 이야기도 해 주셨다.

자본주의의 문제점과 대안, 그리고 소통과 협력이 공존하는 협동조합에 대해서 본격적으로 알려 주실 박주희 선생님도 만났다. 크게 협동조합의 운영 원리와 7원칙을 중심으로 실제 협동조합 모델을 생각해 보는 활동으로 진행되었다. 협동조합에서 공통으로 지향해야 할 가치관, 협동조합의 모습, 우리들이 상상하는 협동조합에 대해 얘기해 보는 시간이었다.

협동조합에 대해서 이론적으로 공부는 했지만 직접 보고, 상상하는 것과는 또 달라서 탐방을 가기로 했다. 협동조합을 만들기 전 다른 학교 협동조합은 어떻게 만들어졌는지, 어떻게 운영을 하는지, 어려운 점은 무엇인지를 알 수 있는 시간이었다. 직접 가서 운영을 하는 사람들을 인터뷰하고, 파는 것을 사서 먹어 보기도 했다. 신나는 탐방이었다.

네 곳을 탐방했는데, 세 곳은 중·고등학교였고 나머지 한 곳이 대학인 연세대였다. 연세대의 협동조합은 스케일이 남달랐다. 연세대는 매점뿐 아니라 음식점, 카페, 전자기기 대여점, 미용실, 서점, 문방구가 다 협동조합이었다. 그렇게 연세대에 있는 상점들 대부분이 협동조합 방식으로 운영이 되다 보니 매출도 어마어마했다. 그곳에서 중요하게 봤던 것은 조합원으로 참여하는 방식이었다. 연세대 협동조합은 학생들이 학교에 입학할 때부터 의무적으로 조합원이 되다 보니 조합원으로서 정체성은 별로 없다. 학생들이 이용은 많이 하지만 이곳이 협동조합으로 운영이 된다는 것은 잘 인지 못 하고 있는 것 같았다.

두 번째로 방문한 곳은 이우고였는데, 당황스러운 일이 있었다. 매점이 협동조합으로 운영이 된다고 알고 있었는데 가서 보니 얼마 전에 방식이 바뀌었다고 했다. 처음에는 학생들이 자치적으로 운영 했지만 문제가 많았다고 한다. 학교 일정이나 개인적인 사정으로 학생들이 협동조합 일을 점점 제대로 못 하게 된 데다 수업 시간처럼 비는 시간에는 무인 판매도 했었는데 돈 통이 분실된 게 한두 번이 아니라고 했다. 그래서 결국 학부모들이 운영을 하게 되었다고 한다.

마지막으로 간 곳은 서울 영림중과 경기 성남 복정고였다. 영림중은 학부모 중심으로 만들어진 협동조합이었다. 영림중도 연세대와 마찬가지로 홍보나 교육이 제대로 안 되는 것 같았다. 그리고 학부모들이 운영을 하는 구조이기 때문에 자신의 아이가 졸업을 해도 이어 할 사람이 마땅하지 않아서 계속하는 일도 많다고 했다. 우리도 어떻게 하면 자연스럽게 후배들이 이어 갈 수 있게 할지 숙제로 남겨져 있다. 복정고는 학교 매점으로 나름 유명한 학교였다. 학생들이 주도적으로 홍보나 교육을 열심히 하는 듯 보였다. 우리가 찾아갔을 때도 학생들이 직접 맞았고 매점 소개도 해 주었다. 협동조합을 운영한다는 것에 자부심도 있어서 정말 열심히 활동을 하고 있었다. 다만, 매점의 운영은 어른들이 한다고 한다. 예산 관리 등의 문제로 학생들이 직접 운영을 못 한다는 점이 아쉬웠다.

이렇게 네 곳의 학교에 탐방을 갔다 왔지만 학생들이 주도적으로 운영을 하는 협동조합은 없었다. 그나마 복정고가 학생들이 주도적으로 교육과 홍보를 한다는 점에서 다른 협동조합과 차이가 있어 보였다.

## 우리만의 방식

협동조합을 만들기 위해서는 여러 가지 사안들을 결정해야 했다. 공부한 내용과 협동조합 탐방을 통해 논의한 것들을 토대로 실천에 옮기기로 했다. 토론의 시작은 '협동조합의 방식'이었다. 강의 중에 협동조합에도 여러 가지 방식과 종류가 있다는 말을 들었다. 성미산마을에 있는 울림두레생협이 소비자협동조합이어서 그에 대해서는 얼핏 알고 있었지만 그 외에 생산자협동조합, 직원협동조합, 다중협동조합 등이 있다는 것은 다소 생소했다. 우리 협동조합의 방식을 정하는 데에는 그리 오랜 시간이 걸리지는 않았다. 좋은 소비를 유도하는 소비자협동조합, 버뮤다 삼각텃밭에서 기른 작물을 가끔 재료로 사용해서 메뉴에 올릴 수도 있으니 생산자협동조합, 그리고 매점 안에서 일하는 사람들은 밥을 같이 먹을 수 있는 직원협동조합. 이 세 가지 협동조합의 장점들을 살려 다 포함하기로 하였다. 그래서 협동조합 두더지실험실은 소비자·생산자·직원협동조합이 다 들어 있는 다중협동조합이 되었다.

조합의 방식은 쉽게 결정했는데 조합원 가입에 대한 논의는 쉽지 않았다. 특히 출자금을 정하는 일이 어려웠다. 한 번도 출자금을 정해 본 적이 없거니와 협동조합에 참여한 경험도 거의 없었기 때문이다. 감이 잘 오질 않아서 다른 협동조합의 출자금을 살펴보았는데 50만 원에서 100만 원, 심지어 더 높은 곳도 있어서 깜짝 놀랐다. 우리는 주로 학생들을 대상으로 하기 때문에 문턱을 낮춰야 했다. 처음엔 1구좌당 5,000원으로 정했다. 하지만 초등학생들한테 부담이 되지 않느냐는 의견이 나와서 3,000원으로 줄였다. 반대로 최대 단위도 정해야 했다. 처음에는 무작정 많이 받으면 좋겠지 싶어서 최대 300만 원까지로 정했지만 결국 10구좌인 3만 원으로 제한을 두었다. 거금을 받으면 나중에 조합원이 출자금을 찾아갈 때 조합이 힘들어질 뿐만 아니라 한 사람이 많이 내면 알게 모르게 그 사람한테 의사 결정권이나 권력이 치우칠 수가 있기 때문이다. 협동조합의 중요한 원칙인 1인 1표제를 다시금 떠올리게 하는 순간이었다. 출자금의 50%는 사업비로 쓰기로 하였다. 나머지 돈은 저금해 놓고 나중에 조합을 탈퇴할 경우에 출자금을 돌려줘야 할 때 쓰기로 했다.

조합원 가입 방법이 출자금 3,000원을 내는 것이라면 조합원 가입 형식은 개인과 가구, 두 가지였다. 가구 단위로 활동을 많이 하는 성미산마을의 문화를 반영하여 가구로도 가입 가능하도록 했다. 대신 한 가구당 한 표만 행사할 수 있도록 정했다. 문제는 할인이었다. 만약 조합원 대상으로 아이스크림을 할인하면 한 가족당 하나만 먹어야 하나, 모든 가족이 다 먹을 수 있나. 둘 중에 어떤 게 방과 후에 123매점을 운영하고 있다.
오늘은 라면데이. 일이(12) 삶(3)이 되는
협동조합을 꿈꿔 본다.

소비자 입장에서 이득인가, 운영하는 입장에서는 어떤 게 이득인가. 여러 가지 계산을 해 가면서 의논했다. 밥도 거르며 논의를 했는데 개인 조합원보다 가구 조합원이 더 많은 혜택을 받는다는 것을 확인할 수 있었다. 하지만 결국 "손해 좀 보면 어때" 하고 끝이 났다.

우리가 이 문제에 대해 치열하게 이야기했던 이유는 수익금에 약간 민감했기 때문이다. 처음부터 수익금은 해외 이동학습에 보태려고 계획했다. 앞서 선배들이 한 일머리실험실에서 그랬기 때문이다. 선배들은 일머리실험실의 수익금을 해외 이동학습을 가는 학년의 장학금으로 이용했다. 우리도 선배들의 실험을 이어 하면서 학교의 전통으로 정착시키고 싶었다. 하지만 협동조합을 통해 수익을 낸다는 것 자체가 쉽지 않은 일이었다. 예를 들어, 123매점에서 파는 초코파이는 두레생협에서 사 오는데, 가격은 두레생협과 같은 1,300원에 팔아야 한다. 협동조합 사이에 가격 차이가 발생하면 안 되기 때문이다. 논쟁 끝에 협동조합의 목적이 돈을 많이 버는 데 있는 게 아니라 우리에게 필요한 것을 스스로 만든다는 데 있음을 확인하고, 적은 수익금이지만 그중의 대부분을 해외 이동학습을 위해 적립하는 것으로 의견을 모았다.

여러 사안들을 결정한 다음, 본격적으로 협동조합을 구축하기 위한 움직임이 시작되었다. 처음으로 한 일은 매점에서 무엇을 팔지 정하는 일이었다. 메뉴는 직접 먹어 보고 결정하기로 했는데 우리가 맛있어야 사는 사람도 맛있을 거라 생각했기 때문이다. 그 후 회의와 설문 조사를 통해 인기 있고, 맛 좋고, 가격도 괜찮은 몇 가지를 정해 파는 것으로 결정했다. 첫 시작은 시범 운영이었다. 설문 조사에서 뽑힌 메뉴들을 직접 팔아 보고 어떤 메뉴가 잘 팔리는지 알아볼 수 있는 시간이었다. 성미산학교의 규모가 작긴 하지만 그래도 홍보는 필수였다. 시범 운영을 통해 알리기도 했지만 학교에 자주 오시지 못하는 부모님이나 그 외 마을분들에게 알리기 위해 포스터를 붙이기도 했다.

### 무임승차가 가능한 일의 관계 만들기

매점은 10학년이 주로 운영을 하고 있다. 학교가 끝나자마자 3시간 동안, 그리고 점심시간에 틈을 내 30분 동안 매점을 운영한다. 두세 명씩 세 팀으로 나누어 하루에 한 팀씩 돌아가면서 매점을 운영한다. 점심시간에는 방과 후에 남아서 일하는 것을 싫어하는 친구가 카운터를 본다. 방과 후보다는 확실히 여유로운 시간이지만 먼저 와서 문을 열고 있거나 옆에서 도와주는 친구들이 언제나 꼭 있다. 방과 후에는 당번이 아니더라도 딱히 할 일이 없는 친구들, 남아서 숙제를 하거나 동아리 활동이 일찍 끝난 친구들이 찾아온다. 방과 후에는 이용하는 사람들이 많아서 세 명에서 일을 하기에는 무척이나 힘들다. 그럴 때마다 당번이 아닌 친구들은 알아서 일을 찾아 하며 빈자리를 채워 준다. 이렇게 유연한 역할 분담으로 훈훈함을 풍기면서 일을 마친다. 누구 하나 "일 많으니까 도와주러 와!"라고 말하는 사람은 없다.

10학년 중에는 운영에 참여하지 않고 조합원으로만 같이하는 친구도 있다. 처음에는 그 친구가 같이하지 못하는 서운함보다는 '왜 같이하지 않지?'라는 의문이 더 들었다. '왜 모두가 같이하는 일을 하지 않길 원하지? 왜!' 나중에 함께 모여 협동조합에 대한 이야기를 나누었다. '무임승차를 허용해야 하나?', '어떻게 하는 게 민주적인 것일까?' 이야기를 나누었다. 결국 마음을 낼 수 있는 사람이 먼저 마음을 내고, 함께하지 못하는 사람도 이해할 수 있는 관계가 필요하다는 것으로 얘기는 마무리됐다.

두더지실험실의 조합원은 다른 학교들과는 다르게 교사부터 초등학생들까지 다양해서 여러 가지 고려할 점들이 있다. 아무래도 우리와 초등과정 사이에는 큰 벽이 있다. 같은 건물 안에서 생활하지만 그동안 별로 말할 기회가 없었다. 우리가 모르는 초등의 문화나 규칙이 있었던 것이다. 초등은 학교에서 과일 이외의 간식을 못 먹는다. 그리고 학교에 돈도 갖고 오면 안 된다. 초등의 규칙을 무시하고 매점을 운영할 수는 없었다. 그래서 우린 초등도 먹을 수 있는 제철 과일을 팔기로 했고, 현금을 가져오는 대신 적립금 통장을 만들어서 얼마나 먹고 쓰는지, 그리고 얼마나 남았는지를 알 수 있도록 했다. 이렇게 매점을 하면서 서로의 문화를 알고 좀 더 이해할 수 있었다. 가끔 시간 여유가 있을 때는 통장을 확인하면서 직접 덧셈과 뺄셈을 하는 동생들과 얘기를 나누고 음식을 만드는 동안 잡담도 나누게 된다. 이 외에도 조합원들은 협동조합에 많은 영향을 준다. 단골손님 중에서는 요리를 할 때 조언을 해 주는 분들도 있다. 맛을 낼 때의 노하우, 청결에 대한 지적, 물건의 배치까지 다양한 의견을 주신다. 아무래도 우리는 아마추어여서 많은 도움이 된다.

## 재미있는 실험실 같은 협동조합

　123매점과 에너지 마켓으로 시작한 협동조합 두더지실험실은 마을에서의 '관계와 기여'에 초점을 맞춰 앞으로 다양한 일을 벌일 것이다. 물론 돈도 적당히 벌 것이며, 그 돈으로 다시 관계를 만들고 좋은 일을 만드는 데 기여할 것이다. 우리에게 협동조합은 재미있는 시도를 해 볼 수 있는 실험실 같은 존재이다. 언제든지 실패해도 괜찮고 다시 시도해 볼 수 있는 기회가 열려 있는 곳으로 만들어 가고 싶다. 앞에서도 말했듯이 우리는 곧 사회에 나가야 하는, 소위 말하는 진로에 대해 모색해야 하는 고등학생들이다. 우리는 대학을 가거나 취직을 하고 직장을 구하는 것 같은 그런 진로에 저당 잡히고 싶지 않다. 우리는 필요한 일을 직접 만들면서 그 일에 고용당할 것이다. 그러기 위해서는 두더지처럼 이곳저곳 굴을 파 보고 있는 더 많은 동료(두더지)들이 필요하다. 협동조합 두더지실험실을 모르는 사람들에게도 설명하는 자리를 만들 것이며, 조합원들과도 협동조합의 미래와 지향점에 대해 충분히 이야기할 것이다. 조합원들이 진짜 '조합원'으로서의 의미를 알고 참여할 때 협동조합 두더지실험실의 땅굴은 더욱 깊고 커져 갈 것이다.

# 핵핵거리지 마

## - 저탄소/탈핵 이동학습

**여인서**
11년째 마을살이를 하고 있어요. 욕심이 많아서 마구마구 일을 벌여요. 몸이 힘들어도 마음은 즐거워요. 남겨진 사람들, 목소리를 내지 못하는 사람들에 대한 관심이 많아요. 또 고양이 라떼를 만난 것을 태어나서 제일 잘한 일이라고 여겨요. 노래를 부르며 사는 것이 꿈이니 이미 꿈 하나를 이뤘어요.

2011년 후쿠시마 핵발전소 사고가 일어났을 때부터 성미산학교의 봄 학기 여행은 탈핵을 화두로 걷기가 주된 테마가 되었다. 2년 주기로 진행되고 있는 탈핵 도보 여행은 걷기를 통해 화석 연료에 의존하고 있는 우리의 삶을 되돌아보는 시간을 갖는다. 보통은 핵발전소가 있는 부산 고리, 경북 월성, 그리고 건설 예정지인 강원도 삼척과 경북 영덕, 방폐장이 있는 경북 경주를 거쳐 송전탑 반대 투쟁을 하고 있는 경북 청도와 경남 밀양까지 약 250킬로미터의 거리를 걷는다. 원초적인 수단인 걷기가 가장 평화로운 저항의 방식이 될 수 있음을 이 여행을 통해 깨닫는다. 각자의 몸의 감각을 다시 회복하고 함께 무언가를 시작해서 끝을 내는 공통의 경험을 만들어 내는, 중등 교육과정의 통과 의례 중 하나이기도 하다.

**저탄소/탈핵 이동학습** 매 학기 1회 10여 일 정도 전환마을 만들기 프로젝트와 연계·확장하여 저탄소와 탈핵을 추구하는 여행을 갑니다. 봄에는 핵발전을 주제로 탈핵 도보 여행을, 가을에는 경남 밀양과 강원도 홍천 등의 마을에서 적정기술, 탄소 발자국 제로를 추구하는 마을살이를 경험해 봅니다. 탈핵 도보 여행은 2011년 후쿠시마 핵발전소 사고 이후 2년에 한 번씩 핵발전과 관련해 이슈가 되는 곳들을 직접 걸어서 이동하면서 탈핵의 메시지를 전달합니다. 강원도 삼척, 경북 영덕/경주, 경남 밀양, 부산 기장 등을 중심으로 대략 250킬로미터를 9박 10일 동안 걸으며 탈핵을 위한 연대를 만들어 가고 있습니다.

짐

허리가 아팠다
여행 가서 차 타는 건 정말 싫었다
짐 안 드는 것도 정말 싫었다
여행을 안 가는 건 더더욱 싫었다
속상했다
아픈 주제에 안전 팀은 어떻게 하나 싶었다
내 역할이 없어 보였다
도움이 안 될 것 같았다
짐이 되기 싫었다

## 느림이 필요하다

왜 우리는 시간에 너그럽지 못할까? 도보 여행 내내 안전 팀을 맡으면서 많은 운전자들을 만났다. 힘내라고 파이팅을 해 주는 분도 계셨고 자꾸 눈을 돌리는 분도 계셨다. 가장 기억에 남는 분은 황금색 마티즈를 타고 있던 분이었다. 대열이 모두 지나가기 위해 교대를 하면서 자동차를 막고 있었는데 그분이 자꾸 경적을 울리면서 비키라고 했다. 죄송하다고, 조금만 기다려 달라고 했지만 조금씩 밀고 들어오더니 기어코 좁은 틈으로 쏙 지나가셨다. 안전 팀이 돼 가지고 차 하나 제대로 못 막았다는 자책부터 그분에 대한 원망까지…… 많은 감정이 들었다. 그렇게까지 급하셨을까? 정 급하셨으면 창문을 열고 얘기해 주시지.

그런데 우리도 마찬가지였다. 입장을 바꿔서 생각해 보면 그분은 '대열이 조금 늘어지는 게 뭐 어때서?', '앞사람이 기다려 줄 수 있는 거 아닌가?', '그게 피해를 주는 일인가?'라고 충분히 생각할 수 있었을 것 같다. 우리는 '발전을 위한 무리한 경쟁과 무리한 속도에 반대되는 행동'을 하고 있는 것인데 정작 우리가 앞사람과의 거리, 도착 시간에 예민하다. 안전 팀을 하면서 대열 밖으로 빠져나온 동료를 안전상 안으로 들어가라고 할 때 제일 그랬다. 여유를 부리면서 옆 사람과 찬찬히 이야기하며 걸으면 좋을 텐데 자꾸 잔소리하게 되었다. 안전한 길들을 많이 걸었더라면 서로 이야기를 많이 할 수 있었을 텐데……. 아쉽다.

나를 비롯해 몇몇 친구들은 조금만 더 빨리 걷자고 재촉하기도 했다. 그러면서 혼자 걸었더라면 더 빨리 갈 수 있었을 거라며 힘든 친구들을 더 기운 빠지게 하기도 했다. 빠른 게 좋은 것만은 아닌데 습관적으로 그렇게 된다. 천천히 걷다 보면 못 보던 것들도 보이게 되고 힘든 사람들도 보이게 된다. 물론 자기 속도대로 간다면 빠른 사람은 며칠 더 일찍 목적지에 도착할 거다. 하지만 빨리 걷는 사람들은 많은 것들을 못 보게 되고, 느리게 걷는 사람들은 빨리 걷는 사람들을 보며 열등감을 느끼게 될지도 모른다. 서로 챙겨 주고 의지하다 보면 너무 빨라 느린 것을 놓치거나 너무 느려 발뒤꿈치를 밟히지 않을 정도의 적당한 속도가 나오지 않을까?

행복한 달팽이

자기의 짐을 지고 열심히 걷는 우리가 달팽이 같다.
무거운 가방을 지고 걷는 달팽이,
동료의 무사함을 지고 걷는 달팽이,
쓰라린 상처를 지고 걷는 달팽이,
목적지를 지고 걷는 달팽이,
나와 같은 짐을 지지 않는다고 해서 민달팽이라고 말하지 마.
우리는 각자
몸도 다르고
생각도 다르고
머리도 다른데
어떻게 다 같은 짐을 질 수 있겠어.

### 두려움에 대한 떳떳함

처음 도보 여행을 갔던 2013년에도 그랬고 2015년 도보 여행을 떠날 때도 이 여행의 목적은 '탈핵에 대해 알리는 것'이라고 생각했다. 그런데 이번 도보 여행을 시작하고 며칠 지나 친구들이 '탈핵을 알리는 방법이 많을 텐데 왜 굳이 도보를 선택했는지 모르겠다'는 이야기를 했다. 한 대 맞은 기분이었다. 탈핵을 알리려고만 했다면 버스를 타고 전국 순회를 한다든가, 서울에서 1인 시위를 한다든가 하는 방법이 더 효율적일지도 모른다. 나는 곰곰이 생각하다가 우리가 도보 여행을 하는 것은 탈핵을 알리기 위해서만도 아니고, 탈핵에 대해 생각하려고 온 것만도 아니라는 결론을 내렸다. 발전을 위한 무리한 경쟁과 무리한 속도의 부산물로 핵발전을 비롯한 사회 문제들이 있는 것이고 우리는 어쩌면 그런 경쟁과 속도에 반대되는 행동-걷기를 하는 것이 아닐까. 탈핵을 둘러싼 것들을 넓게 보며 걷는 것이다.

걸으면 그 수단으로 인한 피해가 없다. 아무에게도, 어디에도. 자동차를 최대한 많이 찍어 내기 위해 수많은 노동자를 착취할 필요가 없다. 이동하기 위해 많은 양의 석유를 쓸 필요도, 지나가는 작은 생명들을 죽일 일도 없다. 그만큼 걷기는 평화롭다. 같은 목적지를 향해 가는 사람의 얼굴을 안다. 가는 길에 놓여 있는 풀과 꽃도 안다. 자동차를 사용하지 않음으로써 느린 것들이 보인다. 하지만 편리한 것들을 이용하지 않는다는 것은 그만큼 용기가 필요한 일이다. 이미 익숙하게 누리고 있는 것들과의 이별은 용기에 대한 믿음과 동시에 두려움과 불편함도 만든다. 하지만 그 두려움과 불편함이 익숙해지면 즐겁기까지 하다. 못 보던 것이 보인다. 우리를 비롯해 이 여행에 대해 알게 된 많은 사람들이 '화석 연료를 사용하지 않는 삶'에 대해 용기를 가질 수 있는 계기가 되었으면 좋겠다.

우리는 탈핵 도보 여행과 함께 탄소 발자국을 줄이는 여행도 해 왔다. 전기를 쓰지 않고 밥을 해 먹고, 형광등 대신 촛불을 켜고, 하루에 물을 40리터만 쓰고, 쓰레기를 남기지 않도록 하고, 반찬을 남기지 않는다는 약속을 지키면서 열흘을 지낸다. 모두들 서로 덜 쓰겠다며 경쟁을 하는데 이것처럼 보기 좋은 경쟁은 없을 것이다. 가끔 탈핵에 대한 기사가 올라오면 꼭 달리는 댓글이 있다. '저 사람들은 전기 안 쓰냐'라는 말이다. 사실 할 말이 없다. 탈핵을 외치지만 컴퓨터도 습관적으로 사용하고, 휴대전화도 옆구리에 끼고 산다. 그렇게 나는 밀양 주민과 고리, 월성 주민의 눈물을 타고 흐르는 전기를 사용한다. 하지만 2014년에 밀양에 갔을 때부터는 좀 달랐다. 하루는 한전과 경찰들과 몇 차례 대치 상황이 있고 나서 한전 직원이 "너희들은 전기 안 쓰냐"고 물었다. 그때는 자신 있게 대답할 수 있었다. "네! 저희는 전등도 안 켜고요, 물도 하루에 40리터만 쓰고요, 휴지도 하루에 일곱 칸만 써요!"

## 실패했다고 끝은 아니다

지난해에도 밀양에 일손을 도우러 갔다. 처음에는 오랜만에 잡는 가위와 장대에 적응하느라 아무 생각도 하지 못했는데 둘째 날부터는 머리 위 송전탑이 보였다. 어마어마하게 크고 이상한 소리도 났다. 하지만 왜인지 그 장면이 낯설지는 않았다. 송전탑이 들어선 이후에도 변함없이 계속되고 있는 주민들의 일상 때문인 것 같다. 변한 것이 있다면 마을공동체가 무너진 것? 나쁜 마음을 가지고 송전탑 건설에 찬성한 주민은 없을 것이다. 싸우다 보니 너무 힘들고 생계를 이어 나갈 수 없으니까 선택한 어쩔 수 없는 길일 것이다. 송전탑 투쟁의 궁극적 목표는 '삶'이다. 그러므로 주민들은 자신의 삶

2011년 후쿠시마 핵발전소 사고 이후 성미산학교
봄 학기 여행은 탈핵을 화두로 걷기가 주 테마가 되었다.
원초적인 수단인 걷기가 가장 평화로운 저항의 방식이 된다.

경북 영덕 핵발전소 예정지를 지나며.(위)

경남 밀양 송전탑 건설 반대 촛불 문화제에서.(아래)

을 포기하면서 또 다른 자신의 삶을 위해 싸우기 벅찼을 것이다.

밀양에서 열흘 동안 지내며 주민들이 트라우마를 안고 사는 것을 볼 수 있었다. 송전탑 건설에 반대하고 그래서 보상금도 받지 않았지만 문화제 같은 곳에는 나가기 어렵다고 하시는 분들도 있었고 '우리가 이렇게 싸워 봤자 뭐가 달라지겠어?'라고 생각하는 주민들과 연대자들이 생기기도 했다.

성미산마을 사람들도 성미산 싸움 이후에 이런 트라우마를 안고 사는 것 같다. 내가 초등학교 5학년 때 두 번째 성미산 지키기 싸움이 일어났다. 돈 많은 사람들은 우리의 의사를 무시한 채 나무들을 한 그루 한 그루 베어 내기 시작했다. 성미산을 깎아 내고 학교가 들어설 때 나에게도 사춘기가 들어섰다. 괜히 예민해져서 그 학교만 보면 짜증이 나고 서서히 피하기 시작했다. 학교가 들어섰으니 모든 상황이 끝난 줄 알았다. 완전히 졌다고 생각했었다. 얼마 전 지율스님이 우리 마을에 오셨을 때 한 마을 어른이 성미산 싸움 이후 실패에 대한 두려움이 생겼다는 이야기를 하셨다. 나도 여태까지 몰랐는데 공권력과 정부에 대한 막연한 공포가 잠재되어 있는 것 같다. 그래서 가끔 '내가 이렇게 해 봤자 뭐가 달라지겠어?'라는 생각을 하기도 한다. 이게 제일 무서운 것 같다. 아무것도 할 수 없게 만든다.

밀양도 마찬가지일 거라고 생각했다. 어찌됐든 송전탑이 결국 들어섰으니까. 하지만 이계삼 선생님의 '밀양 시즌 2'에 대한 글을 읽고 나니 생각이 달라졌다. 비록 송전탑은 들어섰지만 송전탑을 다시 뽑아낼 수 있다는 희망을 가지게 되었다고 할까. 〈송·변전설비 주변지역의 보상 및 지원에 관한 법률〉(송주법), 〈전원개발촉진법〉, 〈전기사업법〉 같은 악법들을 개정하려는 움직임도 있고 밀양 주민들은 협동조합을 만들어 농작물을 연대자들에게 판매할 수 있는 시스템도 만들었다. 인권 침해에 관한 보고서를 발간하고 집단 소송도 걸 예정이라고 한다. 할 일이 많다. 현장에서 몸으로 부딪혀 싸우는 일만큼이나 송전탑이 들어설 수밖에 없는 시스템을 바꾸는 일도 중요한 것 같다. 하지만 무엇보다 싸움 이후에도 잊지 않고 할매, 할배들 곁에 남아 일상을 이어 갈 수 있도록 힘을 실어 주는 것이 가장 중요한 일이라고 생각한다. 우리는 밀양을 찾으면서 주민과 연대자들의 만남이 아닌 할머니, 할아버지와 손녀의 만남이 되기를 바랐다. 찬성과 반대를 떠나, 정치적 성향을 떠나 그냥 할머니, 할아버지가 보고 싶어서 찾아온 손녀가 되려고 했었다.

밀양에서 지내는 열흘 동안의 밤에 촛불을 켜고 옹기종기 둘러앉아 우리는 이야기를 나누었고 가끔 불이 꺼지면 서로의 초에 불을 옮겨다 붙였다. 이렇게 불씨를 꺼 버리지 않고 서로의 초에 불을 붙여 주면 전기가 아니어도 세상은 환해질 것이다.

# 파도를 따라 흘러가다

## – 해외 이동학습 프로젝트

**오선재**
12년째 성미산학교에 다니고 있습니다. 초등학교 1학년 때 입학을 해 성미산학교에서 입학만 두 번, 졸업도 두 번째를 앞두고 있습니다. 어렸을 적 마을에서 마냥 신나게 놀던 아이가 이젠 마을에서 사람들과 함께 어떻게 재미난 일들을 벌이며 살아갈 수 있을까 고민하고 있습니다.

아프리카 부족들은 먼 길을 떠나는 사람에게 명주실로 만든 팔찌를 손목에 묶어 줬다고 한다. 먼 길 조심해서 잘 다녀오라는 의미이다. 성미산학교에서도 먼 길을 떠나는 사람들 손목에 직접 만든 팔찌를 꽉 묶어 준다.

### 떠나다

성미산학교 10학년(혹은 11학년)은 해외 이동학습을 떠난다. 2011년 3월 11일, 우리는 후쿠시마 사고를 마주했다. 당시 난 중등에 막 입학을 한 7학년이었다. 핵발전소가 얼마나 위험한지에 대한 지식은 부족했지만, 위험하다는 사실은 직감하고 있었다. 그 후 학교에서는 이전과는 다른 삶의 전환이 필요하다고 느꼈고, 중등에서는 '전환마을 만들기 프로젝트'가 시작되었다. 무엇으로부터 전환을 해야 하는지, 이 사회와 내 삶에 어떤 전환이 필요한지 잘은 몰랐지

---

**해외 이동학습 프로젝트** 성미산학교 전환마을 만들기 프로젝트의 일환으로 10~11학년은 마을과 공동체 탐구 프로젝트를 진행합니다. 도시에서 생태적으로 잘 사는 법을 익히기 위해 전통과 마을이 살아 있는 공동체를 공부합니다. 그중 해외 이동학습은 아시아 마을로 필드를 확장하여 마을 만들기를 상상하고 실험하려는 시도에서 비롯되었습니다. 단순히 세계를 '읽는' 사람이 아니라 그 안에서 자기 할 일을 설계하며 '참여하는' 세계 시민으로서의 감수성을 키우는 프로젝트입니다.

만 뭔가 잘못되었다는 건 확실했기에 질문에 대한 답을 찾아가기로 했다.

중등 프로젝트는 크게 '전환'과 '마을' 두 개의 키워드로 진행된다. 중등과정에서는 적정기술, 물건, 절전소와 같은 큰 주제를 중심에 두고 전환에 대한 이야기를 해 나가고, 포스트 중등과정으로 올라가면 마을과 생태적 삶에 대한 고민으로 확장해 나간다.

2011년, 10·11학년 선배들은 '마을이 세계를 구한다'라는 프로젝트를 진행했다. 10대들의 새로운 눈과 호기심으로 도시를 발견하고 말을 거는 인터페이스를 마련하는 활동이다. 선배들은 271번 버스를 타고 도시를 탐구해 보았는데, 그 프로젝트를 통해서 '도시는 죽었다'라는 이야기가 나오게 되었다고 했다. 도시 공간들이 마치 붕어빵 틀에 찍어 낸 것처럼 똑같았기 때문이다. 장소에 대한 이야기는 없고 도시 전체가 마치 거대한 공사장 같았다고 했다. 외면하고 싶었던 도시의 이면들, 개발과 성장 뒤에 숨겨진 욕망들을 마주할 수밖에 없었다고 했다. 하지만 우리는 계속 도시에서 살아가야 했기에 '어떻게 살아가야 하나?', '죽은 도시를 다시 살려 낼 수 없을까?' 하는 고민들을 가지고 프로젝트를 진행했다. 그래서 천천히 도시를 살려 내고 있는 마을들을 찾아다니고, 마을을 지키고 만들어 가는 사람들을 만나며 질문을 던지기 시작했다. 그렇게 장수마을, 해방촌 빈마을, 백사마을 등을 찾아다니며 마을 만들기에 대한 상상을 펼쳐 보게 되었다고 한다. 이어 2012년 봄 학기에는 아시아 필드로 넓혀 도시 문명 이전의 공동체가 살아 있는 네팔로 해외 이동학습을 떠나게 되었다. 오래된 미래로의 여정 속에서 회복하고 복원해야 할 것들이 무엇인지 찾아보는 시간을 가졌다. 그 이후에도 성미산학교에서는 매년 인도, 대만, 네팔로 해외 이동학습을 떠났다.

2015년, 11학년인 우리는 3개월 동안 인도로 해외 이동학습을 다녀왔다. 원래 네팔로 다녀올 계획이었으나 그해 4월에 네팔에 대지진이 나게 되면서 우리가 가려고 한 박타푸르시에도 큰 영향을 미쳤다. 해외 이동학습을 가기 다섯 달 전에 벌어진 일이었다. 이번 해외 이동학습의 열쇳말은 3S-Soil, Soul, Society였다. 평화운동가인 사티쉬 쿠마르는 우리가 경제적 풍요를 좇느라 너무 많은 것들을 잃어 왔고, 특히 흙$^{Soil}$과 (자기 자신의) 영성$^{Soul}$, 사회$^{Society}$를 잃어버렸다고 했다. 우리는 사회와 나, 그리고 자연을 배우러 인도로 떠났다.

인도로 떠나기 전, 네팔에 먼저 다녀온 엽집은 우리에게 파도를 따라 흘러가라고 이야기해 주었다. 무언가를 배워야 한다는 압박감을 갖지 말고, 밀려오는 파도에 몸과 마음을 맡기라고 했다. 선배들 중에서는 비싼 돈을 내고 해외 이동학습을 왔는데 아무것도 배워 가는 게 없는 것 같다는 고민을 한 사람도 있었다고 했다. 그렇게 떠나게 된 인도에서 나 역시 하루하루에 집중하며, 파도에 몸을 싣고 3개월을 보냈다.

### 삶들을 마주하다

인도에서 주로 머무른 곳은 데라둔 지역의 나브다냐$^{Navdanya}$ 농장

인도 나브다냐 농장에서 진행한 농생태학 코스를
마치고 난 후 수료증을 들고 사진을 찍었다.
한 달이란 시간 동안 함께했던 다양한 나라에서 온 친구들과
서로의 길을 응원하며 마무리했다.

과 둥게스와리의 JTS^Join Together Society In India, 그리고 보드가야의 HAPPY ALL TRUST라는 NGO 단체이다.

  나브다냐 농장은 생물 다양성을 보존하고 독점적 통제로부터 종자와 농업을 지키기 위해 만들어진 NGO 단체이다. 나브다냐는 힌두어로 9개의 낟알을 의미하는데, 종 다양성을 상징한다. 1984년, 과학자이자 환경주의자인 반다나 시바에 의해 창설되었고 환경운동에 대해 방향을 제시하고 지원을 하고 있는 곳이다. 우리는 여기서 매년 열리는 농생태학 코스를 듣게 되었다. '농생태'를 매개로 다양한 나라의 사람들이 모였는데, 만난 사람들과 수업을 같이 듣고 또 많은 이야기를 나누게 되었다. 이 과정에서 내가 살고 있는 곳과 나 자신이 다르게 다가오는 경험을 했다. 다른 삶들을 마주하게 되면서 다시 나를, 내가 살고 있는 곳을 돌아보게 된 것이다. 인도에서 보낸 시간 동안 내내 낯선 곳을 마주해서인지 내가 잘 알고 있다고 생각했던 것들이 다 낯설어 보였다. 너무 추상적인 감정이라 어떻게 설명해야 할지 난감하긴 한데, 이런 경험이 하나의 예시가 될 수 있을지 모르겠다. 한번은 나브다냐에서 만난 어떤 분이 "너희 나라에는 어떤 동물들이 살고 있니?"라고 물은 적이 있다. 곰곰이 생각해 보았지만 "비둘기?"라고 말할 수밖에 없었다. 인도의 길거리에는 사람만 다니지 않는다. 소, 염소, 돼지, 닭, 코끼리, 낙타, 원숭이 같은 동물들이 길거리를 돌아다닌다. 그게 자연스럽다. 동물들이 있어서 불편하다고 느끼지 않는다. 길거리에 동물이 있으면 피해 가면 된다. 그분은 "너희 나라는 다양성이 없네"라고 웃으며 말했다. 그 말을 듣고 나니 새삼스럽게 '어떻게 도시에서 사람만 살고 있었을까?" 하는 생각이 들었다. 이렇게 인도에서는 한국에서 당연하게 생각했던 것들이 낯설게 느껴지는 경험을 여러 번 했다.

두 번째로 찾아간 JTS는 인도 둥게스와리에 있다. 둥게스와리는 '버려진 땅'이라고 불리는 곳이다. 주민 대부분이 불가촉천민들로 문맹률이 90%나 되고, 땅은 척박해서 농사도 제대로 지을 수 없는 곳이다. 이곳에서 법륜스님은 JTS In India를 설립하셨다. 배고픈 사람은 먹어야 하고, 아픈 사람은 치료받아야 하며, 아이들은 제때 배워야 한다는 이념 아래 세워진 곳이다. 우리는 학교와 병원, 마을에서 생활을 할 수 있었다.

마지막 한 달은 보드가야에서 NGO 단체인 HAPPY ALL TRUST와 인도 청년들과 함께 생활했다. 보드가야는 인도의 성지로 유명하다. HAPPY ALL TRUST는 이름 그대로 모두가 늘 행복한 세상을 꿈꾸며 활동을 하는 단체이다. 주로 구호나 의료 지원 같은 활동을 한다. 우리는 이곳에서 인도 청년들의 자립을 위한 활동의 일환으로 해피휠(수레) 카페를 만드는 작업을 함께했다. 디자인부터 홍보, 메뉴까지 같이 만들어 나갔다. 작업에 함께한 수닐과 인드라짓은 인도의 대학에서 법학을 공부하고 있는 청년들이다. 둘은 인도에서 태어나 지금까지 인도에서 살고 있지만 인도 사람이 아니라 방글라데시 차크마족이다. 방글라데시가 인도로부터 독립하면서 차크마족은 자신들의 나라가 없어졌다. 그래서 몇 년간의 소송을 통해 시민권을 받을 수 있게 되었다. 하지만 차크마족의 메인 센터인 아루나찰프라데시는 이 결정을 거부하고 있다. 처음에는 '수닐과 인드라짓은 꼭 아루나찰프라데시에서 시민권을 받아야 하는 건가' 하는 의문이 들었다. 수닐에게 물었다. "왜 시민권을 아루나찰프라데시에서 받아야 하느냐"고. 수닐은 "우리의 존엄과 존재가 거기로부터 나온다"고 했다. 그 말을 듣고 내가 '뿌리'라는 것을 너무 쉽게 생각했던 것 같아 작아지는 느낌이었다.

〈후쿠시마를 걸으며〉라는 영상을 본 적이 있다. 3.11 이후 후쿠시마에 남아 살아가고 있는 사람들의 모습을 담은 현장 탐사기이다. 후쿠시마 사람들은 사고가 남으로써 자신의 집에서 살 수 없게 되었고, 한평생 짓던 농사도 못 짓게 되었다. 사고 전까지만 해도 같이 살았던 마을 사람들도 사라졌다. 그렇게 자신이 한평생 살던 삶의 방식이 뿌리째 뽑혀 버렸다. 수닐과 인드라짓, 그리고 후쿠시마 사람들의 뿌리 뽑힌 삶은 어쩌면 먼 이야기가 아닌지도 모른다. 한국의 곳곳에서도 삶을 파괴당하고 있는 사람들이 많아지고 있다. 나는 인도에서 밀양과 강정마을, 세월호와 쌍용자동차를 보았다.

### 그 속에서 함께

나는 인도에서 벌어지는 많은 일들을 혼자가 아닌 함께 경험을 할 수 있었다. 내가 무엇을 느꼈는지, 뭐가 불편한지, 지금 무엇에 관심이 있고, 고민은 무엇인지 나눌 수 있는 친구들이 있었다. 이동학습을 떠나게 되면 밤에 같이 모여 하루 닫기를 한다. 오늘 하루 어땠는지, 어떤 생각들이 들었는지 나누는 자리이다. 가끔은 밤에 늦게까지 모여 이야기하는 게 힘들기도 했다. 하지만 또 어떨 땐 꼬리에 꼬리를 물어 이야기가 끊이질 않기도 했다. 그렇게 같은 공간에서 같은 사람들을 만났지만 각자 이해한 것과 생각한 것들은 또 달랐다. 3개월 동안 서로의 생각을 나누다 보니 어느새 우리에게는 공동의 주제가 생기게 되었다. 처음에는 묶여 있는 게 별로 없어 보였는데 함께한 시간을 통해 함께할 이야기가 생겨나게 되었다. 공동의 이야기가 생기니 함께 무언가 작당해 볼 수 있다는 믿음이 생기게 되었다.

네팔에 다녀온 선배들의 일화이다. 한번은 선배 중 한 명이 아팠다고 한다. 같이 어디를 가던 중이었는데, 아픈 사람만 숙소로 돌려보냈다고 했다. 네팔에서 안내 역할을 해 주시던 서칫 쌤은 그 모습을 보고 왜 혼자 온 거냐고 물어봤다. '친구들이 왜 너를 외롭게 혼자 보냈느냐'고. 그 선배는 처음에는 '왜 아무도 너와 같이 오지 않았느냐?'라는 서칫 쌤의 질문을 이해할 수 없었다고 했다. 서칫 쌤은 아픈 사람을 혼자 두지 않았다. 꼬박꼬박 밥을 챙겨 먹게 했고, 저녁엔 아예 주방 구석에 앉혀 놓고 옆에서 일을 하셨다고 했다. 선배는 한편으로는 이런 환대가 부담스럽기도 했지만 이상하게 기분이 좋아졌다고 했다. 그리고, 혼자 외롭게 놔두지 않는다는 게 이런 거구나 싶었다고 한다.

인도에서도 내 곁에는 항상 많은 사람들과 친구들이 있었다. 그들이 없었더라면 '공동체', '마을', '세계 시민'과 같은 개념은 내 언어가 될 수 없었을 것이다. 네팔에서의 선배들의 일화와 인도에서의 경험은 '관계'에 대해 다시 생각하게 만들었고, 한국에 돌아온 이후 무엇을 해야 할지에 대해 많은 영감을 주었다.

보드가야에서 수레 카페를 함께 만들었던 인도 친구 인드라짓과
수닐(둘째 줄 왼쪽에서 세 번째와 네 번째)과 함께.
언어는 달라도 놀고, 먹고, 이야기 나누며 한 달 동안 재미나게 지냈다.

## 새로운 힘, 함께하는 힘

2012년에 처음 네팔을 다녀온 지훈 오빠는 이런 글을 썼다. "성미산학교를 다니면서 생태를 공부해 왔고 도시 안에서 살면서 나름대로 생태적인 삶을 살려고 노력했다. 생태적 삶을 산다는 것은 나의 자부심이자 신념이었다. 하지만 네팔의 모이델 마을에 갔을 때 사람과 생물, 자연이 공존하면서 관계를 맺고 사는 모습에 그동안 생태적인 삶을 너무 인간 중심적, 물리적인 실천으로만 생각했다는 깨달음이 들었다." 그는 이 경험을 "마치 어설프게 따라 하다가 진짜 원조를 만난 느낌"이라고 표현했다.

성미산학교 생활 11년, 매년 새로운 배움들이 있었지만 뭔지 모를 반복됨에 지쳐 있었다. 학교에서는 '생태'에 대한 공부를 이어 왔다. 이제 생태나 환경은 너무 익숙한 단어여서 더 이상 배우지 않아도 다 아는 것처럼 느껴졌다. 그러던 차에 떠난 해외 이동학습은 당연한 것들을 새로운 눈으로 보게 된 계기가 되었다. 사실 GMO나 조화로운 삶, 난민 등에 대한 내용은 학교에서도 많이 들었던 이야기이다. 그런데 신기하게도 인도에서 그 사람들의 삶을 토대로 들으니 다르게 느껴졌다. 인도에서 GMO로 인해 얼마나 많은 사람들이 아파하고 있는지, 방글라데시가 독립하면서 인도에서 난민이 된 이들이 어떻게 살아가고 있는지 그들의 목소리로 직접 듣자 다 알고 있다고 생각했던 것들이 새롭게 들렸다. 안 들리던 것들이 들리기 시작했다.

"처음엔 '왜 마을이 필요한 걸까?' 궁금했다. 성미산마을에서는

'마을', '공동체'라는 것들이, 너무나 많이 듣고 살아서 그런지, 필요하다는 사실을 몰랐다." 네팔에 다녀온 정희 오빠가 쓴 글의 일부이다. 나 또한 마찬가지였다. 어렸을 적 성미산마을로 이사를 오게 되면서 마을은 내 삶의 일부였다. 너무 당연하고 익숙해서 오히려 실감이 나지 않는 공간이었다. 하지만 네팔에 다녀온 선배들의 이야기를 들으며, 그리고 인도에서의 경험을 통해 마을이 새롭게 다가왔다. 마냥 놀기만 하던 곳이 아닌 어쩌면 마을에서 무언가 일을 만들어 갈 수도 있겠다라는 생각이 들었다.

네팔에 다녀온 선배들은 동료들과 함께 마을에서 일을 하겠다고 결심하고 일머리실험실을 다시 시작했다. 마을에 필요한 일들을 찾아 경제 활동을 하면서 먹고사는 문제도 해결하는 실험이다. 나와 친구들은 인도에 다녀온 후 협동조합 두더지실험실을 만들었다. 돈에 압도당하지 않고, 다양한 실험을 통해 적당히 벌며 잘 살아가는 걸 지향하는 협동조합이다. 이젠 '마을에서 좋은 일', '마을살이' 같은 단어들이 멀게 느껴지지만은 않는다. 당장 마을에서 어떤 일을 만들어 내며 살아가지 않을 수도 있다. 하지만 네팔과 인도에서 그러했듯이 지금 당장이 아니더라도 언제든지 마을에서 동료들과 함께 고민하며, 일을 만들어 갈 수 있을 것이라는 믿음이 든다.

# 3부

# 나에서 우리로

# 마을에서 어울리다
## – 마을어린이합창단과 성미산오케스트라

**고예원**
성미산학교에 다닌 지 9년째입니다. 진로 때문에 부쩍 고민이 많아진 중3이지만 혼자 있는 것보다 여럿이 모여 함께하는 일에 관심이 많습니다. 사람들 사이에 있어야 나답게 빛난다는 것을 깨달아 가고 있습니다.

## 마을어린이합창단

나는 어릴 때부터 노래 부르는 것을 좋아했다. 가끔 사람들 앞에서 노래를 부르면 끼가 있다는 말을 듣곤 했다. 지금도 나는 노래를 좋아하는데 혼자 부르는 것도 좋아하고 여럿이 같이 부르는 것도 즐긴다. 어린이집에 다니던 일곱 살 때 마을에 어린이합창단이 만들어졌다. 나의 끼를 발산할 수 있는 절호의 기회였다. 나는 합창단에 들어가 내 유년의 절반의 세월을 합창단원으로 지냈다.

합창단이 만들어지게 된 계기는 순전히 애기똥풀 덕분이었다. 애기똥풀은 한때 '노래를 찾는 사람들(노찾사)'이라는 그룹의 가수였다. 나도 애기똥풀을 만나게 되면서 노찾사의 노래를 찾아 부르곤 했었다. 애기똥풀은 우연하게 성미산마을에 찾아와 이러저러한 일들을 함께하다 보니 자연스럽게 본인이 가장 좋아하는 일을 만들게 되었다고 한다. 그것이 바로 어린이합창단이었다. 애기똥풀은 노래 부르는 것을 즐거워하고 좋아했다. 성미산학교와 인연을 맺기 전에는 마을에서 다문화 아이들과 음악 수업을 하였는데 그것이 어린이합창단을 만들게 된 계기가 되지 않았을까 생각한다.

처음 합창단을 찾아갔을 때에는 하겠다는 사람이 많지 않았다. 오래전이라 기억이 가물가물하지만 처음엔 일곱 명 정도가 모여 시작했던 것 같다. 애기똥풀이 같이 노래했던 다문화 아이들도 그때 처음 만났는데 그렇게 어색하지는 않았다. 그 아이들은 이미 애기똥 풀과 노래를 함께 해 와서인지 나보다 전래 동요를 더 많이 알았고 잘 불렀다. 이 외에도 성미산학교에 같이 다니는 친구와 마을에서 다른 초등학교를 다니는 비슷한 또래의 아이들이 있었다. 나이도 제각각이었고 모르는 아이들이 절반이 넘었다. 그러다 점차 찾아오는 아이들이 늘어 서른 명 가까이 되었다. 처음 시작할 때 애기똥풀이 합창단을 하기에 적은 숫자라고 그냥 포기했더라면 내 인생에서 합창단은 없어졌을 것이다. 합창단에서 부른 노래는 좀 신기한 것들이 많았는데 애기똥풀은 어디서도 잘 듣지 못한 노래들을 찾아와 가르쳐 주고는 했다. 옛날에 부르던 노래나 동시에 음을 붙인 것이나 창작 동요를 주로 불렀다. 그 노래를 듣다 보면 마음이 편해지기도 하고 어떨 땐 노래 속 주인공이 되는 것처럼 느껴지기도 했다.

솔직히 내가 합창단을 하게 된 데 특별한 계기가 있었던 것은 아니었다. 애기똥풀이 지나갈 때 손에 들려 있는 합창단 간식이 너무 맛있어 보여서 저걸 먹으려면 합창단에 들어가야겠다 생각했다. 바로 학교 4층 옥상 정원으로 뛰어가 건너편 우리 집에다 대고 엄마를 불렀다. "엄마, 나 합창단 할래!" 그때 엄마가 내 목소리를 들었는지 안 들었는지는 잘 모르겠지만 그 다음 주부터 바로 합창단에 들어가게 되었다.

그렇게 해서 8년 동안 합창단과 함께했다. 합창단은 노래를 체계적으로 배우는 정형화된 공간이라기보다는 노래를 즐기는 자유로운 곳이었다. 노래를 잘하는 게 중요한 게 아니라 함께 노래를 부르는 것이 얼마나 즐거운 일인지 알려 준 곳이 바로 합창단이었다. 나는 노래를 부르는 것보다는 간식을 먹고 친구들과 웃고 떠들고 노는 게 더 좋았다. 성미산학교 밖에 있는 다른 학교의 내 또래 친구들을 만나기도 하고, 마을에서 나보다 나이가 많거나 적은 친구들을 새로 사귀는 것도 좋았다. 일주일에 한 번 방과 후에 같이 모여서 노래를 부르기도 하지만 이야기도 나누고 서로 유행하는 놀이도 같이 하는 게 즐거워서 그 시간이 기다려지기도 했다. 그래서 처음 합창단에서 활동을 할 때에는 '노래를 잘해야겠다' 혹은 '열심히 해야겠다' 이런 마음은 별로 없었다. 합창단원으로서 노래에 대한 책임감을 가질 필요성을 못 느껴서 그냥 만나서 즐겁게 놀고 웃으며 노래는 부르고 싶은 대로 불렀던 것 같다.

그렇게 3학년이 되고 마을에서 첫 공연을 준비하게 되었다. 처음 여러 사람들 앞에서 부른 노래는 〈가을 길〉이었는데 연습을 많이 했었다. '노랗게 노랗게 물들었네 빨갛게 빨갛게 물들었네 파랗게 파랗게 높은 하늘 가을 길은 고운 길'이라는 가사의 노래였는데 내 파트는 알토였다. 그 전까지는 멜로디만 불렀었는데 처음으로 화음이라는 걸 넣어 봤다. 그러면서 자연스럽게 노래에도 욕심이 생겼다. 동시에 부담감이 생긴 것도 바로 그때부터였다. 하루는 합창단 음반을 녹음하는데 애기똥풀이 나더러 〈별〉이라는 노래를 불러 보라고 하셨다. 아무 생각 없이 불렀는데 합창단 음반에 솔로 곡으로 실으면 좋겠다고 제안해 주었다. 좋은 기회여서 잘하려고 했는데 생각보다 쉽지 않았다. 녹음실에 들어가기 전에는 걱정이나 부담이 되지는 않았다. 그런데 나와 비슷한 또래 합창단원이었던 동규가 〈뚱보새〉라는 노래를 엄청 열심히 불러서 당황스러웠다. '나도 저렇게 잘해야 할 텐데, 우리 합창단의 음반인데…….' 그때부터 긴장이 살짝 되더니 녹음실에 들어가서는 완전히 얼어 버렸다. 녹음된 내 목소리를 헤드폰으로 처음 들었을 때, 너무 못한 것 같아 속상했다. 합창단 활동을 한 후로 처음으로 잘하고 싶다는 생각이 들었던 것 같다. 열 번, 스무 번 내 마음에 들 때까지 계속 녹음하고 싶었지만 상황은 가능하지 않았다. 그렇게 여러 노래를 담은 마을어린이합창단 앨범이 나온 후 나는 너무 아쉬운 마음에 결국 엉엉 울어 버렸다. 하지만 동시에 깨달음도 있었다. 잘하고 싶은 욕심을 만족시키기 위해서는 최선을 다해 연습을 해야 한다는 것을 알게 되었다. 마을어린이합창단 음반이 나오자 마을 사람들은 "잘했다, 잘했다" 하며 폭풍 칭찬을 해 주었지만 나는 내가 부른 솔로 곡을 찾아 들어 보지 않았다. 지금 들으면 나쁘지 않은데 그때는 왜 그렇게 속상했는지 모르겠다.

뒤돌아보건대, 나는 합창단을 하면서 연습하는 시간보다 공연하는 순간을 더 짜릿하게 즐겼던 것 같다. 마을에서 합창단이 입소문이 나기 시작하자 공연을 할 수 있는 기회가 점차 늘어났다. 마을축제나 마포구의 크고 작은 행사, 그리고 마을 사람들이 소개해 준 다양한 곳에서 합창단을 초대해 주는 횟수가 늘어 갔다. 어디를 가든 우리 합창단은 주목을 받았고 사람들이 모두 좋아해 주었다. 가장 기억에 남는 공연은 뮤지컬 형식으로 기획된 합창 공연이었다.《지뢰 대신 꽃을 주세요》라는 동화책을 모티프로 해서 합창극을 꾸민 것이었는데 나는 거기서 나쁜 사람 역할을 맡았다. 그때 그 누구도 나쁜 사람 역할을 하겠다고 손을 들지 않았는데 나도 솔직히 그 역학교의 크고 작은 행사와 마을의 잔치에는 합창이 빠지지 않는다.
노래만큼 서로 마음이 쉽게 통하게 하는 것이 있을까.
마을어린이합창단 공연 모습.(위)

마을에서 하는 일 중 가장 많은 사람이 참여하는 일은 오케스트라다.
어른부터 어린아이까지 100명 가까운 사람들이 모여 하모니를 이룬다.
성미산오케스트라 두 번째 정기 공연 모습.(아래)

할이 싫었다. 하지만 그게 필요한 역할이고 누군가는 해야 하는 것이었기 때문에 그냥 내가 하겠다고 했다. 이 공연이 특히 기억에 남는 이유는 학교의 음악 선생님이었던 실비가 우리를 위해 새로 만든 노래로 연습을 했기 때문이다. 보통 때는 애기똥풀이 "이것 한번 불러 볼까?", "이 노래 재미있을 것 같아" 하며 골라 온 곡들을 듣고 같이 불렀는데 우리가 아는 사람이 직접 만든 노래를 부른다니 신기했다. 우리를 위해 만든 노래라 그런지 연습할 때도 느낌이 남달랐다.

이제 중학생이 된 나는 더 이상 합창단에 함께하지는 않는다. 당시에는 잘 몰랐지만 지금 돌이켜보면 마을이나 학교에 합창은 좋은 매개가 되어 주는 것 같다. 예를 들면, 학교의 크고 작은 행사, 즉 입학식, 졸업식, 학습 발표회에서 언제나 마지막 시간에는 다 함께 노래를 부른다. 그리고 마을축제나 외부 행사, 그리고 밀양 등 다른 곳과 연대할 때는 꼭 합창을 한다. 이럴 때 나는 합창을 하는 우리 모두가 조금 자랑스럽게 느껴지는데 특히 밀양 송전탑 반대 싸움을 하는 할머니들 앞에서 직접 개사한 노래를 합창할 때는 왠지 모르게 힘이 생긴다. 할머니들이 좋아할 만한 트로트에 밀양의 이야기로 개사를 하여 힘내라고 힘껏 노래를 부를 때면 할머니들이 음을 따라 부르기도 하고 춤도 추고 그러신다. 우리의 노래 때문에 할머니들이 즐거워하고 힘을 내시는 것 같아 우리도 연습 때보다 더 열심히 노래를 부르게 된다. 노래만큼 서로 마음이 쉽게 통하게 하는 것이 있을까 하는 생각이 들어 신명이 난다. 거기에 있는 모든 사람들과 함께 있다는 느낌과 동시에 다 같이 부르는 노래가 서로에게 힘이 되어 주는 것 같아 자부심도 느끼게 된다. 여러 명이 동시에 목소리를 내어 감동을 전달할 수 있는 유일한 매개가 합창이기도 하고, 다양한 목소리로 하나의 조화를 만들어 내는 것을 배우는 것이 바로 합창이다.

## 성미산오케스트라

마을에서 함께하는 일 중 가장 멋진 일은 오케스트라다. 단연코 그렇다고 자신 있게 말할 수 있다. 이건 마을어린이합창단의 규모와는 비교도 안 된다. 어린이들은 물론 청소년들과 어른들까지 다양한 세대를 넘나들며 하모니를 이루는 일이기 때문이다. 거의 100명에 가까운 사람들이 모여서 하기 때문에 마을에서 가장 큰 일이기도 하다. 마을에서는 무언가를 하고 싶어 하는 사람이 있거나 해 보면 좋을 일들이 생기면 바로 움직여 뚝딱뚝딱 만들어 내곤 하는데 가장 사람이 많이 모인 일 중 하나가 바로 오케스트라다. 그 전에도 이 정도로 많은 사람들이 모인 적이 있기는 하다. 2010년 2차 성미산 싸움 때도 마을 사람들은 100인 합창단을 만들어 노래를 불렀다. 그러고 보니 그때도 합창이었구나. 100인 합창단 공연 이후에 마을 사람들이 그렇게 많이 모인 적은 별로 없었던 것 같다. 그랬다가 오케스트라가 만들어져서 또 이렇게 많은 사람들이 모여서 즐겁게 일을 만들어 가고 있다.

처음 오케스트라를 상상해서 제안을 한 사람은 성미산학교 교장 스콜라인 것으로 알고 있다. 방과 후에 피아노를 배우거나 기타를 배우러 다니는 학생들이 많고 어른들 중에도 악기를 배우고 싶은데 망설이는 사람들이 많다는 것을 알게 된 스콜라와 몇 분의 학부모들이 오케스트라에 대한 기대를 계속 갖고 있었다. 그러다가 100인 합창단의 위력을 실감하기도 하고 학교에서도 마을과 함께하는 일들을 고민하던 차에 오케스트라에 꽂힌 것이다. 마을에 새로운 활력이 필요한 시점이기도 했다. 평소 스콜라는 마을 만들기가 곧 학교의 교육과정이라는 말씀을 많이 하셨다. 그때는 그 말이 잘 이해가 되지 않았는데 오케스트라를 하다 보니 사람들이 모여서 함께하는 일을 만드는 게 바로 그런 것이 아닐까 하는 생각이 들었다. 특히 오케스트라는 마을에서 잘 알고 지내던 사람들뿐만 아니라 모르는 사람들과도 같이할 수 있는 일이다. 잘하는 사람도 못하는 사람도 같이 합주하면서 부족한 것을 알려 주고 배우면서 할 수 있다. 개인의 속도도 인정해 주면서 다 같이 음을 맞췄을 때 짜릿함도 느끼게 해 준다.

흥미로웠던 것은 오케스트라에 대한 마을 어른들의 놀라운 관심이었다. 내가 알고 있는 몇몇 친구 부모들만 악기를 다룰 줄 알아서 얼마나 참여할까 했는데 내 예상과는 다르게 오케스트라에 대한 관심은 뜨거웠다. 뭔가 하려고 기다려 왔던 사람들마냥 오케스트라 단원이 되기 위해 찾아온 사람이 많았다. 성미산학교는 방과후가 되면 바이올린, 클라리넷, 오보에 등을 배우기 위해 모여든 사람들이 교실들을 차지하게 되었다. 나는 처음에는 오케스트라에 관심이 없던 터라 그런 광경이 낯설었다. 합창단 때도 그러했지만 내가 오케스트라 단원이 되는 과정도 굉장히 허무하다. 나는 원래 클래식을 좋아하지 않았다. 수면제가 따로 없었다. 처음 학교에서 오케스트라 단원 모집 이야기를 들었을 때도 딱히 마음이 끌리지 않았고 특히 방과 후에 무언가를 정기적으로 해야 한다는 게 부담이 되었다. 그런데 주변의 가까운 어른들이나 친구들이 다 참여하는 분위기였다. 특히 엄마는 바이올린을 할 거라며 같이 하자고 나를 설득했다. 또 오랜만에 만난 사촌 언니와 저녁 식사를 하게 되었는데 그 언니도 클라리넷을 시작했다고 하면서 나보고 꼭 악기를 배우라고 신신당부를 하는 것이다. 그러니 오기가 생겨 더 하기 싫어진 것도 사실이었다. 그런데 방학식 날 오케스트라 선생님들께서 각자의 악기를 가지고 나와서 소개를 해 주면서 앙상블을 보여 주었는데 멋있었다. 특히 클라리넷이 그렇게 매력적인지 몰랐는데 그날은 내가 오케스트라에 들어가라는 어떤 계시라도 되는 듯 멋져 보였다. 그렇게 오기를 부리며 안 가겠다고 다짐했던 것이 한순간 날아가 버리고 여름 방학 때부터 오케스트라 단원이 되었다.

그날 이후 엄마와 나에게는 공통점이 생겼다. 엄마와 무언가를 함께 할 수 있는 일이 공식적으로 생겨서 좋았고 특히 금요일마다 엄마와 오케스트라 합주를 하러 가는 게 은근히 설렜다. 그 전에는 엄마랑 함께 배우는 게 없었는데 오케스트라를 하고 난 후 엄마랑 같은 위치에서 함께 배울 수 있다는 게 즐거운 일이라는 걸 느꼈다. 다른 사람들은 무언가를 새롭게 배우는 자체에 즐거움을 느끼기도 하고, 악기를 다루는 실력이 늘어 가는 것이나 혹은 합주하면서 희열을 느끼는 등의 다양한 이유로 오케스트라에 참여하는 의미를 찾는데 나는 엄마와 함께 무언가를 배우기 시작했다는 점에서 의미 있었다.

그리고 어른들이 뭔가에 서툴고 어떻게 해야 할지 난감해하며 자신 없어 하거나 우리에게 가르쳐 달라고 하는 모습을 보는 재미도 쏠쏠했다. 우리는 어른들보다 배우는 감각은 빨랐으나 연습하는 끈기는 어른들을 따라잡지는 못했다. 그 차이를 발견하는 것도 신기했고 연습을 같이 하다 보니 알고 지내던 사람들의 특성이 드러나면서 그 전과는 관계가 달라지기도 했다. 그냥 지나가면서 인사 정도 하거나 누구네 엄마 혹은 아빠 정도로만 알던 동네 사람들이 나와 같이 합주를 하는 단원으로 묶이니 더 돈독해졌다고 해야 할까. 뭔가 그 전과는 다른 관계가 만들어진 건 확실하다. 사실 어른들과 함께한다고 했을 때 실수하면 안 될 것 같고 잘해야 한다는 강박이 들지 않을까 걱정했었는데 어른들도 나와 비슷한 고민을 했다는 이야기를 듣고 나니 친근하게 느껴지기도 했다. 특히 우리 엄마는 악기를 배우고 연습하는 그 자체를 즐겼고 그 시간을 행복해했다. 그리고 스스로 해내고 있다는 것에 자부심을 느끼는 것 같기도 했다. 엄마가 즐거워하고 행복해하는 것을 지켜볼 수 있어서 나도 덩달아 기분이 좋아졌다.

가장 기억에 남는 건 첫 오케스트라 캠프다. 오케스트라를 시작한 이후 계절마다 합숙을 하면서 집중적으로 연습을 하는 캠프를 진행하고 있다. 첫 캠프까지만 해도 악기를 배운 지 얼마 안 되어 계이름을 다 외우지 못한 때라 참가하기 겁이 났지만 10월 첫 번째 정기 공연에 서고 싶었기 때문에 이를 악물고 참여했다. 클라리넷을 하루 종일 부느라 입술에서 피가 나고 볼이 너무 아파서 파스를 잘라 붙이고 연습을 계속했다. 나뿐만 아니라 많은 사람들이 뭐에 홀렸는지 모르지만 다 그렇게 열심히 연습에 몰입했었다. 그 분위기가 나도 그렇게 하게 만들었다. 개인별로 연습을 하기도 하고 악기별로 연습하기도 하고 곁에 있는 다른 악기 팀과 맞춰 보기도 했다. 그러다 나중에 전체 합주를 하면서 서로 화음을 맞춰 간다. 잠자리에 들기 전에는 나란히 누워서 입으로 멜로디를 따라 소리 내 보기도 하고 각자의 소리로 합주를 해 보기도 하면서 모든 시간들을 소리에 집중했다. 언제 또 그런 몰입을 경험할 수 있을까 싶을 정도로 우리는 심취해 있었다.

이런 경험을 나 혼자 했을 거라 생각하지 않는다. 오케스트라는 여러 사람이 그런 경험을 할 때 좋은 소리를 내는 거라 믿는다. 그래서 오케스트라나 합창이나 모두 '함께하는 것'을 배우고 경험하기에 가장 좋은 일이라는 확신이 든다. 말로만 공동체에 대해서 이야기를 하고 스스로 서서 서로를 살리는 것이 무엇인지 모르겠다고 하는 사람들에게 나는 강력하게 같이 합창을 하고 합주를 해 보면 깨달을 수 있을 거라고 얘기해 주고 싶다.

# 나무를 지키는 사람들
## – 마을 카페 작은나무 지키기

**지킬(이지훈)**
열 살의 소년이 성미산마을에 들어와 살게 된 지 12년이 넘었습니다. 어릴 적엔 내가 어떤 사람인지, 어떤 것을 배우고 살아야 하는지 고민했다면 청년이 된 지금 마을의 여러 일을 도우며 유쾌하게 살아가고 있습니다.

나는 성미산학교가 처음 생길 때부터 다니기 시작해서 가장 오래 다닌 한 사람으로 졸업을 했다. 내가 졸업했을 때 같이 졸업했던 동기들과 했던 약속이 하나 있는데 때가 되면 다시 마을로 돌아와서 함께 좋은 일을 만들자는 것이었다. 나는 졸업 후 1년 정도 다른 곳에서 배움을 이어 가다가, 그 약속의 때인지는 모르겠으나, 나는 나의 때가 되어 먼저 마을로 돌아왔다.

내가 이 마을에 처음 이사 왔을 때는 이미 '성미산마을'이 된 2004년이었다. 1차 성미산 지키기 싸움에서 이긴 후에 대안학교를 만들자는 뜻이 모아져서 성미산학교의 전신인 미소학교가 운영되고 있을 때였다. 학교에서는 해마다 성미산에 나무를 심으며 봄을 시작했고, 아카시아 꽃을 먹다 보면 여름이 지나고 낙엽을 가지고 놀다 보면 가을이 지났다. 학년이 높아지면서 성미산을 자주 찾지는 않게 되었지만 운동장이 따로 없던 우리에게 성미산은 놀이터이자 비밀 기지였고 배움터였다.

2010년, 중학교 3학년이 되었을 때 다시 성미산에 문제가 생겼다. 이번엔 홍익재단에서 부속 초·중·고등학교를 성미산에 세우겠다고 한 것이다. 그때 나는 나의 아지트이자 놀이터인 성미산이 깎여 나간다는 것이 싫어서 성미산을 지키는 일에 나설 수밖에 없었다. 어른들이 성미산에 텐트를 치고 농성을 하면 나는 저녁 8시마다 열리는 문화제에 참여하면서 상황이 어떻게 변하는지 관심을 기울였다.

천막 농성, 문화제, 법정 공방, 시청 집회 등을 이어 가며 어른 아이 할 것 없이 제 역할을 해 나갔다. 저녁을 먹고 나면 마실 나가듯 망원우체국 사거리에서 열리는 문화제에 들렀다가 카페 작은나무로 가서 성미산에 관한 소식을 듣는 것이 일상이 되었다. 자연스럽게 100인 합창단이나 문화제에도 적극적으로 참여하게 되었다. 성미산에 홍익학원이 들어선 이후에 나는 성미산을 생태 공원으로 만드는 일에 관심을 갖기 시작했고 성미산학교 학생들과 워크숍을 열어 생태 공원을 상상해 보기도 했다. 우리가 함께 만든 생태 공원 도면을 마포구청에 전달했을 때는 보람을 느끼기도 했다.

그렇게 성미산마을에서는 일이 생기면 어른이나 아이나 모두 모여 함께 이야기를 나누고 공유한다. 문화제를 열어 여러 사람들에게 알리고 현명하게 해결할 수 있는 다양한 상상을 실천하기도 한다. 그런 과정에서 나는 마을 주민으로서 존재감을 느낄 수 있었으며 무언가 중요한 일에 참여한다는 의식이 들기도 했다. 함께 지킬 게 있다는 것은 마을의 중요한 지향인 것 같다. 그 지향을 함께 만들어 가고 있다는 느낌은 성미산학교를 졸업한 이후에 더 새롭게 다가왔다.

### 마을살이의 시작, 다시 지킬 것이 생기다

성미산마을에는 작은나무라는 카페가 있다. 시골 마을 초입부에 있는 커다란 나무처럼 마을 주민들과 처음 찾아오는 사람들을 많젠트리피케이션으로부터 카페 작은나무 지키기 액션데이.
"우리는 이대로 이곳을 떠날 수 없습니다.
이곳은 마을의 역사이며 우리의 삶터입니다."

사진 제공 : 작은나무

이 반겨 주는 곳이다. 성미산마을이 만들어질 당시 아이들에게 건강한 아이스크림을 먹이기 위해 만들어졌고 지금은 카페로 전환되었다. 작은 전시회나 공연을 하기도 하고 아이들도 찾아와 주전부리를 즐기기도 하는, 마을에서 없어서는 안 될 소중한 공간이다. 작은나무에는 출자자들의 이름을 팻말로 적어 두었는데 대부분 내가 알고 지내는 사람들이다. 내 이름도 올라 있다. 출자의 의미도 모르고 그저 마을을 위해서 뭔가를 하고 싶다는 생각에 한 것인데, 지금 생각해 보면 그때가 마을 주민으로서 처음으로 마을에 기여한 순간이 아니었나 싶다.

2015년 9월, 카페 작은나무의 계약 만료일이 다가오는 시점에 건물주의 계약 연장 거부로 쫓겨날 위기에 처한 적이 있었다. 가수 싸이와 예술가들과의 갈등, 건물주와 임차 상인들 사이의 여러 문제들이 미디어에서 다뤄지고 있는데 소위 젠트리피케이션gentrification이라 불리는 현상이다. 구도심이 번성하면서 임대료가 오르고 원주민들이 내몰리는 현상을 이른다. 주로 지역의 예술가나 임차 상인들이 비싼 임대료를 감당하지 못해 옮기는 경우가 많은데 작은나무는 건물주가 카페 자리를 다른 용도로 바꾸려고 계약 자체를 거부한 경우였다. 작은나무뿐 아니라 최근 성미산마을 주변에서 젠트리피케이션 현상이 많이 일어나고 있다. 그나마 작은나무는 마을 주민들이 많이 찾아오니까 운영이 가능한데 새로 생겨나는 다른 가게들은 비싼 임대료를 감당하기가 쉽지 않다. 몇 개월 못 버티고 다른 곳으로 옮기거나 업종을 바꾸는 가게들을 수도 없이 보았다. 제일 속상했던 것은 작은나무처럼 마을의 중요한 공간의 지속 여부를 마을에서 살아온 주민이 아닌 건물주들이 결정하는 현실이었다. 성미산 지키기 싸움 때에도 그랬지만 자본의 힘을 가진 사람들과 원주민들이 잘 합의해서 공생하고 살아가는 경우는 거의 없는 것 같다.

작은나무 문제를 해결하기 위해 총회를 통해 주민들과 이야기를 나누었다. 그 자리를 통해 작은나무 문제는 단순히 성미산마을의 거점을 지킨다는 것을 넘어서 그 과정을 통해 마을 안에 있는 임차 상인들과 공감대를 형성하고 지속적인 연대감을 가지는 의미가 있다는 것을 공유했다. 바로 행동을 해야 한다는 이야기가 나와서 총회 자리에서 대책위를 모집했다. 나는 제일 먼저 손을 들었다. 성미산 지키기 싸움 때는 어려서 잘 모르고 두려워했지만, 이제는 어떻게든 그 활동의 일원으로 함께하고 싶었다. 주로 작은나무 실무자들을 중심으로 기자 회견과 세미나를 열었고 건물주와의 지속적인 대화의 장을 만들었다. 그 외 대책위에서는 SNS나 메신저로 주민들에게 소식을 공유했고 마을의 여러 예술가들이 작은나무에서 작품을 전시하거나 공연 활동을 이어 나갔다.

나도 작은나무 앞에서 매주 금요일에 하는 '금요일의 슬그머니' 공연을 통해 문화 행동에 참여했다. 처음엔 공연을 하는 게 좋아서 함께했는데 좋아하는 일을 하면서 사람들도 많이 만나고 다양한 활동을 상상하는 것이 즐거웠다. 작은나무는 계약 종료 이후에도 계속 영업을 하면서 농성을 하기로 했다. 건물주가 전기, 수도를 모두 끊을 수도 있다는 이야기가 있어서 전기 없이 언플러그드 공연을 하자는 제안이 나왔다. 나는 랩을 하고 있었기에 다른 공연과 다르게 마이크가 없으면 심심해지지 않을까 걱정했다. 그런데 오히려

마을 카페 작은나무 앞에서 매주 금요일에 열렸던
'금요일의 슬그머니' 공연. 나는 지킬 것이다.
성미산의 나무도, 성미산마을의 작은나무도.

마이크 없이 공연을 하니까 지나가던 사람들과 더 자유롭게 어울릴 수 있었다. 원래 힙합은 거리에서 시작한 문화니까. 그 공연 사진을 SNS로 공유해서 작은나무 소식을 주변 지인들에게 알렸다. 내가 좋아하고 잘할 수 있는 일로 의미 있는 일에 함께한 첫 순간이었다. 그동안 학교에서 사회 문제와 생태 공부를 계속해 왔지만 정작 그 현장에 함께하면서 같이 행동하는 경우는 드물었다. 머리로는 함께해야 한다고 생각했지만 정작 실천에 옮기려면 겁이 나고 망설여졌다. 하지만 작은나무는 마을에서 나와 같이 성장한 곳이고 지금은 이웃들과의 삶을 상상할 공간이었다. 용기를 안 낼 이유가 없었고 할 수 있는 일이라면 무엇이든 하고 싶었다.

작은나무 사례는 한남동 테이크아웃드로잉 같은 여러 젠트리피케이션 사례들과 함께 화두에 오르면서 많이 알려지고 예전 홈플러스 건립 반대 경험이 있는 망원시장 상인회와 주변 상인분들도 동참해 주셨다. 많은 사람들이 관심을 갖자 소통을 거부했던 건물주도 대화의 장을 조금씩 열었다. 이후엔 작은나무와 건물주, 그리고 서울시가 운영 중인 임대차분쟁조정위원회가 삼자회를 열어 의논을 하는 시간을 가졌고 마침내 2년간 임대 계약을 연장하는 데 성공했다. 잠깐의 시간을 벌게 된 건 다행스런 일이지만 또 2년 후에 같은 상황이 반복될 수도 있다. 이 시간 동안 관심을 놓지 않고 이후의 계획을 잘 그려 나가는 것이 과제가 되었다.

## 오래 지속되기를

작은나무 일이 일단락된 이후, 성미산마을에서는 젠트리피케이션에 대한 나름의 대안을 만들어 가고 있다. 마을 아이들의 놀이터인 택견 체육관 '꿈터'나 반찬 가게인 '동네부엌', 그리고 청년들이 창업한 도시락 가게 '소풍가는 고양이'는 시작은 각각 다른 곳에서 했지만 지금은 마을의 공동 주택인 소행주(소통이 있어 행복한 주택) 4호에 같이 들어와 지내고 있다. 다른 소행주에도 방과후학교나 사회적기업 등이 함께 살아가고 있다. 서로 비빌 언덕이 되어 주는 진짜 '공동'의 삶의 모습이라는 생각이 들었다. 처음에는 소행주가 유동 인구가 적은 골목에 있다 보니 눈에 잘 안 띄어 찾는 사람이 줄어들 수 있다는 걱정이 들었다. 하지만 그건 기우였다. 몇 년간 다져온 이웃과 단골의 힘을 잊고 있었던 것이다. 어느 곳에 있든지 그 장소를 아끼고 사랑한다면 사람들이 찾아오고 새로운 변화를 만들어 낼 수 있는 것이다. 그 변화의 바람은 '성미산마을회관'이라는 프로젝트에까지 미치게 되었다. 마을 곳곳에서 서로 열심히 살아가고 있지만 한편으론 다 같이 모일 수 있는 구심이 되어 주는 공간이 없었는데 마을회관을 만드는 프로젝트를 통해 구체화되고 있다. 이런 과정들을 통해 성미산마을의 다음을 조금씩 준비하고 있다.

지금 나는 성미산마을에서 일을 하고 있다. 카페 작은나무에서는 주 2~3일 파트타임으로 카페 운영을 하는 카페 지기로 일하고, 되살림가게에서는 되살림지기로 자원 활동을 한다. 동네책방에서는 저녁에 책방을 운영하는 일을 한다. 어릴 적부터 어른이 되었을 때

마을의 일원으로 일을 하게 되는 모습을 상상해 왔는데 하나둘씩 실현해 나가고 있다. 어릴 적부터 나를 마을에서 보아 온 분들이 믿고 기회를 주신 것이라고 생각한다. 처음에는 그냥 익숙한 동네이고 잘 아는 마을분들이 계시니 쉽게 일을 할 수 있겠지 싶었지만 이제는 마을의 일원으로서 책임감을 더 느끼게 되었다. 익숙함으로 인해 약간 긴장을 놓고 해이해지는 것을 느끼고 반성하기도 하고 내가 살고 있는 곳일수록 더 열심히 하고 겸손해야 함을 배우고 있다.

그동안 성미산학교와 마을에서 많은 공부를 했지만 가장 크게 배운 것은 옆 사람의 소중함, 그리고 그 사람들과 함께 만들어 가는 일상이다. 예전의 나는 소심하고 쉽게 움직이지 못했다. 늘 하고 싶은 일과 해야 할 일 사이에서 고민하고, 마음과 몸이 따로 놀아서 기회도 많이 놓쳤다. 하지만 이젠 마음을 내고 할 수 있는 일은 최대한 하려고 노력한다. 성미산마을은 나의 고향이기도 하지만 또한 앞으로 계속 살아갈 곳이니까. 나는 이제 스물한 살이고, 곧 군대를 가야 한다. 앞으로 내가 어떤 모습으로 살아가게 될지 모르겠다. 하지만 지금 난 성미산마을의 '지킬'로서 살고 있고, 앞으로도 살고 싶다.

# 할머니들과의 만남은
# 늘 즐겁다

– 할머니의 밥상에서 한글 교실까지

**남연우**
사람들에게 도움이 되는 일을 하는 것을 좋아합니다. 도움이 될지 모르지만 내가 해야 하는 일이 하고 싶은 일이 되는 것이 즐겁습니다. 앞으로도 학교와 마을에서 필요한 사람으로 살아가기를 기대합니다.

나는 성미산학교를 1학년 때부터 11년째 다니고 있다. 지금까지 별다른 일도 없었고 큰 일탈 없이 다니고 있다. 오랫동안 이 학교를 다닌 데에는 그럴싸한 이유는 없다. 그냥 공동육아어린이집 친구들을 따라 자연스럽게 들어오게 되었다. 그렇게 초등학교 생활을 재미나게 보내고 나니 좀 불안해졌다. 몇몇 친구들이 일반 학교에 진학을 해서 나도 고민을 했으나 어찌어찌 물거품이 되고 그러다가 그냥 여기까지 온 것 같다. 그때는 나를 대안학교에 보내는 부모님의 생각이 이해가 가지 않았지만 그렇다고 내 생각이 구체적이지도 않아서 부모님을 설득하지도 못했다. 속상했다. 하지만 다행스럽게도 중학교 1학년 때는 강원도 평창의 폐교를 빌려 1년 정도 농사와 자립 생활을 하는 농장학교 프로젝트에 가게 되어 갈등의 시간은 길지 않았다. 지금은 그때 엄마가 일반 학교를 반대한 걸 매우 다행으로 생각하고 있다. 아마 전학을 갔다면 한 달도 버티지 못했을 것 같다.

지금까지, 성미산학교 밖의 사람들은 조금 이해하기 힘들지는 모르지만, 나에게는 중요한 일들이 많이 생겼다. 농사라든가, 탈핵 공부라든가, 저탄소 여행이라든가, 절전소 활동이라든가. 처음엔 이런 배움과 경험이 나에게 무슨 도움이 될까 조금은 낯설고 어색했다. 그래서 그것이 필요할지, 재미가 있을지에 대해 늘 저울질을 하며 투정 부리며 살았던 것 같다. 그때의 에세이들을 보면 겁날 정도의 많은 불만이 담겨 있다. 하지만 하다 보니 관심을 가지게 되고 그러면서 생각하게 되고 내 삶의 가치관도 바뀌게 되었다.

이렇게 10년을 돌아보니, 나는 사람과 사람 사이에 인연을 맺는 것에 대해서 가장 관심을 가졌던 것 같다. 여러 다양한 활동을 하며, 새로운 관계를 맺으며 그 속에서 더 많이 배웠다. 그동안 나에게 가장 의미가 있었던 인연들을 살펴보니 놀랍게도 할머니들과의 관계가 많았다. 학교 교육과정의 일환으로 처음 만나게 되었지만 그 이후 나의 삶에 많은 영향을 미쳤다.

### 첫 번째 만남 - 할머니의 밥상

5학년 때 나는 밥살림 프로젝트를 선택했다. 처음에는 자기가 좋아하는 음식을 만들어 먹다가 우리 모두 나눠 먹는 것에 익숙하지 않다는 것을 발견하게 되었다. 한 학기가 끝나고 우리는 음식을 만들어 함께 나눠 먹는 활동이 필요하다는 생각이 들었다. 그래서 학교 인근의 망원동 쪽방촌의 홀몸 어르신들에게 직접 만든 음식을 나누는 '할머니의 밥상' 프로젝트를 진행하게 되었다. 처음엔 막막했다. 내가 먹고 싶은 음식을 만들어 먹는 것은 좋았는데 남을 위한 음식을 만드는 일은 힘들었다. 처음 할머니를 만나기 전에는 어렵기만 했다. '무슨 말을 해야 할까?', '할머니와 어떻게 만날까?', '어색하지 않으려면 무엇을 하면 좋을까?' 고민이 많았다. 가은이와 4학년 후배인 은재와 같은 조였는데 우리 할머니를 처음 만나고 나서 고민은 더 구체적이 되었다. 처음 할머니를 찾아갔을 때 우리는 우리의 얼굴이 담긴 사진을 현상해서 이름을 크게 써서 할머니께 전달했다. 그리고 준비해 간 몇 가지 질문들을 드렸다. 할머니가 평소에 자주 드시는 음식은 무엇인지, 좋아하는 음식은 무엇인지, 못 드시는 음식은 무엇인지, 건강 상태는 어떠신지, 병원은 다니고 계신지, 운동은 어떻게 하고 계신지, 일상은 어떻게 지내고 계시는지 등 우리가 음식을 만들 때 필요한 기본 자료와 할머니에 대한 정보를 얻었다. 우리가 만나는 할머니는 당뇨가 있었고 치아도 안 좋아서 틀니를 착용하고 계셨다. 일주일에 한 번 병원에 다니셨고 몸이 안 좋으셔서 바깥 활동은 안 하셨다. 그래서 입맛이 없어서 잘 드시지는 못한다고 했다. 우리는 할머니를 위한 음식이 무엇인지 조사하고 찾아가서 함께 시간을 어떻게 보낼 것인지 아이디어를 찾기로 했다.

할머니들께 반찬을 만들어서 가져다드리기로 한 첫날, 각 팀별로 할머니를 위한 음식에 대해 발표했다. 비슷한 질환을 앓고 계신 할머니들이 있으셔서 각자 생각하고 준비한 음식에 대한 아이디어를 나눌 수 있는 기회가 되었고 음식 재료를 구할 때도 서로 도와줄 수 있었다. 예를 들어 우리 할머니는 당뇨가 있고 치아가 안 좋기 때문에 단백질로 구성된 부드러운 음식을 만들어야 해서 두부연근전에 대해 발표했다. 다른 팀에서도 비슷하게 두부 요리를 준비하려고 해서 장을 보러 가서 중복되는 재료를 같이 구입하기도 했다. 처음 음식을 만들어서 할머니께 가져다드렸을 때 할머니가 고맙다고 고맙다고 계속 말씀하셔서 괜히 짠한 느낌이 들었다. 이후에도 소화가 잘되고 당뇨 치료에 도움이 되고 치아에 무리가 되지 않는 음식을 염두에 두고 메뉴를 정했다. 당뇨에 좋은 닭 요리를 개발하기도 하고, 밭에서 키운 호박을 가지고 호박죽도 만들어 드렸다. 이렇게 나 외의 다른 사람을 위해 음식을 한다는 것은 두 배로 신경 써야 하지만 또 두 배로 뿌듯한 일이었다. 집에서 나 혼자 먹으려고 요리를 할 때랑은 자세가 달라졌다. 더 신경 쓰게 되고 더 맛있어야 하고 무엇보다 할머니를 생각하는 마음이 있어야 했다. 그러다가 우리 팀은 우연히 길에서 만난 할머니 한 분께도 반찬을 전해 드리기로 했다. 폐지를 주우며 손자와 단 둘이 사는 분이었는데 우리 소문을 들었다며 손자를 위해서 반찬을 만들어 달라고 하셨다. 우리는 흔쾌히 그렇게 하기로 했다. 이번엔 여덟 살 아이를 위해 음식을 만드는 것에 도전하는 셈이었다. 그 집에는 아이와 놀기 위해 종종 찾아가기도 했는데 더 깊은 인연을 맺고 있다는 느낌이 들었다. 우리 팀뿐만 아니라 다른 팀에서도 할머니를 만나고 있었는데 매번 찾아가 노래를 불러 주는 팀이 있는가 하면 어떤 팀에서는 성경을 읽어 드리고 오기도 한다고 들었다. 안마는 어느 팀에서나 하는 필수 활동이었다. 할머니와 같이 지내는 시간이 점차 익숙해지면서 만나는 시간이 기다려지기도 했다. 가끔 할머니께서 병원에 가고 안 계시면 다른 팀 집에 놀러 가기도 하고 그 좁은 방에 옹기종기 앉아서 할머니께서 내주신 사탕도 먹고 시끄럽게 떠들다 오기도 했다.

이렇게 나눔이라는 걸 처음 해 봤던 것 같다. 할머니의 밥상 프로젝트 외에도 여러 활동을 했다. 월드비전에 찾아가기도 하고 거기에서 진행하는 기아 체험도 다녀오고, 인천의 민들레국수집도 다녀왔다. 세상에는 이렇게 다양한 사람들이 서로 다르게 살아가고 있고, 그중에는 힘들게 사는 사람들도 많은데 나는 너무 모르고 편하게만 사는 게 아닐까 하는 고민도 들었다. 그래서 '나는 무엇을 할 수 있을까' 지금까지 고민해 오고 있다. 할머니의 밥상을 하면서 나눔을 실천한다는 게 그렇게 어렵고 어색한 일이 아니라는 걸 느꼈다. 꼭 완벽하지 않아도, 뭔가 대단하지 않아도 누구나 마음만 먹으면 나눔을 실천할 수 있다는 게 신기했다. 그냥 내가 있는 자리에서 누군가를 위하는 마음을 갖고 하는 행동들이 다 나눔인 것 같다는 생각을 했다. 그 이후로 어떤 나눔이든 계속 실천해 나가고 싶다는 생각이 들었다.

### 두 번째 만남 - 밀양 할매들

밀양의 어르신들을 처음 만난 건 2013년 탈핵 도보 여행에서였다. 솔직히 나는 송전탑이나 핵발전소 문제에 대해 별 생각이 없었다. 그냥 학교에서 다 같이 농촌 생활을 하러 가는 느낌이었다. 우리가 가서 주로 도와드린 일은 감을 따고 포장하는 단순한 일이었는데 처음엔 서툴러서 실수가 많았다. 흘리거나 버리는 것이 많았다. 어르신들에게 이 감들이 어떤 의미인지 모르고 그렇게 쉽게 행동을 했던 것이다. 지금 생각하면 너무 생각 없고 예의 없는 행동이었던 것 같다.

할머니들의 구술 생애사 작업도 진행했다. 그때 할머니들의 삶에 대해서 많이 느꼈던 것 같다. 내가 만난 할머니는 어릴 때 시집온 고정마을에서 계속 살아오셨다고 한다. 자녀들은 다 결혼하고 지금은 혼자 사는데 감 농사는 자식들이 하지 말라고 말리는데도 소일 삼아 하면서 살아가고 있다고 하셨다. 평생 농사를 짓고 살아왔기 때문에 그것을 안 하게 되면 무엇을 하며 살아야 할지 잘 모르겠다고 하셨다. 자식들도 다 결혼을 했으니 가끔 손주들이 찾아올 때 용돈이라도 줄 마음으로 농사를 짓고 있다고 하셨다. 그냥 해 온 대로 이렇게 농사짓고 마을 사람들이랑 가끔 놀러 다니고 자식들, 손주들 찾아오면 먹을 거 챙겨 주고 그렇게 살다가 아프지 않게 여기서 죽는 게 평생소원이라고 말씀하셨다. 그런데 맘 놓고 죽지 못할 일이 생겼는데, 바로 송전탑 문제였다. 마을에 송전탑이 들어선다고 해서 처음엔 무슨 일인지 잘 몰랐다고 하셨다. 근데 마을 사람들이 찬성과 반대 두 패로 나뉘어서 서로 싸우느라 몇 년 동안 속이 썩어 버렸다고 하셨다. 송전탑이 세워진 후에도 마을 사람들 사이의 싸움은 끝나지 않을 것 같다고, 그래서 생각하기 싫어서 조용히 그냥 감이나 따고 살아가고 있다는 말씀도 덧붙이셨다.

이야기를 듣고 나서 도시에서 우리가 편하게 살려는 욕심 때문에 이분들이 얼마나 큰 피해를 받고 상처를 입고 계신지 처음 깨닫게 되었다. 그때서야 달라 보이기 시작했다. 그리고 알고 싶어졌고 생각하고 싶어졌다. 우리가 왜 밀양과 연대를 맺고 있는지, 왜 핵발전을 반대해야 하는지에 대해 질문을 갖기 시작했다. 그리고 그분들한테 땅과 산이 얼마나 소중한 것인지 다시 한 번 알게 되었다. 또 어르신들과 잘 지내고 싶어졌다. 봄에는 탈핵 도보 여행의 마지막 종착지로, 가을에는 감을 따는 여행으로 밀양을 여러 차례 방문하게 되면서 우리를 알아보는 어르신들이 많아졌다. 나는 쑥스러워서 말도

봄에는 탈핵 도보 여행으로, 가을에는 감을 따러
매년 밀양에 간다. 여러 차례 밀양을 오가면서
밀양의 할머니들과 어느새 우리 할머니보다 더 가까워져 버렸다.
2013년, 밀양 송전탑 건설 반대 싸움을 하는 할머니들과 함께.

잘 못 걸고 다정하게 대해 드리지 못했는데 그런 것을 익숙하게 하는 친구들이 부러웠다.

하지만 나도 일하면서 대화를 찬찬히 하게 되니까 어느 사이 우리 친할머니보다 더 우리 할머니 같은 느낌마저 들었다. 그동안 할머니 집에 가면 텔레비전만 보고 대화는 조금밖에 안 했었다. 얼른 서울에 가서 우리 할머니랑도 이야기를 나눠 보고 싶어졌다.

밀양에서 지내면서 도움을 드린 것보다 받은 게 더 많은 것 같다는 생각이 들었다. 생각할 계기들도 많이 만들어 주셨고 서울로 돌아온 후에는 감도 많이 보내 주셨다. 송전탑 문제가 끝나더라도 계속 좋은 인연들로 지냈으면 좋겠다는 생각이 들었다.

## 세 번째 만남 - 한글 교실에서 만난 오영희 할머니

2015년, 학교의 별관이 세워져서 새로 이사했을 때 근처에 살고 계신 한 할머니가 찾아오셨다. 조심스럽게 찾아와서 혹시 자기에게 한글을 가르쳐 줄 수 있느냐고 물어보셨다. 어떻게 해야 할지 식구 총회 시간에 이야기를 나눴다. 일주일에 한두 번 정도 할머니께 한글을 읽고 쓸 수 있는 정도로 가르쳐 드릴 수 있는 사람이 있는지 확인했다. 나는 해 보겠다고 손을 들었다. 하지만 혼자 하기는 약간 두렵기도 하고 부담스럽기도 해서 같이할 사람이 필요하다고 제안했다. 다행스럽게도 예원이가 함께할 수 있다고 해서 마음이 한결 가볍게 되었다. 할머니를 만나기 전에 예원이와 나는 꽃다지 선생님과 함께 어떻게 만날 것인지 이야기 나누고 한글 공부에 필요한 자료나 교재도 알아보았다. 우리 학교 초등학교 1학년들은 어떻게 한글 공부를 하고 있는지 조언을 구하기도 하였다.

처음 할머니를 만나러 간 날은 목요일 몸 활동 시간이 끝나고 나서였다. 생각보다 너무 떨렸다. 뭐 하나 잘하지도 못하는데 과연 잘 가르쳐 드릴 수 있을까 갑자기 걱정이 앞섰다. 우리가 방에 들어서자마자 할머니는 손을 잡고 눈물을 글썽이시면서 너무 고맙다고, 고맙다고 하셨다. 나도 찡했다. 할머니에 대해서 궁금하긴 한데 어떻게 이야기를 걸어야 할지 몰라 망설이고 있는데 할머니께서 자연스럽게 살아온 이야기를 해 주셨다. 남편이랑은 예전에 사별하고 지금은 딸들과 떨어져서 혼자 살고 계신다고 했다. 일찍 남편이 돌아가셨기 때문에 혼자 딸들을 키워 내셨는데 먹고사는 일이 바빠서 딸들에게 신경을 많이 못 써 주셨다고 한다. 지금은 딸들이 결혼해서 다 멀리 떨어져 살고 있는데 그나마 큰딸이 가까이에 살아 가끔 손주들하고 찾아온다고 했다. 같이 살았더라면 자신이 한글 공부를 할 때 도와달라고 하거나 숙제도 물어보고 그럴 텐데 많이 아쉽다시면서. 이야기를 들으면서 할머니께서 많이 외로우셨구나 싶은 마음이 들었다. 늦은 나이에라도 한글을 배우고 싶었으나 돈이 없어서 어디 가서 배우지도 못하셨단다. 마침 그때 우리 학교가 옆으로 이사를 와서 용기를 내서 찾아왔다고 하셨다. 누군가에게는 당연한 일이 할머니에게는 간절한 꿈이었구나 하는 생각이 들었다. 더 잘 알려드리고 싶은 마음이 커졌다. 할머니 한 분을 위한 한글 교실이 그렇게 만들어졌다.

한글 교실에서 만난 오영희 할머니.
이제라도 한글을 배우고 싶다며 용기 내어 학교로
직접 찾아오신 할머니를 위해 한글 교실이 만들어졌다.
할머니의 이름을 쓰실 수 있게 된 후 만든 종이비행기.

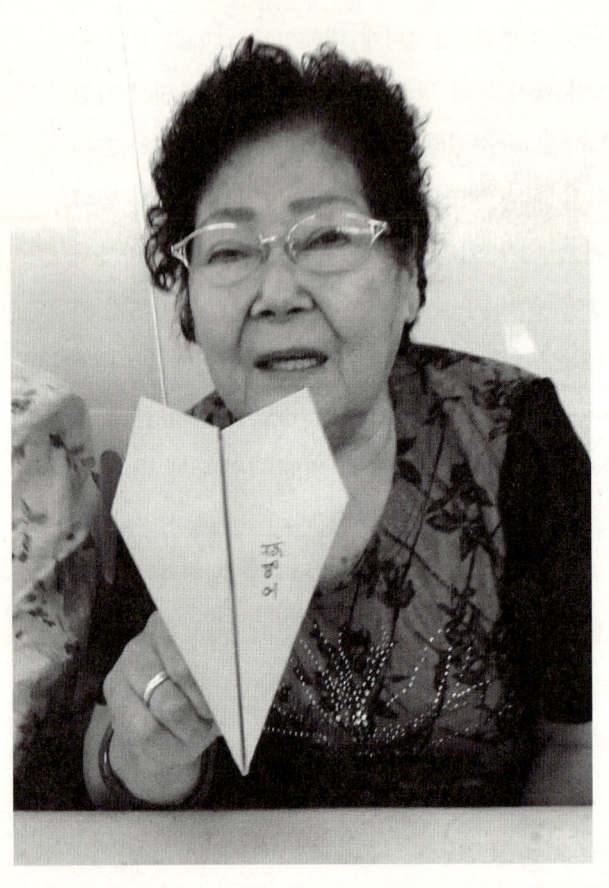

할머니는 다리가 불편하고 치아도 안 좋아서 자주 병원에 가셔야 했다. 특히 다리를 수술한 지 얼마 되지 않아서 오랜 시간 앉아 있을 수가 없었다. 우리는 열정이 넘쳐 수업 시간을 한 시간 반 정도로 계획하고 있었는데, 결국 할머니께서 가능한 30분 정도만 공부를 하기로 정했다. 할머니와 같이 서점에 가서 교재를 고르고, 필통, 필기구 같은 걸 샀는데 진짜 시작하는 느낌이 들어서 설레기도 하고 한편으로는 잘해야 할 텐데 하는 부담감도 느꼈다.

한글 공부를 시작하면서 할머니께 새로운 습관이 생겼다. 바로 과자나 빵, 과일 같은 것들을 사다 놓으신다는 거다. 일주일에 두 번, 찾아갈 때마다 늘 새로운 간식을 마련해 놓고 우리를 맞으셨다. 우리도 하루라도 빠지면 안 된다는 생각으로 성실하게 시간을 지키려고 노력했다. 안 그러면 할머니는 우리를 기다리실 테고 그 간식들은 못 먹고 버려질 테니까.

수업이 계속되면서 어느새 할머니는 당신의 이름과 '아버지', '어머니'를 한글로 쓸 수 있게 되셨다. ㄱㄴㄷㄹ 순서로 가르쳐 드렸는데 생각보다 잘 따라 하셨다. 정말 뿌듯했다. 그렇게 5개월이 지나고 좀 더 관계가 친밀해질 때 즈음 할머니께서 이사를 가시게 되었다. 수업 마지막 날 할머니께서는 우리의 두 손을 잡고 지금까지 가르쳐 줘서 고맙다고 하셨다. 우리는 새로 이사 가는 집으로 찾아가서 계속 공부를 같이 할 수 있다고 말씀드렸는데 할머니께서는 우리가 찾아오기 힘든 곳으로 가기 때문에 괜찮다고 하셨다. 우리에게 부담을 주지 않으려고 안 하겠다고 하시는 것 같아서 죄송스러웠다. 책을 읽고 글을 쓰는 것도 도와드렸으면 좋았을 텐데, 아쉬움이 계속 남는다. 이후에도 이렇게 마을에서 할 수 있는 것들을 찾고 같이 할 수 있는 방법들을 이야기해 보면 좋겠다.

### 끝나지 않은 이야기

보통 한국에서 노인들은 무능력하다고 평가되는 것 같다. 그래서 그분들과 함께할 수 있는 기회조차 만들지 않는다. 하지만 나는 어떤 성별을 가졌든, 어느 연령이든 아무 문제가 되지 않는 공동체를 꿈꾼다. 할머니의 밥상, 할머니 구술 생애사 작업, 한글 교실 등 할머니들과 함께 활동을 할 때면 항상 자신의 이야기를 들려주는 것만으로도 굉장히 즐거워하셨던 기억이 난다. 그리고 나도 그분들의 이야기를 들으면 마치 영화 한 편을 보는 것 같은 느낌을 받았다. 그 일은 엄청 즐거웠다.

나는 늘 사람들의 이야기가 궁금하다. 똑같은 경험을 가지고 살아가는 사람은 아무도 없다. 특히 나보다 더 풍부한 경험을 가지고 있는, 그리고 이제는 누구도 할 수 없는 값진 경험을 가지고 있는 할머니, 할아버지들의 이야기가 듣고 싶었다. 그것을 내가 아는 것에서 끝나지 않고 다른 많은 사람들과 나누고 싶어졌다. 그렇게 많은 사람들과 할머니, 할아버지들이 소통할 수 있는 계기가 만들어졌으면 좋겠다.

나는 태어나자마자 성미산마을에서 살게 되었고 10년 넘게 성미산학교를 다니고 있다. 그래서 내 또래 아이들보다 다양한 사람들을 만날 기회가 많이 있었다. 이제 나는 고2가 된다. 내가 살아온 이 세상 밖으로 나가야 할 나이가 곧 찾아올 것이다. 지금까지 이어 왔던 관계들을 이렇게 정리하다 보니까 기대가 되고 설렌다. 일부러 관계를 만든다는 느낌이라기보다 그냥 지내다 보면 만들어지는 거라는 생각도 든다. 이렇게 '나눔'으로 이어진 인연들을 보면서 나는 그들과 함께 어떻게 살아가야 하나, 나는 무엇을 더 할 수 있을까, 어떤 사람으로 살아야 될까 하는 고민들이 생겼다. 졸업할 때까지 좋은 고민과 생각할 거리가 생겼으니 천천히 나만의 답을 만들어 가 봐야겠다.

# 응답하라, 성미산마을

## – 성미산학교 학생에서 다정한마켓의 마을 청년으로

**박민수**

1차 성미산 지키기 싸움이 한창일 때 어머니와 뜻이 맞는 어른들이 모여 반찬 가게인 동네부엌을 만들었고 이후에 성미산학교에서 중등과정(당시 교육과정상 9학년 졸업)을 마쳤습니다. 축구가 좋아 유학을 다녀왔지만 동네부엌 일을 돕는 게 더 좋아서 다시 마을로 돌아왔습니다. 동네부엌처럼 작은 가게들이 마을에서 오래 단골들과 관계하기를 바라면서 지금은 '다정한마켓'을 만들어 운영하고 있습니다. 가게들을 잇는 허브 역할을 통해 다양한 소상인들의 네트워크를 만들어 가고 있습니다.

## 성미산학교 2005

성미산학교를 다니게 된 이유는 내 의지보다는 부모님과 또래 친구들의 영향 때문이었다. 부모님들끼리 성미산을 지키면서 학교를 만들자고 의기투합하게 되었고 자연스럽게 나는 성미산학교를 다니게 되었다. 그리고 친했던 또래 친구들도 같이 다니게 된다 하니 괜찮겠다 싶었다. 그때는 학교의 교육과정이 굉장히 불안정했다. 그래서 자유로운 부분도 있었지만 문제도 많았다. 특히 관계가 좁았고 싸움도 많았다. 좀 더 많은 사람들과 관계를 맺고 싶고 다양한 친구를 사귀고 싶어서 일반 고등학교를 가게 되었다. 어려서부터 축구를 좋아해서 축구를 할 수 있는 학교로 가기를 원했던 이유도 있었다. 그렇게 성미산학교를 떠난 후 축구를 하고, 대학도 가게 되었다.

대학을 중퇴하고 잠깐 삼촌의 일을 도와주러 섬에 들어간 적이 있다. 솔직히 재미없었다. 섬에서 젊은 사람은 나 혼자였고 일은 고됐다. 어떻게 할까 고민하던 참에 동네부엌에서 배달하는 사람이 그만두게 되어 내가 하겠다고 했다. 섬에서 나올 수 있는 최선의 방법이기도 했고 그 전에 도와주던 경험도 있어서 뭔가 재미나게 일을 만들어 볼 수 있을 것 같았다. 그래서 마을에서 일을 시작하게 되었다. 때마침 성미산학교에서 몸 활동 교사가 필요하다고 교사 현영이 제안을 해 주어서 축구를 가르치게 되었다. 그렇게 하다 보니 또 다른 그룹에게도 축구를 가르칠 수 있게 되었다. 하지만 축구를 가르치면서 먹고살기는 어렵겠구나 하는 생각이 들었다. 축구를 매개로 일을 하는 건 좋았지만 경제적 기반이 만들어지기는 어려울 듯 보였다.

학교에서 축구 강사로 학생들과 관계를 맺으면서 지금의 학교가, 그리고 후배들이 부러워졌다. 학교에서 뭔가 하고 있는 것이 보이기도 하고, 그것을 본인들이 하고 싶어서 하는 게 아닐지는 몰라도, 해야 할 것들이 있고 할 수 있는 것들이 있을 테니까. 그러다 보면 하고 싶은 것도 찾을 수 있을 것이다. 내가 학교를 다닐 때와는 다른 안정감이 느껴졌다.

## 내가 할 수 있는 일의 의미

마을의 반찬 가게 동네부엌은 부모님이 하시는 일이라서 도와드리면서 익숙해진 일이다. 군대 가기 전에는 아르바이트 형식으로 일을 해 왔고, 제대하고 나서도 부모님의 일이니까 자연스럽게 도와드리게 되었다. 막연하게 의미도 있고 돈도 벌 수 있는 일인 것 같아 시작했는데, 생각해 보면 먹고 사는 일만큼 중요한 일이 있을까 싶었다. 하지만 동네부엌의 일은 생각만큼 만만하지 않았다. 납품, 발주, 포장, 배송, 회계, 기획 등 모든 일에 관여해야 했기 때문에 너무 힘들었다. 그중에서도 가장 힘들었던 것은 같이 고민하고 생각을 나눌 사람이 없다는 점이었다. 물론 동네부엌에서 같이 일하는 사람들이 모두 같은 지향과 가치관을 가지고 일을 할 수는 없다. 특히 조리를 담당하는 분들은 단가에 맞춰 요리를 해야 하고 대중의 선호에 따라 음식을 만들어야 한다. 나는 저염식 요리를 만들고 싶었고, 환자식이나 이유식 등도 개발하고 싶었다. 단가에 맞추기보다 먹는 사람들을 생각해서 요리를 만들고 싶었다. 하지만 요리는 내 전문 분야가 아니기 때문에 조리를 담당하는 분들에게 기대어 일을 할 수밖에 없었다. 이런 조건 때문에 내가 할 수 있는 게 별로 없다고 느끼게 되었고 비슷한 상황이 반복되면서 일에 대한 흥미가 점점 떨어졌다.

처음에는 조리사 자격증을 따 볼까 하는 고민도 했다. 하지만 얼마 전, 생각이 좀 정리되었다. 동네부엌이 하는 일이 의미 있지만 그것과 내가 할 수 있는 일의 의미는 다르다는 것이다. 동네부엌에서 하고자 하는 의미를 이해하고 발전시켜 나갈 수 있는 사람이 필요한데, 그게 나는 아닌 것 같다는 판단이 들었다.

돌이켜 생각해 보면, 지금 내가 하고 있는 일들은 성미산마을이나 성미산학교의 영향에서 비롯된 것이다. 성미산학교를 다닐 때 생태나 공동체에 대해서 배웠지만 전혀 관심이 없었다. 오히려 반발심이 들어 사고나 치고 다니기도 했다. 하지만 일반 고등학교로 전학을 가고 성미산학교 밖의 친구들을 만나면서 내가 그들과 다른 생각을 가지고 있다는 것을 깨달았다. 그 친구들은 대부분 돈을 벌기 위해 일하지만 나는 어떻게 하면 같이 잘 살아갈 수 있을까에 대해서 고민한다. 무엇이 중요한지에 대한 기준이 다르다고나 할까. 그 사실을 학교를 떠나서야 깨닫게 되었다. 무엇보다 지금도 고민이 있으면 찾아가 이야기를 나눌 선생님들이 있다는 게 가장 큰 재산이다. 내가 하고 싶은 일이나 잘할 수 있는 일들을 알려 주고 도와주려고 하는 선생님들이 계셔서 새로운 일을 계획하고 실험해 볼 수 있었다.

## 파는 사람과 사는 사람을 이어 주기

나는 본질적으로 재미를 추구한다. 뭔가를 할 때 재미와 흥미가 있느냐가 중요하다. 제대하고 나서 계속 어떻게 살아가야 할지에 대해서 고민해 왔다. 하지만 답을 내리기는 어려웠다. 다만 '어떤 사람이 되어야 할까' 그것을 놓치지 않고 계속 생각하면서 찾아가려고 했다. 그리고 함께 잘 살아가는 것을 꿈꿨다. 그것을 문장으로 표현하자면, 성미산학교의 철학처럼, '스스로 서서 서로를 살리는 삶'이라고 할 수 있을 것 같다.

그런 맥락에서 내가 하고 싶은 일이 있었다. 바로 쇼핑몰인데, 단순히 물건을 사고파는 일반적인 쇼핑몰이 아니다. 예를 들어 비누를 판다면 그 비누를 만든 사람이 왜 비누를 만들려고 했고, 무슨 생각을 하면서 물건을 만들었는지 그것에 대한 이야기를 나누고 싶었다. 물건을 만든 사람과 사는 사람을 연결해 주는 매개라고나 할까. 교사 심순에게 이런 고민을 이야기하면서 생각을 발전시켜 나갔다.

쇼핑물에 대한 구상을 해 나가던 중 우연히 '농사짓지 않는 농부들'이라는 강좌를 들었다. 농사펀드 farmingfund.co.kr 를 운영하고 있는 박종범 씨의 강의였는데, 나에게 많은 영감을 주었다. 농사펀드는 농부들에게 투자하고 이후 먹거리로 돌려받는 일종의 크라우드 펀딩이다. 농부들은 농사 자금을 지원받아 안정적으로 농사를 지을 수 있어 좋고 투자자들은 믿을 수 있는 먹거리를 시중보다 저렴한 값에 제공받을 수 있어 좋다. 농사펀드에 대한 이야기를 들으며 꼭 농사를 짓지 않아도 농작물에 대한 관심만 가지고 있으면 농사를 매개로 사람들을 연결시켜 줄 수 있다는 것을 알게 되었다. 성미산마을에는 더치커피공방과 비누두레 등이 있는데, 더치커피나 비누를 더 쉽고 편하게 구입할 수 있도록 유통을 해 볼 수 있을 것 같다는 생각이 들었다. 내가 일했던 동네부엌만 해도 울림두레생협에만 납품을 하고 있다. 전국에 생협 매장은 많이 있지만 생협 제품 인증을 받으려면 들여야 하는 수고와 비용이 만만치 않고, 거기에 더해 규모까지 갖추려면 자본이 많이 필요하다. 규모나 자본이 되지 않는 작은 가게들을 연결하고 단골을 만들어 주면 성미산마을의 살림살이에도 도움이 되지 않을까? 생각만 하지 말고 실행에 옮겨 보기로 했다. 그렇게 해서 소상인들을 연결하는 허브 역할을 하는 다정한마켓을 열게 되었다.

### 그래서 다정한마켓

본격적으로 생각을 구체화하고 같이 일할 동료를 찾았다. 성미산학교에서 중학교를 졸업했던 박상호와 그때 담임이었던 심순과 시작을 함께했다. 마침 상호도 심순도 그 전에 하던 일을 그만두고 새로운 일을 찾고 있었기 때문에 어느 때보다 절실하게 함께 일을 도모할 수 있게 되었다. 마을로 다시 돌아온 청년과 성미산학교를 그만둔 교사가 마을에서 일을 같이 하는 것 자체가 뜻 깊고 좋은 일이 될 거라는 믿음이 있었다. 우리가 하려고 하는 일의 지향과 방향에 대해 이야기를 나누고 공부해 나가면서 중학교 때의 학생-교사 관계를 넘어 새로운 동료 관계가 되는 것이 신기하기도 했다.

다정한마켓은 자신의 철학을 가지고 건강하고 신뢰할 수 있는 제품이나 서비스를 생산하고 있는 생산자, 소상공인들을 소비자와 연결하는 일에 중점을 둔다. 준비 기간을 거쳐 2016년 4월, 드디어 다정한마켓storefarm.naver.com/djmarket의 문을 열었다. 그 후 지금까지 생산자나 소상공인들의 이야기와 제품을 소개하여 소비자와 연결하고, 이분들에게 활력을 줄 수 있는 프로젝트를 기획해서 진행하고 있다. 온라인 매장을 처음 열어 보기 때문에 여러 사람들의 도움이 필요했다. 인맥을 총동원하여 전자 상거래에 대해 조언을 해 줄 분들과 웹페이지 디자인 작업을 해 줄 분들을 만났다. 식품 가공 유통에 대한 공부도 했다. 생각보다 쉬운 일이 아니었다. 이래저래 많은 법들과 조건들을 감안하면서 다정한마켓에서 할 수 있는 일들의 수위를 조절하고 가능한 조건들을 만드는 일이 급선무였다.

그렇게 해서 처음 마켓에서 판매하기 시작한 것은 마을의 비누두레에서 만든 비누이다. 비누에 더해 만드는 사람들의 이야기를 담았다. 그 이후에 성미산좋은날협동조합에서 만드는 더치커피와 더 성미산마을축제에 참여한 다정한마켓.
이야기를 통해 판매자와 소비자를 연결해 주는 매개자가 되고 싶다.
"다정이 지나치면 병이 난다고요? 우리는 다정하면 병이 나아요!"

치커피를 만드는 사람들의 이야기를 나누기도 했다. 온라인과 오프라인을 결합한 프로젝트를 진행하기도 했는데 인상 깊었던 것은 성미산밥상과 함께한 토요일 점심 메뉴였다. 성미산밥상의 운영 방식이 여러 가지 식사 메뉴를 내던 방식에서 뷔페 형식으로 바뀌면서 사람들에게 많이 알려야 할 필요가 있던 때였다. 페이스북www.facebook.com/dajunghanmarket과 블로그blog.naver.com/dajunghanmarket를 통해 다음과 같이 홍보를 했다.

### 성미산밥상을 소개합니다

서울 마포구 성산동 성미산 아래에는 성미산밥상이라는 밥집이 있습니다. 성미산밥상은 신선한 국내산 재료로 만든 한식 뷔페와 특색 있는 요리 메뉴들이 있는 동네 밥집입니다.

성미산밥상에는 김 요리사님이 계십니다. 10년 전 김 요리사님은 요리에 관심이 많은 회사원이었습니다. 그는 동료와 함께 회사 식비를 모아 금요일에 2만 원 정도 하는 점심 정식을 먹으러 가기 위해, 월요일부터 목요일까지 도시락을 싸 다니곤 했습니다. 금요일의 맛있는 점심은 단조로운 회사 생활의 활력소였습니다. (……)

김 요리사님의 요리를 맛본 친구들과 지인들은 식당 한번 차려 보라고 이야기하곤 했습니다. 그런 이야기를 하던 사람들이 십시일반 돈을 모아 성미산밥상을 시작하게 되었습니다. 성미산밥상에서 신선한 재료로 만든 건강한 식사를 이웃들에게 만들어 주고 싶었습니다.

요리 철학이 무엇이냐는 질문에 김 요리사님은 "그냥 이웃들과 함께 먹던 맛있는 음식을 나누고 싶었어요. 자식이나 아는 사람들에게 대접한다는 마음으로 만들고 싶어요"라고 대답하십니다. 김 요리사님의 대답에서 소박함과 진정성이 느껴집니다. (……)

성미산밥상은 한때 운영에 어려움을 겪기도 했습니다. 고민 끝에 단품 요리에서 한식 뷔페로 메뉴를 바꾸었습니다. 김 요리사님은 "단품 요리에서 한식 뷔페로 전환하고 나서 많은 사람들이 찾아와 주신다. 옛날에는 안 오시던 동네분들도 많이 오셔서 이런 게 진짜 마을 식당이 아닌가 하는 생각이 든다"고 이야기하십니다.

어떨 때 보람을 느끼시는지 성미산밥상 직원분들께 여쭤보았습니다. "남기지 않고 맛있게 먹어 주시는 게 제일 기분 좋죠. 매일매일 다르게 골라 먹는 재미가 있도록 식단에 신경 쓰고 있어요." 이웃들에게 건강한 식사를 제공하기 위해 노력하는 성미산밥상의 주방은 바쁜 와중에도 미소를 잃지 않습니다.

"많은 것은 바라지 않아요. 성미산밥상이 동네 밥상으로 오랫동안 남아 있으면 좋겠어요." 김 요리사님과 성미산밥상 직원들의 바람은 소박합니다. 정성껏 준비한 건강한 음식을 사람들이 맛있게 먹어 주는 것. 그렇게 오랫동안 이웃들과 함께하는 것입니다.


성미산밥상에서는 새로운 시도를 해 보기 위해 아버지와 아들이 함께 만든 비프스튜 메뉴를 한정 판매하기도 했다. 기존의 메뉴에 특별한 메뉴를 첨가해서 진행하는 것이라 손이 더 가기는 했지만 내 후배이기도 한 김준서가 아빠인 김 요리사 곁에서 조리사로서 한몫을 해 주었다. 최근에는 아점 세트 메뉴를 개발하여 배달을 하기도 했다. 다정한마켓을 준비하면서 지인분들을 만나 여러 조언을 들었는데 그중 어떤 아버님이 주말 아침을 누가 배달 좀 해 주면 좋겠다는 이야기를 하셨다. 해 먹기는 피곤하고, 나가서 사 먹자니 마땅치 않고, 브런치는 너무 비싸다며. 요새 맞벌이하는 분들도 많으니 주말 아점이 필요한 분들이 많을 것 같다는 생각이 들었다. 그래서 시범 프로그램으로 한 달 동안 다양한 브런치를 맛볼 수 있는 배달 서비스를 기획하게 되었다.

서비스의 정식 이름은 '다정한 아점 배달'인데, 브런치보다는 조금 소박한 느낌을 주고 싶어 '아점'이라고 이름을 붙여 보았다. 아점 배달은 4주 동안 각각 다른 네 가지 메뉴를 배달하는데, 까르보나라 샌드위치, 단호박 스프, 라따뚜이, 브리또를 샐러드나 스프, 빵과 함께 세트 메뉴로 구성해서 배달하고 있다. 연남동 마을시장 따뜻한 남쪽에서 만난 생산자분인 연희 샌드위치 윤이나 님, 성미산학교 학생이자 요리사의 꿈을 갖고 있는 김준서, 성미산마을 주민이자 소문난 동네 요리사인 이은영 님, 서울 여러 대학과 마포구 일대 돌봄 교실에 급식을 제공하고 있는 주식회사 코노니아가 아점 배달에 함께하고 있다. 이번 서비스가 끝나면 신청해 준 분들에게 꼼꼼히 피드백을 받아 다음에는 더 나은 서비스를 제공하고 싶다.

장기적으로는 이렇게 좋은 소상공인들을 지속적으로 소개하고 알리는 작업을 통해 생산자들은 자신의 철학과 가치를 포기하지 않고 생산을 지속할 수 있고, 소비자들은 건강하고 신뢰할 수 있는 제품을 만날 수 있는, 서로 도움이 되는 네트워크를 만들어 가고 싶다. 어떻게 보면 무모하게 도전하고 있는 우리들을 좋게 봐 주신 많은 분들 덕분에 다정한마켓이 만들어져 가고 있다. 생산자분들은 무턱대고 찾아온 청년들에게 손을 내밀어 주고 응원을 많이 해 주셨다. 한번은 따뜻한 남쪽에 다정한마켓이 참여한 적이 있는데 그 과정에서 비누두레에 너무 많은 양을 발주했다. 전날 밤 12시경 비누두레 불이 켜져 있길래 들어가 보니 그때까지 작업을 하고 계셨다. 늦게까지 고생하고 있는 비누두레를 위해 '완판'하겠다는 각오로 프리마켓에 참여했지만 생각보다 쉽지 않았다. 천연 비누 중에 전혀 못 판 물건도 있었다. 다음 날 물건을 반납하러 비누두레에 갔을 때 정말 면목도 없고 죄송했지만, 오히려 비누두레 분들은 다정한마켓을 응원해 주며 고맙다고 이야기해 주셨다.

내 꿈은 마포에 있는 소상공인들은 '내 물건은 먼저 다정한마켓에서 팔아야지' 하고 생각하고, 소비자분들은 '다정한마켓에서 산 물건은 참 좋아, 믿을 수 있고. 이번 주엔 어떤 물건이 나왔을까?' 하고 생각하게 되는 곳을 만드는 것이다. 다정한마켓이 그런 곳이 되면 좋겠다.

다정한마켓이 가능한 데는 성미산마을이 있었기 때문이며, 그곳에 여전히 다정한 관계가 있었기 때문이다. 하고 싶은 일을 지지하고 응원해 주는, 그리고 실제로 그 일이 현실화되는 데 도움을 줄 수 있는 이웃들이 있었다. 그냥 흘려들을 수도 있었던 나의 제안이 지금은 누군가에게 필요한 일이 되었고 함께 만들어 가는 일이 되었다. 그게 내가 마을에 대해 가지는 자부심이며 앞으로도 일을 할 때 가져가야 할 믿음이 될 것이다.

# 아이의 어깨너머로 배우다

## – 반찬 나눔, 그리고 함께 전환하기 모임

**그래그래(이옥자)**
젊은 날, 어설프게 대안학교 교사가 되고 싶었습니다. 그 꿈으로 자녀 둘을 성미산학교에 보냈습니다. 자녀들이 학교에서 배우는 것을 보면서 부러워하고 있습니다. 자녀들이 배운 것을 나 또한 배운다면 지금보다 괜찮은 사람이 되어 있지 않을까 생각합니다.

### 12년째 재학 중

나는 성미산학교 1학년부터 시작하여 현재 12학년에 재학 중인 큰딸 오선재의 엄마다. 작은딸 연재는 같은 학교 8학년에 다닌다. 12년을 다니고 졸업을 앞둔 큰아이를 보고 있으면 제 앞가림 정도는 하면서 살 것 같아 기특하고 든든하다. 성장한 아이 속에 성미산학교의 역사가 보인다. 참 고마운 학교다.

학교가 만들어지는 동안, 그리고 아이가 커 가는 시간 속에서 나도 참 많이 느끼고 배웠다. 솔직히 나는 아이와 갈등을 겪는 게 싫었다. 그래서 피했다. 아이가 못마땅하면 나는 말투가 달라졌고 아이는 쉽게 알아채고 방어를 했다. 대화가 원활하게 이루어질 수가 없었다. 아이와 좋은 관계를 유지하고 싶었기에 부족한 부분은 눈감고 좋은 부분만 보려고 노력했다. 아이들이 안 씻고 안 치워도, 게으르게 텔레비전만 종일 봐도 웬만하면 그냥 넘겨 왔다. 그럴 수 있었던 건 나와 우리 가족 외에 좋은 친구들과 이웃, 그리고 학교가 있었기 때문이다. 딸들 곁에는 언제나 씻으라고 해 주는 친구, 치워 주는 친구, 부지런하게 무언가 하자고 부추기는 친구들과 어른들이 있었다. 100일 학교 프로젝트나 저탄소 여행, 탈핵 도보 여행, 해외 이동학습 등 집을 떠나 함께 살면서 터득한 삶의 감각 덕분에 지금은 어느 정도 자기 앞가림 정도는 하는 것 같아 다행이다. 내가 이래라 저래라 하지 않아도 지금은 자기 할 일을 알아서 하기도 하고 앞으로는 더 나아질 거라는 기대가 있으니 이 정도면 괜찮지 않을까 생각한다. 엄마인 나도 그 전보다 더 잘 살아가기 위해 노력하고 있고 조금씩 나아지고 있다.

나는 왜 성미산학교를 찾아왔을까? 단순했던 나의 학창 시절과 관련되어 있다. 나는 중·고등학교 시절에 대한 추억이 없다. 학교와 집만을 오갔고 한두 친구하고만 어울렸다. 단순했던 학교생활이 아쉽고 안타까워서 선재는 다양하고 자유롭게 배우고 즐겼으면 했다. 돌이켜보니 선재가 그렇게 지내는 것 같아 만족스럽다. 지금의 학교생활이 어른이 되었을 때 좋은 추억이 될 거라 생각한다. 물건이 어떻게 만들어져서 내가 쓰고 있는지, 흙 속의 미생물은 무얼 먹고 사는지, 도시 양봉을 할 때 겨울나기는 어떻게 해 주어야 하는지, 마을에서 축제 때 무엇을 하기로 했는지, 친구들과 밀양 할머니들과 감을 따면서 무슨 이야기를 나눴는지 등 이야기만 들어도 흐뭇하고 즐거운 일들이 상상이 된다. 그래서 이상하게도 단 한 번도 일반 학교를 선택하지 못한 데 대한 미련이나 다른 길을 선택한 것에 대한 불안함은 없었던 것 같다. 선재가 하는 이야기를 들으며 '아, 그렇구나' 하면서 뒤따라 느끼게 되고 한 발짝 늦게나마 공부를 좇아 하게 된다.

### 이전과는 다른 기대

나는 딸의 교육을 위해 대안교육, 대안학교를 선택했다. 현 제도

권 교육에 반하여 선택하였지만 구체적인 것은 몰랐다. 나는 잘 몰랐기 때문에 학교를 믿었다. 우리가 나아갈 방향이 생태마을이라는 것에 동의한다. 그렇지만 또 한편으로는 입시와 상관없이 도시에서 배우는 생태교육이 얼마나 유효한지 가끔 의문이 들기도 했다.

2011년 후쿠시마 핵발전소 사고 이후 학교는 생태 학교에 대한 색깔을 더 뚜렷하게 내세우게 되었다. 나는 흔히 생태 하면 농사만 떠올렸고 도시에서 농사를 짓는다는 것이 삶과 일치되지 않고 억지스럽다고 생각했다. 생태교육과정에 대해 설명을 들을 때만 해도 선뜻 와 닿지 않았다. 하지만 선재가 배우는 것을 곁에서 지켜보면서 넓은 의미의 생태를 이해하기 시작했다. 탈핵 도보 여행, 농장학교, 버뮤다 삼각텃밭, 절전소 프로젝트, 되살림가게, 돌봄 그리고 협동조합……. 이러한 것들이 생태 안에 있다고 자연스럽게 받아들이기까지 시간이 오래 걸렸다. 선재가 배우는 것들이 생태와 어떤 연관이 있는지 이해하기는 어려웠지만 선재의 경험과 배움 하나하나가 내 마음을 설레게 했고, 앞으로 선재가 살아갈 마을이 그려졌고, 선재의 앞날이 상상이 되기 시작했다. 나 또한 선재처럼 송전탑 반대 싸움을 하는 밀양 할머니들을 만나러 도보 여행도 가고, 친구들과 세 끼 밥을 해 먹고 농사도 짓는 자립 생활을 살아 보고 싶고, 마을성이 살아 있는 오지 나라에도 가고 싶다. 선재의 경험과 배움을 통해 내 삶에 대한 상상력이 확장됨을 느낀다.

그럼에도 불구하고 아직도 내 삶과 생태적 삶이 잘 연결되지는 않는다. 그래서 꾸준하게 배우려고 노력한다. 가장 많이 배우는 때는 교장 스콜라와의 대화 시간이나 아이들의 발표회 시간이다. 교사들과 학생들이 어떻게 사회를 인식하고 어떤 삶을 지향하며 구체적으로 지금 무엇을 하고 있는지 자세히 들어야 학교 교육과정의 맥락을 이해할 수 있다. 가끔 스콜라가 인용한 책들이나 학생들이 읽어야 할 필독서들을 혼자 찾아 읽었다. 그러면서 선재가 하는 말을 이해할 수 있게 되었고 학교에서 무엇을 지향하고 있는지 수긍이 되었다. 아이들의 자산은 좋은 사람과 함께하는 것이고 좋은 사람은 좋은 일을 하는 곳에 있다는 것. 좋아하는 일을 찾아 사회로 나가야 한다고 생각할 때보다 좋은 사람과 좋은 일을 한다고 생각하니 선재가 마을에서 작은 역할로 살아도 행복할 거라는 생각이 들었다. 나는 이제야 선재가 성미산학교를 졸업한 이후에 무얼 하면서 어떻게 살아갈 것인지 고민하기 시작했는데 선재는 이미 사회적 경제에 대해 공부하며 협동조합을 만들었다. 좋은 일을 하며 먹고사는 문제도 해결할 수 있는 새로운 일을 만든 것이다. '그렇게 살아가도 괜찮겠구나'를 느끼면서 동시에 내 삶의 방식으로 선재의 삶을 상상해서는 안 되겠구나 깨달았다.

### 천천히 뒤따라가다

그래서 나도 무언가 해야겠다고 느꼈다. 처음 시작한 일은 마을의 홀몸 어르신들을 위한 반찬 나눔 활동이다. 이 마을에 이사를 오고 나서 마포연대라는 곳의 활동에 참여했는데 지금은 마포희망나눔이라는 지역의 복지단체로 자리 잡게 된 곳이다. 그때 지역 어

마포 지역 복지단체인 마포희망나눔과 함께
홀몸 어르신들을 위한 반찬 나눔 활동을 하고 있다.
이제는 손발이 척척 맞는 딸들과 함께
내가 꿈꾸는 삶을 만들어 간다.

사진 제공 : 마포희망나눔

르신들을 대상으로 무엇을 같이 할 수 있을지 고민하면서 필요한 것을 조사했는데 반찬이 필요하다고 하셨다. 그래서 우리 집 부엌에 모여 월 2회 반찬을 만들기로 했다. 처음엔 마포희망나눔의 설현정 활동가와 마을 주민 두 명, 그리고 가족들이 도와주어서 시작할 수 있었다. 전날 장 본 것을 손질하고 조리해서 2시간 동안 서너 가지 반찬을 만들면 남편이 퇴근해서 돌아와 어르신들께 배달하였다. 그렇게 입소문이 나면서 반찬 나눔에 동참하고 싶어 했던 현지 엄마 긍정이 따로 반찬을 만들어 보태 줬고, 나중엔 각자 집에서 한 가지씩 반찬을 만들어 모으는 방법으로 바뀌었다. 그렇게 하면서 반찬 만드는 일이 좀 수월해지기 시작했고 반찬 가짓수도 다양해졌다. 그래서 지금까지 10년 넘게 오래 반찬 나눔 활동을 이어 올 수가 있었다.

그렇게 학부모들 중심으로 반찬 나눔 활동을 하고 있을 때 학교에서 프로젝트로 '할머니의 밥상'을 하면서 아이들도 어르신들에게 반찬을 만들어 드리게 되었다. 나는 반찬만 만들었고 연재는 아빠 따라 배달을 다녔고 선재는 학교에서 '할머니의 밥상' 프로젝트로 같은 어르신을 만났다. 아이들은 어르신이 간식을 주었다고 자랑하기도 하고, 하루는 할머니 댁에 문패를 달아 드렸다고 뿌듯해하기도 했다. 나도 내가 만나는 어르신들에 대한 이야기를 선재와 나누면서 서로 하는 일에 대해 보람을 나누기도 하고 고민을 공유하기도 하였다. 더운 여름 찾아가니 손님 왔다고 당신은 참고 있던 선풍기를 틀어 주셔서 미안했다는 이야기를 서로 나누기도 했다. 그 후 남편은 직장 일이 바빠서 그만두고 선재는 프로젝트가 바뀌면서 못

하고 나만 지금까지 하고 있다. 나에겐 그 일이 쉽게 그만두지 못할 중요한 인연이자 좋은 의무감으로 해야 하는 일의 우선순위가 되었다. 물론 그 후로도 두 딸 선재와 연재는 내 손을 거든다. 재료 손질을 하고 있으면 슬쩍 옆에 앉아 돕기도 하고 부족한 재료는 사 오기도 하고, 마포희망나눔까지 갖다 주는 일도 군말 없이 한다. 말하지 않아도 공유하는 이 순간이 좋다. 반찬 나눔 활동 이후 선재가 학교에서 배우는 것들이 대부분 내 관심사가 되어 갔다. 옆에서 들여다보고 귀동냥하기도 하면서 모르는 것은 묻는데 들어도 확 와닿지 않을 때가 많다. 나는 천천히 가고 선재는 성큼성큼 나아간다. 어느 사이 아이들은 이제 내 앞에서 내가 갈 길을 보여 주고 있다.

 선재가 동료들과 함께 생각을 나누고 앞날을 상상하고 실험하는 걸 옆에서 지켜보면서 나도 함께 무언가를 해야겠다고 다짐하게 되었다. 생태적 삶에 대해 꾸준히 관심을 가져왔는데 공부하면서 더 분명하게 현 문명을 덜 누려야겠다고 결심하게 되었다. 실천은 우선 에너지를 덜 쓰는 것이었다. 집에 있는 전기 제품엔 대기 전력 차단 멀티탭을 달고, 전등은 LED로 바꾸고, 잘 안 쓰는 가전제품을 처분하고, 가능한 한 수동 제품을 골랐다. 개인이 할 수 있는 것은 다 했다. 더 실천할 것이 없어 어떻게 해야 할지 답답할 때 만난 게 학교에서 시작한 '함께 전환하기 모임'이다. 전환마을에 대한 상상을 같이 나누고 우리가 지금 여기에서 할 수 있고 해 보면 좋을 것들을 이야기하고, 같이 공부하고 실험해 보면서 1년 동안 모임을 만들어 왔다. 한 달에 한 번 정기적으로 주제를 정해 공부하고 워크숍을 열기도 했는데, 먼저 경험한 사람이 나서거나 학생들이 학부모나 마을 주민들을 대상으로 가르쳐 주기도 했다. 음식물로 퇴비 만드는 법을 배우고 난 후 집에서 음식물로 퇴비도 만들어 보고, 태양광 충전기와 LED 스탠드도 만들었다. 우리 집에 태양광 발전기를 달아 전기를 생산해서 써 보기도 했다. 무언가 같이 생각을 나누니 마을에서 할 수 있는 일들이 많아졌다. 뜻이 있는 사람들이 모이니 힘이 생기고 든든했다.

  2011년, 후쿠시마 핵발전소 사고가 났을 때 모두들 놀라고 무서워했다. 방사능으로 인해 어떤 피해를 입게 될지, 어떻게 하면 방사능으로부터 안전할 수 있을지에 대한 각종 정보들이 쏟아졌다. 우리만 살겠다는 이런 정보들이 불편했다. 오히려 핵발전소를 걱정하던 사람들은 침착했다. 정기적으로 보던 녹색연합 정보들이 나를 안심시켰다. 3월에 사고가 났으니 땅에 풀들이 조금씩 자라던 때였다. 화단에 돋아난 어린 풀을 보는데 세상일에 아랑곳없이 할 일을 다 하는 모습으로 보였다. 약한 것 같지만 강한 풀처럼 살고 싶었다. 땅과 농부에 대한 동경이 생겼다. 그해, 7학년이 된 선재는 나에게 자신이 무엇이 되면 좋겠냐고 물었다. 나는 아이에게 농부가 되면 좋겠다고 말했다. 그때 선재에겐 뜬금없는 말이었는데 6년이 지난 지금 아이는 반농반X를 꿈꾼다. 올해 강원도 홍천의 농장학교에서 해외 이동학습 때 인도에서 받아 온 옥수수를 키우고 논농사를 지었다. 그리고 내년을 위해 채종을 했다.

  지난 12년 동안 두 자녀를 학교에 보내는 부모로서 학교 구성원들을 존중하고 신뢰한다. 완벽해서가 아니다. 그들이 진심으로 고민하고 노력하기 때문이다. 교육과정의 큰 흐름을 바꾸거나 형식을 바꿀 때에도 그들이 얼마나 고민하고 신중했을까가 먼저 떠오른다. 크고 작은 변화를 시도할 때는 그 의미를 헤아리지 못하였는데 지나고 보니 맥락과 흐름이 보였다.

선재와 연재, 두 아이를 이곳에 처음 데려온 것은 부모인 우리지만 그동안 아이들은 우리가 상상 못 했던 길을 걸어왔다. 앞으로 나아갈 길도 궁금하다. 학교와 교사가 꿈꾸는 이상이 아이들 가슴속에 꽃피고 열매 맺기를 희망한다.

## 불편하나 자유로운 삶

### - 벗들과 모여 책을 읽고 기술을 배우다

**박사(홍순성)**
8학년과 6학년에 재학 중인 아이들의 학부모이자 교육공동체 벗의 조합원입니다. 서로 협력하는 공동체적 삶에 희망을 두고 나름 노력 중입니다. 앎과 삶의 괴리에 갈등하며 조금씩 격차를 줄이려 하나 해는 저물고 갈 길은 머니 마음만 급합니다.

## 자연이 희소해진 시대

내가 사는 동네에는 해발 66미터의 작은 산이 있다. 바로 성미산이다. 근처 어린이집 아이들의 놀이터이고 어르신들의 건강을 위한 운동 장소다. 일종의 생태적 공유지로 자연의 순환이 쉼 없이 일어나는 장소다. 콘크리트 건물들로 즐비한 삭막한 도시에서 이 작은 산은 사막의 오아시스처럼 생명들이 살아가는 터전이다. 이런 작은 산에다 이른바 '명품 학교'를 짓겠다며 한 사학재단이 나섰다. 학교=공익이라는 명분을 내세울 뿐 부동산 개발업자와 다를 바 없는 사학재단의 의도에 성미산을 지켜야 한다는 공동체는 절박하게 반대했다. 성미산학교를 포함한 성미산공동체는 2010년 몇 개월을 산을 지키기 위해서 싸웠다. 학교 건물은 결국 들어섰지만 그런 싸움의 노력으로 사유지를 지자체의 예산으로 구매하여 생태 공원화해서 재발 가능한 개발의 위협에서 벗어날 수 있게 되었다. 성미산을 지키려는 공동체의 다양한 노력은 다큐멘터리 영화(강석필 감독, 〈춤추는 숲〉, 2012)로 만들어지기도 했다. 성미산 공터에 꾸려진 농성장에서 다른 학부모들과 함께 영화를 보았다. 불도저로 밀어 버려 공터로 바뀐 자리, 작은 나무 한 그루가 겨우 남아 있다. 살덩이가 떨어진 뼈처럼 드러난 마른 뿌리에 흙을 덮어 주며 영화감독에게 "생명에는 주인이 없어요, 생명에는 주인이 없는데……. 우리가 진다면 돈에 진 것"이라고 말하는 장면을 보면서 나는 생태적 교육이 어떤 것인지 처음 느꼈다.

시간은 흘러 2015년, 여전히 성미산에서 오소리와 족제비, 각종 새들을 보았다는 말을 전해 들었다. 새들이 성미산 숲에만 사는 것은 아니다. 어느 집 마당, 나무 한 그루에 참새가 떼로 몰려와서 날갯짓을 하는 광경을 아직은 볼 수 있다. 아내는 새들의 먹이인 벌레며 씨앗이 귀하니 집 마당의 나무 한 그루에 잔뜩 몰려 있다며 점점 마당이 있는 집이 없어지는 경향을 아쉬워한다. 아쉽기는 하지만 아직 동네는 살 만하다. 당분간은 그럴지도 모른다.

하지만 다음 세대는 어떨까. 우리는 맑고 깨끗한 공기와 물을 원하지만, 이미 미세 먼지와 매연이 가득한 공기를 호흡하고 오염을 정화한 물을 마신다. 건강한 삶이 좋은 자연환경에서 시작한다는 것을 알면서 자연이 희소해지는 현실은 외면하고 산다. 도시를 떠나서 심산유곡에 가면 맑고 깨끗한 공기로 호흡할 수 있겠지만, 사방 천지가 핵 방사능에 오염되었다면 어떨까. 해수면이 땅보다 높아지면 어떨까. 바티칸의 프란치스코 교황께서 경고하신 것처럼 기후 변화는 예상 불가능한 생물의 멸종을 가져올 수 있을 것이다. 천둥과 벼락, 태풍, 지진 등 자연의 흉폭은 여전하지만 인간은 더 이상 동굴 속으로 피하지 않는다. 자연과의 투쟁을 인간 진보의 역사라고 말하는 사람들도 있지만, 인간 종種이 파국에서 예외적일 수 있을까. 우리가 생태적 복원을 위해 어떤 노력을 하여도 이미 파국은 시작되었고 그것을 되돌릴 수는 없다는 비관론이 기우라면 얼마나 좋을까. 어쨌든 무엇인가 하기는 해야 하는데 내가 할 수 있는 것은 무엇인가.

### '일반' 학교가 아닌 '대안' 학교

7년 전, 취학 통지서를 보지도 않고 큰아이를 미인가 대안학교의 초등과정에 입학시켰다. 초등학교까지 '일제고사'를 치도록 하겠다는 공약을 건 후보가 서울시 교육감에 당선된 게 제일 큰 이유였다. 그 전에 나는 학교가 학생들에게 경쟁을 내면화시키는 장소가 되었다고 의심하고 있었지만, 여러 가지 이유로 지정된 초등학교로 진학시키려고 했다. 나에게 그 후보의 당선은 경쟁과 서열화에 더 강하게 고삐를 쥐겠다는 끔찍한 소리로밖에는 이해되지 않았다. 국가적인 학습 성취도를 측정하기 위해서 시험을 본다고 하지만, 순수한 측정으로 끝나지 않고 숫자를 통해서 학교 구성원들(교사, 학생, 학부모들)을 쉽게 통제하려는 이면의 의도는 분명했다. 제임스 스콧의 말처럼 "가독 불가능한 사회는 효과적인 국가 개입을 방해"《국가처럼 보기》한다고 믿는 관료들 아닌가. 결과적으로 경쟁은 심화될 것이고 이미 행복하지 않은 장소가 더 행복하지 않은 곳이 될 것이라는 결론에 쉽게 도달했다.

나는 아이를 '일반' 학교에 보내고 싶지 않았다. 마을에 있는 '대안'학교에서 다른 길을 찾기로 했다. 아무리 조숙하다 해도 7, 8세 학령기의 아이가 자신의 진로를 선택할 수 없다는 것은 분명하다. 경제적 자립이 불가능한 연령에서 진로 선택은 '아이의 의견을 존중'하더라도 결국 친권자인 부모의 선택이다. 지독한 학벌 사회에서 학력 인정이 안 되는 미인가 대안학교를 나온 아이들이 어떤 불이익을 감수해야 할지 면밀하게 살피지 못한 채 성미산학교에 입학을 결정했다.

부모가 되기 전, 나는 학교를 졸업하고 직업을 구해 생업에 종사하는 대부분의 경우처럼 개인화·원자화된 생활을 의식하지 못하고 살았다. 그러던 차에 결혼하여 부모가 되고 육아 문제에 부딪혔다. 육아를 함께하는 공동체적 보육을 통해서 그 문제를 풀기로 했고 몇 번의 긍정적인 경험을 통해 '함께하는 힘'의 위력을 알았다. 대안학교를 선택한 데는 공동육아를 통해서 맛본 협동하는 대안적 삶에 대한 무모한 기대가 한몫을 했던 것 같다. 하지만 선택은 숙명처럼 계속되는 법이고, 선택의 주체가 부모가 아닌 연령은 금방 다가올 터이니, 원망을 듣지나 않을까 고민이 되지 않을 수 없다.

### 반성의 계기, 공부의 계기

큰아이를 입학시킬 당시 나는 어떤 사람이었을까? 나는 대안이 무엇인지, 생태가 무엇인지 잘 알지도 못하면서 대안학교의 학부모가 되었다. 앞에서 언급했던 배움이 필요한 상태에서 학교가 말하는 대안에 대한 관심을 갖고 있었으나, 본격적으로 공부를 시작한 것은 2011년 3월 11일 이후였다. 후쿠시마 핵발전소 폭발 사고가 일어난 후에야 비극적인 재앙이 우리의 도처에 잠재하고 있다는 섬뜩한 사실을 느끼게 된 것이다. 대재앙이 터진 후 나는 혼란스러웠고 시간이 지나자 나의 문제가 보이기 시작했다.

우선, 재앙이 현실로 드러나기 전까지 절대로 안전하다는 신화화된 거짓을 믿었다는 것이다. '첨단 기술=안전'이라고 주장하지만 사실은 인간의 통제 영역을 벗어나면 언제든지, 그 후유증을 알지도 못할 미증유의 재앙이 도래함에도 '안전하다니 안전하다고 믿은' 나 자신에게 분노했다. 그때까지 나는 과학 기술을 인류가 진보해 온 업적의 영역이라고 믿었고, 과학 기술에 의해 핵발전의 위험이 충분히 통제 가능하다고 알고 있었다. 그러한 전제하에 핵발전은 '값싸고 깨끗한' 에너지라고 믿었던 인식이 완전히 붕괴되었다. 다른 하나는 은폐된 진실을 양심으로 폭로한 학자며 운동가들이 쓴 책과 자료가 많이 있었음에도 신기루를 실체로 알고 있었던 나의 무지가 부끄러웠다. 내가 일상에서 누리는 안락이 인간이 결코 완전하게 통제할 수 없는 불안정한 기술에서 나온다는 것을 깨달은 것이다.

그래서 교육 담론을 생산하는 교육공동체 벗의 조합원이 되고, 《녹색평론》 독자도 되고, 과거 육아를 같이했던 마을의 지인들과 이런저런 이야기를 나누고 고민하는 책 읽기 모임도 시작하게 되었다. 대안 사회와 공동체에 대한 고민으로 시작한 책 읽기 모임은 자연스럽게 환경과 생태뿐 아니라 다양한 주제를 다루되 그에 따라서 실천적으로 할 수 있는 것이 무엇인지 모색하게 된다. 작은 모임이지만 꾸준히 교육, 정치, 공동체, 역사, 페미니즘을 이야기하면서 사회를 바꾸는 노력을 각자 하고 있다.

1960년대 루이스 멈포드는 기술을 두 가지로 나눴다고 한다. 하나는 시스템 중심적이고 엄청난 힘을 가졌지만 내적으로 불안정한 '권위적 기술'이고 다른 하나는 사람 중심적이고 상대적으로 약하지만 융통성이 있고 오래가는 '민주적 기술'이다(《기계의 신화》). 핵발전소의 원자로는 대표적인 권위적 기술이다. 지구의 날Earth Day을 주창한 데니스 헤이즈는 "핵발전소를 늘리는 것은 사회를 권위주의로 이끌어 가게 되어 있다"고 말했는데 밀양의 '765kV 송전탑 반대', 영덕의 '핵발전소 반대 주민 투표'를 둘러싼 국가=한전의 경직된 권위주의, 반민주적 공권력이 그 사례가 될 것이다. 우리는 권위적 기술의 불안정이 초래하는 가공할 위험을 후쿠시마 대진재大津災를 통해서 여실히 보았고 단순한 과학 기술의 문제가 아니라 정치적 문제임을 깨달았다. 핵발전소 문제는 정치 문제라고 생각하기 때문에 평화 생태 정당인 녹색당의 당원이 되었다. 하지만, 여전히 대도시의 시민으로 안락하지만 구속된 삶에 안주하고 있다. 불편하나 자유로운 삶을 꿈꾸지만 아직 실천하지 못하는 것이다.

## 안락하나 구속된 삶

인간이 자동차 때문에 두 다리를 잃었다는 이반 일리치의 말은 편리함 때문에 인간이 무엇을 잃었는지 성찰케 한다. 그는 현대인은 어디서나 감옥에 갇힌 수인이라면서 시간을 빼앗는 자동차, 학생을 바보로 만드는 학교, 병을 만드는 병원에 수용되어 있다고 했다. 그가 자전거를 최고의 공생공락의 도구로 칭송하는 것은 절제의 도구이기 때문이다. 넘치지 않는 절제된 기술(=적정기술)은 세상을 지속할 수 있게 하지만, 핵융합을 이용한 발전처럼 절제되지 않은 기술은 위험에 예속된 삶이 되게 하는 것이다.

태어나면서 소비자가 되는 시대라고 한다. 어린 소비자는 서비스와 상품을 사는 행위로 소비 욕구를 학습하면서 어른이 되고, 지속적 충족을 위해서 필요한 돈을 벌어야 하기 때문에 직업을 가져야 한다. 보수가 많은 직업을 갖기 위하여 학벌과 스펙을 쌓는 것이다. 하지만, 성장의 오르막이던 과거와 달리 성장이 멈춘 내리막 사회에서는 학벌과 스펙이 더 이상 성공적인 삶으로 가는 파이프라인이 아니다. 경제 성장이 행복하게 해 주리라는 헛된 기대로 살고 있는 삶이다. 여기서 벗어나서 불편하지만 자유로운 삶을 살고 싶다는 생각이 가득하지만 벗어나지 못한다. '나는 소비를 줄인다'라는 간단해 보이는 말이, 실천하기 어려운 선언이라 생각한다.

2015년 4월부터 교육공동체 벗 조합원 몇 분과 작당하여 적정기술 모임을 만들었다. 한 달에 한 번 꼴로 1박 2일 동안 모여서 초보적인 스토브부터 좀 복잡한 화덕까지 만드는 모임에 꾸준히 참여했다. 화석 연료에 의존하는 소위 '석유 문명'에서 벗어나 보자는 생각에서 출발했지만, 현실은 만만치 않았다. 일단 모임 장소인 경기도 여주까지 오가는 석유(대중교통인 전철, 기차도 마찬가지)며, 단열과 보온에 필요한 재료, 자르고 붙이는 전동 기구나 용접 도구에 사용되는 전기(석유)까지 인간의 동력과는 비교할 수 없는 편리함에서 벗어날 수 없었다. 작은 화목 난로 하나를 만들면서도 노동의 고단함, 소요되는 시간, 의심되는 효과를 기성품인 재료(상품)로 대체(소비)하기도 했다. 여기서도 편리한 만큼의 소비가 발생했다. 편리함에 중독된, 석유에 중독된 삶에서 벗어나기 위해서는 먼저 금단 현상을 이겨 낼 용기와 체력부터 필요할 것 같다.

화석 연료에 의존하는 삶에서 벗어나고자
적정기술 모임을 만들었다. 모임 장소인 경기도 여주에서
적정기술을 활용한 화덕과 난로를 만들고 있다.

## 불편하나 자유로운 삶

몇 년 전부터 성미산학교는 '생태적 전환'에 집중해 왔다. 이전부터 생태가 학교 교육과정의 중심이었지만, 2011년 3월 11일 후쿠시마에서 일어난 재앙이 전환의 이유를 분명하게 만들어 주었다. 원래 해 오던 생태교육과정을 본격적으로 일관된 맥락으로 만들었다. 에너지 소비를 줄이고(절전소), 민주적 기술을 모색하고(적정기술), 자급자족의 역량을 키우고(도시 농업), 성미산 전환마을로 이어지는 구체적인 프로젝트들을 교육과정에서 진행하기 시작한 것이다.

그런데 사정은 쉽지 않다. '도시형' 대안학교의 학생은 학교가 생활 주거지에서 근거리에 있기 때문에 부모와 집에서 생활하며 통학한다. 이것이 장점일 수 있으나 생태교육에는 걸림돌이 된다. 모두 경험하다시피 대도시, 특히 서울은 부동산 가격이 높은데 근자에는 골목이 사라지는 개발 붐으로 임대료까지 폭등하고 있다. 그러니, 유휴지의 텃밭은 언감생심이고 그냥 고무 대야나 화분에서 화초나 키우면 딱 적당한 곳이다. 서울시가 도시 농업을 지원하고 실천하는 사례가 없는 것은 아니지만, 도시에서 본격적으로 사계 순환의 농사를 짓기는 쉽지 않은 것이다.

한편, '에너지자립마을' 프로젝트와 같은 전환마을의 실천은 어떤가. 학교의 구성원들 가정이 참여하는 에너지 전환을 하고 있으나 참여 대상을 확장하는 게 여의치 않다. 전환마을에 이르기까지는 시간이 많이 필요할 것이다. 휘황한 도시의 조명과 고층 빌딩을 기술 진보와 문명적 삶으로 보는 마당에 기본적으로 에너지 소비를 왜 줄여야 하는지, 그것을 줄일 때 따르는 불편함을 왜 감수해야 하는지 쉽게 수용되지 않는다. 서울시가 핵발전소 하나를 줄이자는 캠페인을 하더라도 소비가 미덕인 양 부추기는 자본의 매체들이 압도적으로 많다. 대도시의 삶을 바꾸는 작은 실천은 더 어렵고 더 많은 노력이 필요한 것이다.

그리고 이러한 시도를 하기 위해 필요한 재정 문제도 언급하지 않을 수 없다. 기본적으로 학교는 규모가 크건 작건 운영하기 위해서는 교육 공간이 필요하고 가르칠 교사도 있어야 하니 돈이 필요하다. 하지만 통제가 안 되는 제도 밖의 교육 기관은 재정적으로 지원을 받지 못하는 현실이다. 그래서 (재정적 지원이 없는 대신 간섭 또한 받지 않는) 미인가 대안학교에서는 교육과 학교 운영에 필요한 상당한 재정 부담을 통상 학부모들이 같이 나눈다. 학부모들이 학교에 내는 돈이 많다 보니, '귀족 학교까지 무상급식을 할 수 없다'는 말로 자신의 짧은 식견과 커다란 욕심을 동시에 드러낸 모 정치인과 유사한 시각을 가지고 있는 분들도 상당하다. 그들의 시각은 그들의 자유라지만 앞에서 언급한 이유로 도시에서의 생태교육은 한계가 있다. 그래서 도시가 아닌 농촌에서 자립적으로 농사를 경험하는 장소를 마련해야 한다. 이에 따르는 추가적인 재정 부담도 부모들의 몫이다.

불편하나 자유로운 삶을 추구하지만 그것이 마음먹으면 바로 실천이 가능하지 않음을 우리는 안다. 담배를 끊을 때 주변에 알리고 도움을 청하듯 소비를 줄이는 자급의 생태적 삶도 마찬가지 같다. 혼자는 못 하지만 함께하면 할 수 있을 것 같다는 막연한 자신감은 있다. 생태적인 삶에 대하여 모여서 이야기 듣고, 말하고, 노래하는 벗들, 마을이 있다면 생태적 전환을 언젠가는 아니 조만간에 할 수 있을 것 같다. 개인화·원자화된 상태의 '나의 힘'은 약하지만 함께하는 '나의 힘'은 강하다는 것을 배웠고 알기 때문이다.

자동차의 매연에 찌든 손바닥만 한 텃밭을 학교에서 오가며 씨앗을 심고 물을 주고 거름을 주는 농사가 어떤 의미인지 아직은 잘 몰라도, 물을 아껴야 한다며 수세식 변기의 물을 내리지 않고 조금 어두워도 등을 켜지 않는 아이들이 나는 좋다. 그렇게 한다고 해서 핵발전소 하나를 줄일 수는 없을지라도 그렇게 믿는 아이들이 나는 좋다. '핀란드나 덴마크처럼' 교육을 바꾼다는 소리는 요란하지만, 교육을 생태적으로 전환하자 이야기하는 이들은 소수다. 하지만 공교육의 교사들 중에 일부는 그것을 실천하고 있음을 안다. 교육이 가야 할 길이 거기라는 것을 알기에, 아직도 도시적 안락에 기대서 살고 있는 모순에 매일 갈등하지만 선택은 틀린 게 아니라고 믿는다.

# 세월호, 외면하거나
# 감당할 수 없기에 '함께'

– 세월호를 기억하는 사람들 프로젝트

**강유진**

성미산학교를 다닌 지 6년째입니다. 처음 학교에 왔을 때 별명이 '허당'이었는데 그만큼 빈틈이 많습니다. 다른 이에게 나의 빈틈을 들키지 않으려고 안간힘을 쓰기도 했지만 금세 망했어요. 이제 빈틈을 숨기기보다는 그 틈 사이로 세상을 만날 수 있으면 좋겠습니다.

## 그해 봄

  2014년 4월의 어느 주말, 평소처럼 〈개그콘서트〉를 보려고 텔레비전을 켰으나 〈개그콘서트〉가 방영되지 않았을 때 세월호 사건을 처음 실감했다.

  2014년 4월 16일, 배가 가라앉던 그 시간을, 배가 가라앉는데 아무도 구조 활동을 하지 않았던 그 처절한 순간들을 보았다. 아니, 사실대로 말하자면 그 당시에는 별 느낌이 없었다. 그러나 시간이 흐르면서 배가 침몰하고 있던 그 시간에 나는 어디서 무얼 했는지 질문하기 시작했다.

  나는 그해 성미산학교 9학년을 졸업하고 다른 고등학교에 입학했다. 그러나 입학한 지 채 2달이 되지 않았던 4월 16일, 학교를 자퇴했다. 가만히 앉아서 공부를 해야 하는 그 학교에 적응하지 못했기 때문이다. 집으로 돌아가는 차 안 라디오에서 배가 침몰했다는 소식을 들었던 게 어렴풋이 기억이 난다. 그들이 학교로 돌아오지 못하게 된 날과 내가 학교를 그만둔 날은 같았다. 세월호가 침몰하고 있을 때 나는 '앞으로 어떻게 해야 하지?' 캄캄한 앞날에 불안해하고 있었다. 그즈음 성미산학교 친구들은 9박 10일의 봄 여행을 계획 중이었다. 당시 대다수의 학교들은 교육청의 수학여행 금지 지시 때문에 수학여행을 가지 못했다. 그러나 성미산학교 친구들은 계획대로 여행을 떠났다. 부모님을 포함한 어른들의 우려가 없지 않았지만, 많은 토론이 진행되었고 토론 끝에 우리들은 애도의 시간은 갖되 여행은 지속되어야 한다고 결정했다. 세월호 참사가 수학여행을 갔기 때문에 일어난 일은 아니라는 데 의견을 모은 것이다. 하지만 여행 중에 만난 사람들은 여행 온 친구들을 이상하게 쳐다보면서 '왜 수학여행을 왔느냐', '부모가 걱정하지 않느냐', '어느 학교냐' 등의 질문들을 퍼부었다고 한다. '나라 전체가 장례식장 분위기인데 너희들은 여행을 다니고 싶으냐'고 아프게 찌르는 사람들도 많았다고 한다. 당시 우리들은 세월호 참사를 어떻게 생각해야 할지, 그 슬픔을 어떻게 받아들여야 할지 잘 몰랐던 것 같다. 나 또한 세월호를 저 멀리서 일어난 하나의 안타까운 사고로 받아들이고 무던해지려고 애썼다.

　5월이 되어 다시 성미산학교로 돌아왔다. 학교에 돌아오니, 세월호 참사를 어떻게 애도할 것인지에 대한 이야기가 이어지고 있었다. 누구는 세월호 사건에 대한 진실을 알기 위한 모임을 제안했고, 그 외에 '마을의 촛불 문화제를 같이 진행하자', '노란 리본을 만들어 달고 다니자', '유가족분들에게 자신의 메시지를 적어 보내자' 등의 의견이 나왔다. 그중 나와 같은 학년 친구인 다운이는 세월호 특별법 제정을 촉구하는 점심시간 단식을 제안했다. 당시 유가족인 유민 아버지가 40일 넘게 단식을 하고 계셨는데 우리들도 동참하자는 뜻이었다. 단식에 참여했던 친구들과 선생님들은 비록 짧은 점심시간이지만 함께 모여 세월호와 관련된 글을 읽고 서로의 마음을 나누며 노란 리본도 만들었다. 정말 의미 있는 일이었지만 나는 점심

시간이면 너무나 배가 고팠기에 단식에 함께하지 않았다.

4.16 이전에도 학교에서는 다양한 사회 이슈에 관심을 갖고 함께 해 왔었다. 나 또한 다른 이슈 때와 마찬가지로 세월호 집회에 나갔고, 그게 그렇게 특별한 일도 아니었다. 그래도 세월호 100일 추모제 때 시청에 갔을 때는 정말 놀랐다. 무수히 많은 사람들이 세월호 참사의 아픔을 잊지 않으려 모였기 때문이다. 세월호 참사가 단순 해양 교통사고가 아니라는 확신이 생기며 학교에서의 움직임도 계속되었다.

2015년 4월, 친구들과 세월호 1주기 추모제를 준비했다. 우리들은, 10대로서 세월호 사건에 대해 어떻게 생각하는지 발언하고, 희생자들을 애도하는 이야기와 노래를 준비했다. 마지막으로는 피켓을 들고 학교 인근인 성산동과 망원동 일대를 행진했다. 지나가던 분들이 발언을 하기도 하는 등 지역에서 함께 추모하는 분위기를 느낄 수 있었다. 그 다음 날은 시청에서 대규모 추모 행사가 있어서 우리도 학교에서부터 시청까지 피켓을 들고 걸었다.

### 다른 삶의 뿌리

1주기 즈음, 나는 안산에 다녀왔다. 서울에서 내가 할 수 있는 것들을 작게 하면서 안산에 한번 가 보고 싶다는 생각이 들었다. 혼자 학교에서부터 지하철을 타고 안산까지 가는 길은 정말이지 멀었고, 그 긴 시간 동안 마음이 편하지 않았다. 매체를 통해서 접한 유가족분들의 이미지가 각인되었기에 조금 긴장도 되었다. 분향소 옆 작은 컨테이너에서 유가족분들을 직접 만났다. 그곳에는 주로 어른들이 모여 있었기에 학생인 나의 존재는 눈에 띄었다. 고등학교 2학년이 된 나는 단원고 학생들이 희생되었던 나이와 같다는 사실을 알아차리고 세월호 참사가 조금 더 실감이 나기도 했다. 가족분들을 한 분 한 분 만나고 나니 내가 생각했던 '유가족'의 이미지와는 다른 것들이 보이기 시작했다. 그 뒤로도 종종 안산에 갔고, 그곳에서 가족분들의 이야기를 듣고 함께 밥을 먹었다. 그러나 분향소에는 쉽사리 발길이 가지 않았다. 내가 느끼는 슬픔의 무게를 외면하거나 감당해 보려고 했으나 둘 다 되지 않았다. 그래서 안산을 찾은 건지도 모르겠다. 멀리서, 혼자 머릿속으로 상상할 때보다 직접 유가족들을 마주할 때 느껴지는 힘이 있었다. 어쩌면 나는 나의 이기심으로, 이 슬픔을 어떻게 받아들여야 할지 모르겠어서 가족분들을 만났던 것 같다.

그해 여름 방학, 광화문에 갔다. 그곳에서 작은 천막으로 뜨거움을 가린 채 '세월호의 진실을 밝혀 주세요'라고 적힌 피켓을 들고 서 계신 분들을 만났다. 선뜻 함께하겠다고 하지 못하고 주변을 어슬렁거리다 처음으로 피켓을 들게 되었다. 나는 그동안 거리를 지나다니면서 누군가 든 피켓을 그다지 눈여겨본 적이 없었다. 하지만 직접 들어 보니 내가 왜 그랬는지를 비로소 알게 되었다. 그들의 고통에 귀 기울이면 그 순간부터 나도 불행해질 것 같아 두려워 외면했던 것이다.

학교에서는 2011년 일본 후쿠시마 핵발전소 사고 이후 '전환' 프로젝트를 시작했다. 그때부터 지금까지 학교에서의 배움은 '무엇으로부터의 전환일까' 하는 질문을 갖고 있다. 나는 그 해답의 실마리를 밀양에서 찾을 수 있었다. 2012년, 전기가 흐르는 거대 철탑 아래에서 살아갈 수밖에 없게 된 할머니, 할아버지들을 만나며 기존 사회가 얼마나 약한 사람들의 삶을 존중하지 않는지에 대해 알아갔다. 사람을 존중하지 않는 사회에서 모두가 행복할 수 있는 사회로의 전환이 필요하다는 것을 얼핏 깨달아 가고 있었다. 그 투쟁의 공간인 밀양에서 친구들과 마을회관에서 자고, 눈 뜨면 할머니 집으로 감 따러 가고, 함께 새참과 점심을 먹고, 수다 떨면서 감꼭지를 따고 돌아오는 일상을 살면서 뭔가 다른 삶이 들어선 것이다. 여행 기간 동안에는 전기를 쓰지 않기 위해 전자 기기 사용은 하지 않았고 전등도 켜지 않은 채 생활했다. 밀양에 765kV 송전탑 설치를 주장하는 이들이 "너희들은 전기 안 쓰냐?"고 물을 때 "저희는 전기 안 쓰는데요"라고 대답할 수 있는 자부심도 생겼다. 사회적으로 이슈가 되고 싸움이 한창인 밀양이 두렵고 불편한 곳이 아니라 함께했던 좋은 기억으로 정이 들고 외면할 수 없는 마음이 생겼다. 누군가의 힘듦, 고통을 지식이나 정보로 받아들이는 것이 아닌 그들을 만나 공감하며 자연스레 외면할 수 없는 나의 일이 된 것이다. 그리고, 그때의 경험으로 광화문에 가는 것이 더 이상 두렵지만은 않게 되었다.

　광화문 세월호 피케팅을 하면서 미수습자 가족 다윤 언니 부모님을 처음 만났다. 그분들은 딸이 아직 차가운 바닷속에 있다는 걸 매 순간 기억하며 살아가고 있었다. 아마도 그분들은 이 사고를 잊고 다시 예전처럼 살아갈 수는 없을 것이다. 그러나 거리를 지나다니는 대부분의 사람들이 너무나 평범하게 친구를 만나고, 바쁘게 돌아다니고, 아무렇지 않은 듯 웃고 있어 그 안에서 피켓을 들고 있는 모습이 마치 비현실처럼 느껴지기도 했다. 슬픔을 실감하는 자와 실감하지 못하는 자……. 누군가의 슬픔에 아랑곳하지 않은 채 너무나도 평범하게 돌아가고 있는 세상이 원망스럽기도 했다. 얼마나 많은 사람들이 더 아파야 세상은 움직이는 것일까? 아픔을 기반으로 삶의 뿌리를 내릴 수밖에 없게 된 이들을 만나며 4.16 이전과는 다른 세계에서, 다른 가치를 찾아 그 안에서 새로운 삶을 구축해 나가야 한다고 느꼈다. 깨어진 그들의 일상을 그 전 상태 그대로 복원할 수 없기에 깨어진 틈 사이로 다른 세계를 차곡차곡 쌓아 가야 했다. 나는 이 세계가 어쩌면 '진짜' 세상일지 모른다는 생각이 들었다.

여름 방학이 끝난 8월, 나는 친구들과 3개월 동안 해외 이동학습으로 인도에 갔다. 인도에서 우리는 세월호 500일을 보냈다. 함께 촛불을 켜고 기억하는 시간을 가졌다. 그리고 그곳 식구들에게 세월호 참사의 진실이 아직 밝혀지지 않았다는 것, 세월호 안에 아홉 명의 미수습자들이 있다는 것들을 설명하며 마을에서 가져온 노란 별 열쇠고리를 나누며 추모하는 시간을 보냈다. 인도에서 만난 식구들이 우리로 인해 세월호 참사를 알게 되고 그들의 가방에 노란 별을 달고 다니게 되었다는 사실만으로도 큰 힘이 되었다. 인도에서 만난 한 언니는 나에게 앞으로 어떠한 삶을 살고 싶은지에 대해 물어봤다. 그때 나는, 내 손목에 있던 기억 팔찌를 선물하며 아폼 속에서 살아가게 된 사람들과 함께하고 싶다고 대답했다. 인도에서 우리는 서경식 선생의 책《디아스포라 기행》을 읽고 '디아스포라'에 대한 이야기를 많이 나누었다. 일본 교토에서 재일조선인 2세로 태어난 서경식 선생은 스스로를 '디아스포라'라고 명명하고 디아스포라적 관점으로 세상을 보았다. 디아스포라란 원래 이산을 뜻하는 그리스어이나 보통명사로 자기가 속해 있던 공동체와 땅을 떠나도록 강요당한 사람들 모두를 일컫는다.《디아스포라 기행》은 자신의 조국(선조들의 나라)과 고국(자신이 태어난 나라)이 일치하지 않았기에 한곳에 정착하며 삶의 뿌리를 내릴 수 없었던 선생 자신의 이야기이다. 이렇게 삶의 기반이 사회적으로 보편적이거나 안정적이지 않고 테두리 경계에 있을 때 추방당한 사람들은 삶의 뿌리에 대한 혼란을 겪는다. 4.16 이전과 삶의 기반이, 뿌리내리는 곳이 달라진 세월호 참사 유가족들도 디아스포라로 보였다. 흔히 힘이 없기에, 소수자이기에 '외부'라고 규정짓고 배제시키는 이들을 기억하며 함께 내부를 만들어 가고 싶었다.

## 다시 봄

2016년, 세월호 참사 2주기가 다가오는 무렵, 적정기술 프로젝트를 진행하고 있는 선생님과 학생들 몇 명이 진도에 있는 작은 섬, 동거차도에 갔다. 동거차도는 세월호 인양 작업을 가까이에서 볼 수 있는 섬이다. 인양 작업이 제대로 이루어지고 있는지를 감시하기 위

2016년, 세월호 2주기에
성미산마을 기억문화제를 가졌다.
'잊지 않겠습니다. 함께 기억하겠습니다.'

해 움막을 설치했는데 텐트로 만들어진 움막에서 지내기에 불편함이 많아 뜻이 맞는 몇몇 사람들이 모여서 상호지지구조의 돔을 새롭게 만드는 작업을 진행하기로 했다. 그때 동거차도에 다녀온 성진이는 매일 세월호 인양 작업을 지켜보고 있어야 하는 가족분들이 얼마나 괴로울까 생각했다고 한다. 또한 함께 일했던 가족분들이 자신의 아들딸과 비슷한 또래인 우리들을 보면 더 가슴이 아프지 않을까 하는 마음이 들기도 했다고 한다. 그리고 책임을 져야 할 사람들이 진실을 덮으려 하고 희생자나 생존자들의 이야기를 들으려 하고 있지 않아서 답답하고 슬펐다고 했다. 2주기가 될 때까지 아무것도 달라진 것이 없는 상황들을 보며 우리는 할 수 있는 것들을 더 찾아서 해야겠다는 생각을 했다. 성미산마을에서는 참사 이후 매일 망원역 앞에서 피케팅을 하고 있다. 그 소식을 듣고 함께하고 싶은 친구들이 모였다. 한 친구는 "피케팅을 할 때랑 안 할 때랑 나한테 세월호의 무게가 정말 다르게 다가오는 것 같아. 지나가는 사람이 '아직도 하냐'고, '이젠 시끄럽다'고 하기도 하잖아. 그런 사람들을 보면 울컥울컥하지"라며 길거리에서 사람들을 마주했던 경험에 대해 말했다.

유가족 형제자매와 생존 학생들의 구술집《다시 봄이 올 거예요》를 읽고 유가족 형제자매분들을 만나는 시간도 가졌다. 세월호 참사를 매 순간 실감하며 살아갈 수밖에 없게 된 이들의 삶을 아주 살짝 엿본 것만으로도 가슴이 먹먹했다. 엄마가 기억하는 내 아이, 언니·오빠가 이야기하는 동생, 친구가 말하는 내 친구에 대한 모습들을 마주할 때 절망감, 상실감, 슬픔 들이 더 선명하게 다가왔다.

이 절망감 속에서, 신뢰가 깨진 대한민국 사회를 신뢰할 수 있는 사회로 만들기 위해 활동하고 계신 가족분들이 있었다. 그 과정에 나도 참여하고 싶어 현재 세월호 참사의 기록을 정리하고 보존하는 '416기억저장소' 활동에 함께하게 되었다. 가족분들은 고등학생인 내가 이곳에 온 것에 관심을 가져 주셨고 성미산학교에 다닌다고 했을 때 성미산마을을 안다며 반가워해 주셨다.

### 마을, 곁에서 함께 목소리를

4.16을 기억하고 나누는 일은 학교뿐 아니라 마을에서도 활발하다. 마을은 어떠한 일이 있을 때면 언제나 모여서 촛불을 밝힌다. 세월호 참사 때도 가만히 있을 수 없어서, 배 안에 있는 사람들이 잘 구조되기를 바라는 마음으로 첫 촛불들을 밝혔다. 기다리는 마음으로 시작된 촛불모임은 이후 세월호와 관련된 더 많은 소식을 공유하고 더 많은 일들을 하고자 '세월공감'이라는 이름으로 뭉쳤다. 마을 어른들은 100일이 넘는 시간 동안 릴레이 단식을 진행했고, 뜨개질 모임, 밥상 나눔, 청운동 미수습자 피케팅, 망원역 피케팅, 기억모임 등 여러 방식으로 마음을 모았다. 광화문이나 안산에 실제로 방문하지 못하는 이들은 집에서 노란 목도리를 떠서 전달하기도 했다.

지난 2주기, 마을에서의 기억문화제는 인상 깊었다. "슬픔을 슬픔으로, 기억을 다시 기억으로, 마을에서 마을로" 다 같이 공통의 경

2016년 7월 16일, 단원고 교실 이전과 관련해
10대들의 기억 행동 '우리가 갑니다'를 진행했다.
지금 여기에서 내가 할 수 있는 일은 바로
같은 마음인 사람들을 모이게 하는 일이 아닐까.

험을 했다고 해야 하나? 슬픔을 극복하는 게 아니라 같이 나누고, '기억을 해야 한다'가 아니라 '기억을 불러일으키며' 같이 살아가는 마을이라는 느낌이 들었다. 그 자리에 함께한 성미산마을 주민 연두는 이런 이야기를 들려주었다. "온통 눈물바다였지만, 뭐랄까, 이전과 다른 눈물이었어. 부모님들이 우는 아이들을 안아 주셨지. 유가족들이, 오늘 문화제가 특별했다고, 아이들 공연도 감동이었지만 공연을 하려고 모여서 연습했을 시간을 생각하니 눈물이 났다 말씀하시더라고. 고맙다고 고맙다고 몇 번이나 인사를 받았어. 마을을 이루고 살아가는 게 이런 힘이 있구나 싶었지. 처절하고 절망이 가득한 눈물 대신에 서로 보듬으면서 흘리는 따뜻한 눈물, 이것이 세월호를 둘러싼 의문을 캐내는 데 발판이 될 거란 믿음이 생겼어." 서로의 슬픔을 안고, 서로 다시 희망을 보듬고 있다는 느낌이 새로운 믿음을 만들었다. 성미산마을은 '같이 사는 것'에 대한 고민을 하는 사람들이 모여 마을을 이룬 곳이다. 마을에서 이렇게 함께하는 문화가 있었기에 자연스럽게, 긴 호흡으로 활동을 할 수 있지 않았을까? 함께하는 문화, 연결망들이 있으니 외롭지 않을 수 있었다.

또한 마을에서는 매달 16일 기억모임이 열린다. 기억모임에 함께하고 있는 학교의 학부모이자 마을 주민인 타잔은 기억에 남았던 기억모임에 대해 이야기해 주었다. "나와 세월호가 연결된 이야기를 함께 할 수 있어 좋았어요. 그냥 수동적으로 머릿수만 채우고 간 게 아니고 우리들의 얘기를 할 수 있어서 의미 있었어요. 우리 마을과 나의 삶에서 세월호가 따로 분리되지 않고 연결되어 있음을 느낄 수 있었어요." 타잔의 이야기를 들으며 세월호를 나의 삶의 맥락과 연결 지어 함께 살아간다는 게 인상 깊었다.

 나 또한 4.16 이후 나의 이야기를, 우리들의 이야기를 만들어 가고 있다. 10대인 나는, 가만히 있으라는 사회에서 10대들의 주체적인 목소리를 내고 싶다. 그래서 기억교실 이전 문제에 대해 관심을 가지고 10대들이 연대할 수 있는 커뮤니티를 만들었다. 지켜 내지 못한 교실에서 그들의 빈자리를 기억하기 위해 우리들이 움직인다. 4.16을 기억하는 10대들의 문화가 활발해졌으면 한다. 4.16 이후, 그 다음 기억은 우리들이 함께 만들어 가야 하는 것이 아닐까? 4.16 이전과는 다른, 그 진짜 세계를 함께 만들어 가고 싶다.

# "지금 이대로도 괜찮아"

### – 미니샵에서 성미산좋은날협동조합까지

**소피아(최경화)**
한때는 중학교에서 생물을 가르치다가 아들 셋, 특히 자폐를 가진 둘째를 키우며 아이 돌봄이 전부인 생활로 들어서 어느새 50대 중반이 된 아줌마. 장애에 대한 지원이 아무것도 없던 시절에 태어난 둘째의 성장 단계에 따라 쌍문동의 초등학교에 입학해선 통합 수업 보조 교사를, 성미산학교 중등과정 입학 후엔 '미니샵 프로젝트'를 진행했고, 현재는 '성미산좋은날협동조합'을 운영 중입니다. 덕분에 항상 아이들과 친구처럼 지내며 젊게 지내는 선물을 받았습니다.

1992년 8월, 연년생 둘째 아이도 사내 녀석이었다. 까다로운 첫째 아이와 달리 둘째 아이는 배부르고 기저귀만 뽀송하면 잠도 잘 자고 얌전한 아이여서, 난 씩씩하게 18개월, 2개월의 두 아이를 데리고 남편 유학길을 따라 미국으로 떠났다.

그곳에서의 2년여의 생활은 그리 나쁘지 않았다. 오히려 내가 화장을 하든 안 하든, 옷은 무엇을 입든 누구 하나 간섭하지 않았고 아이 둘을 데리고 가면 어디서나 대접을 받았다. 초록이 지천인 그곳은, 시간 또한 느긋하게 흘러 항상 그날이 그날처럼 평화로웠다. 둘째 아이의 장애를 의심하기 시작한 것은 두 돌이 다 되어 서울로 돌아올 무렵이었다.

정찬이의 일상은 그동안 어디서도 경험하지 못한 행동의 연속이었다. 불안감에 찾은 병원에선 수많은 검사를 했건만 정확한 진단명도 알려 주질 못했고, 치료실이란 곳에선 아이와 소통하는 법을 가르쳐 주기보다는 아이가 가지고 있는 문제점들만을 고치려 했다. 어느 곳에서도 힘든 아이와 우리 부부는 위로를 얻지 못했고 하루하루를 죄책감에 싸여 초조하게 보냈다.

그때 친척의 소개로 '윤상이언어연구소'를 찾게 되었는데 그분들은 다른 기관에서 문제 행동으로만 보던 아이의 행동을 다 이유가 있는 표현으로 보았고, 돌봐 주는 가족에게도 쉬운 일은 아니나 가장 힘든 것은 아이라고 말씀하셨다. 치료실을 몇 달을 전전해도 한

번도 들어 보지 못했던 그 말들이 바닥으로 떨어져 있던 날 일으켜 세웠다. 난 그분들과 만나면서 아이를 있는 그대로 받아들이고 이해하려 노력하게 되었고, 아이를 교육시키기보다는 진심으로 도와주고 싶어졌다.

그러자 조금씩 아이와 소통이 가능해졌으며 더디지만 아이가 성장하는 걸 보면서 차차 평화로운 시간이 찾아들었고 이어 우리에게 온 셋째 아이를 진심으로 기쁘게 맞을 수 있었다.

### 쌍문동 숭미초등학교에 입학하다

2000년, 정찬이는 우리가 살던 아파트 담벼락에 붙은 숭미초등학교에 입학하였다. 물론 그때도 특수교육 대상자가 1인만 있어도 학교장은 특수 학급을 설치해야 한다는 특수교육법이 존재했지만 보조 교사도 활동 보조인도 없던 시절에 아이를 일반 초등학교에 진학시킨다는 건 큰 용기가 필요한 일이었다. 나는 정찬이의 보조 교사가 되어 같이 등교를 했다. 시간이 지날수록 아이들과 정찬이는 자연스레 어울렸다. 그 정도면 충분하다 생각했다. 어차피 개별화된 특수교육은 기대할 수 없는 게 당시의 현실이었고, 인정해야 했다.

정찬이가 5학년 때 일이다. 학교 건강 검진의 소변 검사에서 당뇨 판정이 나와 맘먹고 살을 빼 주려고 저녁마다 학교 운동장에 데리고 가서 놀았다. 매일 저녁 운동장에서 만나는 학교 녀석 서너 명이 우리에게 호기심에 다가왔고 이내 놀이 멤버가 되어 삼팔선도 하고 다방구도 하고 고무줄도 하고, 그러다 지치면 정글짐에 올라 앉아 별을 보며 수다를 떨기도 했다. 처음엔 저 녀석들이랑 같이 놀게 하면 우리 아이에게 도움이 되겠지 하는 불순한 맘으로 접근했는데, 어느새 정찬이는 물론이고 나와도 친구가 되어 버렸다. 그리고 저녁 9시가 되어도 집에 그들을 기다리는 어른이 없다는 것도 알게 되고 서로의 가정사 고민들도 나누었다. 그렇게 우리의 저녁 놀이터는 6학년에 올라가기 전까지 계속되었다. 먼지를 뒤집어쓰고 놀다가 '쭈쭈바' 하나씩 입에 물고 정글짐에 올라 걸터앉아 우리 놀이 그룹 이름을 '별학교'라고 하자던 그 녀석들이 보고 싶다. 이제 모두 청년들이 되었겠지. 그 친구들도, 정찬이도 그때를 그리워하겠지?

6학년이 되어 다시 큰 고민에 빠지게 되었다. 또다시 특수학교와 일반 중학교를 놓고 갈등하고 있을 때 우연히 한 대안학교에 관한 인터넷 기사를 접하게 되었다. 작은 학교, 통합, 여행, 공동체라는 단어들이 매력적으로 다가왔다. 사실 아이가 초등학교에 다니면서 도움교실 환경에 문제가 있거나 체험학습, 수련회 같은 활동에서 소외당할 때마다 뻔질나게 교장실을 드나들며 항의했었는데, 공동체를 지향하는 대안학교에 가면 더 이상 그런 수고는 안 해도 될 것 같다는 생각이 들었다. 실제로 학교에서 은근히 또는 드러내 놓고 지지해 주시던 선생님들 몇 분도 '정찬이나 어머니나 대안학교에 가면 잘 지내실 수 있을 거'라고 용기를 주었다. 그래서 무작정 찾아가 보았다. 그곳에서 통합 교사 높새를 처음 만났고, 그가 그동안 내가 막연히 상상해 왔던 비장애/장애 아동의 통합 여행을 시도한 여행 교사라는 것에 흥분되었다. 이미 대안학교 교사들은 여행을 통해 아이들이 성장한다 생각하고 실천하고 있었던 것이다. 난 어떡해서든 입학하여 높새가 진행하는 통합 여행 프로젝트에 함께하고 싶어졌다. 그리고, 2006년 드디어 성미산학교 중등과정에 입학하게 되었다.

### 성미산학교의 통합 여행 프로젝트

그렇게 바라던 성미산학교에 입학했는데 통합 여행 프로젝트를 같이 해 보자던 높새는 다른 곳으로 가고 학교에 없었다. 학교는 통합 여행을 요구하기엔 뒤숭숭한 분위기였고 한 학기가 지나고 나서야 우리 부부는 충북 제천에서 다른 일을 하고 있던 높새를 만나러 갔다. '비장애 친구들은 이런저런 실험적인 프로젝트를 개별로 혹은 그룹으로 진행한다. 우리 아이들도 통합 여행 프로젝트가 정말 필요하니 학교에 제안하고 한번 해 보자'는 얘기를 나눈 것 같다. 이렇게 2006년 가을부터 시작한 통합 여행은 장애/비장애 학생들의 소규모 여행으로 주로 휴양림에서 2박 3일 동안 진행되었다.

프로그램은 현지에서 장 보기, 식사 준비, 산행 등으로 이루어졌다. 교사 윤슬이 통합 여행을 위해 덜컥 구입한 중고 자동차로 시작한 여행은 전국의 휴양림을 돌며 2010년까지 지속되었다. 통합 교사인 높새, 윤슬, 에리카, 민트, 메이, 그리고 그 밖의 많은 교사들이 주말의 휴식도 반납하고 1년에 2~4차례, 학교의 정기 여행 사이사이 '빡세게' 진행해 주었다.

성미산학교에서의 여행은 나와 정찬이의 삶에 일어난 가장 큰 사건 중 하나이다. 정찬이는 열다섯 살이 되어 난생처음 엄마가 동행하지 않는 여행을 시작했고 나 또한 정찬이를 홀로 여행을 보내는 첫 경험이었다. 걱정했던 정찬이보다 오히려 내가 적응하는 데 더 많은 시간이 걸렸고, 힘든 여행을 할 정찬이와 선생님 걱정으로 여행을 마치고 집에 돌아올 때까지 편치 않은 날을 보내었다.

끝까지 이 걱정을 모두 극복하진 못했지만 서서히 교사들에 대한 신뢰가 커져 가며 진정으로 정찬이의 미래를 깊게 의논할 수 있는 동지와 같은 관계로 발전했다. 그분들은 아직까지도 내게 큰 선물이다. 소규모 통합 여행에서는 자연에서의 휴식은 물론이고 산행을 통한 체력 강화와 요리를 비롯한 생활 훈련이 가능했다. 이를 통해 학생의 강점을 파악할 수 있었으며 그 강점을 전환교육에 반영하여 '미니샵 프로젝트'를 시작할 수 있었다.

### 미니샵 – 생활에서의 약점이 작업하는 데 강점이 될 수 있다

정찬이는 수많은 여행 경험을 통해 스스로 할 수 있는 일이 많이 늘었고 참을성도 조금씩 늘었다. 또한 여행을 하면서 정찬이가 요리할 때 집중을 잘하고 즐기는 것도 알게 되었다. 정찬이는 물건이 제자리에 정돈되어 있지 않거나 얼룩이 생기고 더러워지면 예민해지면서 원래대로 정리하려는 습성이 있는데 이것은 요리하는 데 오히려 강점이 되었다.

2006년 9학년 졸업 프로젝트는 직접 요리해서 판매해 보는 연습으로 소박하게 시작되었다. 1학기에는 에리카의 지도로 1주일에 한 번 화채를 만들어 점심시간에 중앙 정원에서 학생들에게 판매했는데 매우 인기가 좋았다. 2학기에는 윤슬이 맡아 본격적인 졸업 프로젝트를 진행했는데 좀 더 복잡한 쿠키 만들기에 도전했다. 이 프로젝트에 재능 기부로 제과 지도를 해 준 학부모 제비꽃이 그 넉넉한 웃음과 함께 "정찬이가 정말 쿠키를 잘 만들어요!"라고 해 주었을 때, 나는 날아갈 듯 기분이 좋아졌다.

　제과 수업을 한 지 한 달이 채 안 되어 이 팀이 만든 쿠키들을 판매해도 좋을 만큼 실력이 늘었다. 일주일에 한 번 성미산학교 중앙 정원에 미니샵이 차려졌고, 정찬이가 만든 쿠키와 소정이가 만든 비즈 공예품들이 전시 판매되었다. 처음엔 정찬이의 졸업 프로젝트로 시작하였지만 점차 중등의 돌봄이 필요한 친구들도 미니샵에 참여하게 되고 그 활동의 폭도 넓어졌다. 11학년인 소정이는 정찬이와 쿠키를 같이 굽고 비즈 공예품을 만들다가 마을의 아티스트인 알라딘이 결합하여 양모 펠팅과 천연 밀랍초를 만들게 되었고, 6학년 성준이는 미니샵이 열리는 아침에 쿠폰을 만들어 돈과 교환해 주는 일을 담당하였다.

　쿠키만 판매하던 미니샵은 좀 선선해지자 어묵도 판매하고 와플도 만들어 판매하게 되었다. 동생들이 포도 잼을 와플에 넣어 달라고 주문하면 정찬이는 정성스레 잼을 와플 사이에 발라 주었는데 그때의 표정은 자신감이 가득한 기쁜 표정이었다. 학교 식구들이 쿠키를 사고파는 과정에서 자연스럽게 통합교육이 일어났고 장애를 바라보는 시선은 긍정적이고 자연스러워졌다. 미니샵이 열리는 날이 학교에 들어서면 늘 달콤하고 고소한 냄새가 그득하다.
그 냄새를 따라가 보면
쿠키를 만들고 있는 정찬이를 만날 수 있었다.

면 한쪽에서 내내 말없이 서서 지켜봐 주던 스콜라, 함께 장을 보고 밤늦도록 쿠키를 굽고 틈만 나면 꿈을 나누며 같이 울고 웃던 윤슬을 생각하면 지금도 가슴이 먹먹하다.

쿠키를 마을 카페 작은나무에도 비치하고 판매했는데 쿠키 배달을 가면 작은나무의 손님들이 아이를 흐뭇하게 바라보는 시선이 참 따뜻했다. 우리 아이도 일을 통해 마을과 소통할 수 있다는 희망이 보였다.

통합 개별실에서 쿠키를 만드는 날은 뒤에 있는 개별 수업에 지장이 없도록 말끔히 치워도 남아 있는 강력한 쿠키 냄새가 수업에 집중하는 데 방해가 되었고 쿠키를 많이 만드는 날은 전력 사용량이 많아지며 학교의 전기 일부가 다운되는 일도 벌어졌다. 게다가 개별실에서 만든 제품들을 중앙 정원으로 가져와 판매하고 다시 개별실로 옮겨 치우는 일이 생각보다 힘든 작업이었다. 오래 미니샵을 지속하려면 요리도 하고 판매도 할 수 있는 안정된 공간이 필요했다.

### 예비사회적기업이 되다

2008년 가을부터 미니샵 추진 회의를 열고 미니샵 설립 준비에 들어갔다. 학교 측에선 교장 스콜라, 대표 교사 현영, 통합 교사 윤슬과 통합교육 대상 부모로는 나와 소정네, 성준이네가 주로 참여했고 마을에서는 짱가와 그래그래도 도움을 주곤 했다. 교사회에서 지금의 공간에 미니샵 카페를 열기로 논의된 후 설립 이사회의 재정

지원을 얻어 공사에 들어갔고, 카페 사업을 하는 학부모 좋은날이 카페에 필요한 기본적인 설비에 대해 조언해 주고 테이블, 의자 등을 기증해 주어서 2009년 4월 드디어 카페 미니샵이 문을 열게 되었다. 또한 예비사회적기업에 선정되어 3년간 임금 지원도 받게 되었다. 이 지원 기간 동안 미니샵은 여러 실험적인 프로젝트를 진행할 수 있었고 이듬해 마을에 미니샵 베이커리 작업장을 따로 만들 수도 있었다. 초기 미니샵에서 밀랍초와 양모 펠팅을 만들던 공방 영역의 사업은 달님(소정 어머님)과 알라딘의 노력으로 점차 규모가 커져 2011년 '성미산공방'으로 독립하여 현재까지 운영되고 있다. 해마다 소정이의 양모 펠팅 작품전이 카페 작은나무에서 열린다.

카페 미니샵은 학생들의 길 찾기를 위한 실습 공간뿐만 아니라 비장애/장애 학생이 함께 일하는 통합 일터의 장소로서 마을과 학교를 잇는 징검다리로 무한한 가능성이 있는 공간이었다. 미니샵 초기엔 윤슬의 지도로 여러 가지 프로젝트가 진행되기도 했는데, 재학생 다함이와 용재의 '아침 메뉴 개발'과 연경이의 '여러 가지 제과 제품의 성분 조사', 다연이의 '미니샵 로고 개발'이 생각난다. 그때 만든 로고를 실제로 사용해 보지 못해 아쉽고 미안하다.

미니샵에선 기본적으로 유기농 쿠키와 음료를 만들어 판매했고, 정찬이가 새로운 메뉴를 실습하면서 시식 및 판매 활동을 꾸준히 진행하였다. 중등과정의 학생들이 인턴십, 자원봉사 혹은 아르바이트 형태로 일하기도 했는데 가장 오래 애정을 가지고 일했던 정희와 종욱이가 기억에 남는다. 또 한 사람, 참으로 성실하게 미니샵을 지켜 준 청년 박하가 있었다. 박하는 성장학교 별을 졸업하고 제과 제

빵을 전공한 청년이었는데, 그 당시는 일 가르치는 데 몰두했던 시절이어서 동등하게 동료로서 보낼 수 있었던 좋은 시간을 놓치고 잔소리만 해 댄 것 같아 아쉽고 미안하다. 유기농 재료를 써서 건강한 쿠키를 만드는 걸 지향한다고 아무리 설명해도, 버터 대신 쇼트닝을 쓰면 훨씬 맛있다고 우기던 박하가 가끔 생각난다.

2010년에는 도움이 필요한 타 학교 학생들에게도 인턴십 기회를 제공했다. '배움터 길' 학생 둘이 인턴십을 했는데 희성이란 친구는 본인의 졸업 프로젝트로 미니샵에서 실습 후 본인 학교에 돌아가 쿠키를 만들어 판매하기도 했다. 경복고 학생이었던 민서도 역시 미니샵에서 만든 쿠키를 안국동의 카페에 납품했는데, 민서는 이 프로젝트를 '작은 CEO'라 하며 좋아했었다. 이 밖에도 선유고 학생 1명, 졸업한 청년 3명이 미니샵에서 실습 과정을 가질 수 있었다.

11학년 담임이었던 사이다가 진행했던 일머리실험실의 미니샵 활동도 빼놓을 수 없다. 이들은 미니샵이 문을 닫는 오후 5시 이후부터 일을 벌이는 프로젝트를 진행했었고 그 활동과 수익금 분배는 미니샵과 연계해서 했다. 쿠키 워크숍을 열어 정찬이가 비장애 학생들에게 가르쳐 주기도 했고 직접 쿠키를 구워 학교 행사 '시의 밤'이나 하자센터의 '달시장'에 판매했다. 그리고 '라면데이'나 '주먹밥데이'를 운영하여 저녁 시간 미니샵을 복작복작 살아 있는 공간으로 만들었다. 그 외에도 미니샵에선 방과 후 제과 제빵 교실과 중등 제과 수업이 주기적으로 열렸다.

2012년 2월, 예비사회적기업 사업이 끝나며 사회적기업으로의 전환은 어렵다 판단하고, 졸업을 한 정찬이의 본격적인 마을살이를 고민하기 시작했다. 사실 이런 미니샵 프로젝트를 운영하기엔 난 여러모로 부족한 사람이었다. 한편으론 이 프로젝트를 하며 가장 큰 배움을 얻은 것은 나라는 생각이 든다. 그 3년 동안 헤매고 나니, 막연히 생각하던 장애인 작업장을 어렴풋하게라도 윤곽을 그릴 수 있었고 일터에서 가장 중요한 게 '사람'임을 깊이 새기게 되었다.

## 시즌 2, 성미산좋은날협동조합

실험적인 미니샵 프로젝트가 학교에서 그 1부를 마치고 이제 마을에서 2부를 새롭게 진행할 수 있었던 것은, 때론 열정적으로 때론 진지하고 유쾌한 상상력으로 많은 시간을 함께했던 교사들이 있어 가능했다. 정찬이 졸업식에서 교장인 스콜라가 해 준 축사는 아직도 선명하다. "정찬이의 성장은 그 자체가 성미산학교의 역사입니다." '이제 성인이 된 정찬이는 마을에서 어떤 모습으로 지내야 하는 걸까?' 이 물음은 나만의 고민이 아니었다.

2012년 봄, 성미산학교를 졸업한 부모들과 아직 학령기의 자녀를 둔 부모들이 함께 고민을 나누고 미래를 의논하게 되었고, 이 모임을 '성미산장애인마을공동체'라 이름 지었다. 여러 전문가들을 초빙해 교육을 받기도 했는데, 일본의 '왓빠공동체'에서 6개월을 같이 생활하고 그곳의 생활을 영상으로 담아 온 심민경 다큐멘터리 작가와의 만남이 기억에 남는다. 초기부터 함께한 거동이 불편한 한 중증 장애인을 언급하면서 그분과 함께 일하고 생활하고자 했던 것이

왓빠공동체를 20년이 넘게 유지하게 한 힘이었다는 말은 지금도 큰 울림으로 남아 있다.

그해 가을, 부모들과 떠난 모꼬지에서 좋은날은 더치커피 사업을 제안했다. 더치커피를 맛보며 더치커피는 8시간 동안 천천히 추출되므로 서두르지 않고 그 시간 동안 나머지 작업을 우리 아이들과 함께할 수 있다는 좋은날의 설명에 모두 흥분되어 기뻐했었다. 건축가, 사회복지사, 특수 교사, '연두커피인터내셔날' 대표까지 다양한 직업을 갖춘 부모들로 구성된 이 팀은, 단기간 내 각자의 특기 분야에서 준비를 해 나갔고 그렇게 사업은 일사천리로 진행되었다. 2013년 3월, 장애인 자녀를 둔 일곱 가구와 울림두레생협, 대동계, 성미산학교 교사상조회, 그리고 마을분들의 출자로 성미산좋은날협동조합이 설립되었고 '좋은날 더치커피'를 생산하기 시작했다. 더치커피는 울림두레생협 성산점 입점을 시작으로 경기남부두레, 고양파주두레로 판로가 확대되었고 그해 서울시 마을기업에 선정되었다. 약 2년 동안 재정적 어려움도 겪었지만 2015년 4월부터 두레생협연합 약 100여 개 점에서 판매되기 시작하면서 공방 경영은 점차 안정되어 갔다.

현재 좋은날더치공방에서는 청년 직원 정찬이, 소정이, 성준이가 시간제로 근무하고 있다. 성미산학교 11학년 혜린이와 준형이가 인턴십을 거쳤고 현재는 대웅이가 인턴십을 하고 있다. 최근에는 정찬이와 중등과정 동기인 민수와 12학년 다운이가 시간제 직원으로 결합하여 공방에 활력이 넘친다. 사실 이들은 너무도 자연스레 도움이 필요한 직원들과 어울리며 일하고 있어 앞으로 좋은날더치공방은 이렇게 마을의 청년들과 장애를 가진 친구들이 자연스레 어울려 일하는 형태로 가면 좋지 않을까 하고 그려 본다. 또 지역의 중학교 학생에게 직업 체험 교실을 열기도 하는데, 특히 직업 체험을 할 곳이 없는 도움반 학생들에게 소중한 기회가 되고 있다.

성미산좋은날협동조합이 만드는 좋은날 더치커피의 힘은 무엇일까? 난 우리 청년들이라 생각한다. 물론 커피의 장인인 좋은날이 기술을 전수해 준 덕이 크고 연두커피인터내셔날의 원두가 최고 품질의 맛을 낸다는 것도 알지만. 다른 매장보다 울림두레생협 성산점에서 높은 판매를 보이는 것은 좋은날협동조합의 과거와 현재 스토리를 알기 때문이라 생각한다. 이렇게 청년들은 마을에서 더치커피를 생산하는 생산자로 또 자신이 번 월급을 마을에서 쓰는 소비자로 마을 사람들과 관계를 맺으며 살아간다.

숨 가쁘게 보내 온 지난 3년 반, 부모들이 힘을 모아 마을에서 일을 벌일 수 있도록 아낌없이 사랑과 애정을 쏟아 준 메이, 나의 동지가 되어 아이들과 함께 소중한 시간을 함께한 비우……, 새벽녘 커피가 똑똑 떨어지는 더치커피 기구 앞에 셋이 앉아 설레고 행복해 했던 기억을 오래 간직하고 싶다.

앞으로의 이야기는 아직 잘 모르겠다. 또 어떤 어려움이 날 흔들어 놓을지. 요즘 아들과 난 이제야 마을에 살짝 한 발을 들여놓은 기분이 든다. 마을도 우리가 옆에 있다는 것을 알고 우리의 작은 손을 더욱 굳게 잡아 줄 거라고 믿는다. 그렇게 시간이 흐르면 또 어떤 모습으로 우린 마을에 서 있게 될까라는 생각으로 두렵고 설레는 밤이다.

교육공동체 벗

교육공동체 벗은 협동조합을 모델로 하는 작은 지식공동체입니다.
협동조합은 공통의 목적을 가진 사람들이 모여서 만든
권력과 자본으로부터 독립된 경제조직입니다.
교육공동체 벗의 모든 사업은 조합원들이 내는 출자금과 조합비로 운영됩니다.
수익을 목적으로 하지 않기에 이윤을 좇기보다
조합원들의 삶과 성장에 필요한 일들과
교육운동에 보탬이 될 수 있는 사업들을 먼저 생각합니다.
정론직필의 교육전문지, 시류에 휩쓸리지 않는 정직한 책들,
함께 배우고 나누며 성장하는 배움 공간 등
우리 교육 현실에 필요한 것들을 우리 힘으로 만들고 함께 나누고 있습니다.


조합원 참여 안내

출자금(1구좌 일반 : 2만 원, 터잡기 : 50만 원)을 낸 후 조합비(월 1만 5천 원 이상)를 약정해 주시면 됩니다. 조합원으로 참여하시면 교육공동체 벗에서 내는 격월간 교육전문지 《오늘의 교육》과 조합 회지 〈벗마을 이야기〉를 받아 보실 수 있습니다. 출자금은 종잣돈으로 가입할 때 한 번만 내시면 됩니다. 조합을 탈퇴하거나 조합 해산 시 정관에 따라 반환합니다. 터잡기 조합원은 벗의 터전을 함께 다지는 데 의미와 보람을 두며 권리와 의무에서 일반 조합원과 차이는 없습니다. 아래 홈페이지나 카페에서 조합 가입 신청서를 내려받아 작성하신 후 메일이나 팩스로 보내 주세요.

홈페이지 commune but.com
카페 cafe.daum.net/communebut
이메일 communebut@hanmail.net
전화 02-332-0712, 070-8250-0712
팩스 0505-115-0712

# 교육공동체 벗을 만드는 사람들

※하파타 순

후쿠시마 미노리, 황지영, 황정일, 황정인, 황정원, 황이경, 황윤호성, 황순임, 황봉희, 황기철, 황규선, 황고운, 홍정인, 홍유지, 홍용덕, 홍순성, 홍세화, 홍성구, 홍석근, 현복실, 현미열, 허효인, 허창수, 허성균, 허보영, 허기영, 허광영, 함점순, 함영기, 한학범, 한채민, 한지혜, 한은옥, 한영옥, 한영선, 한소영, 한성찬, 한봉순, 한민혁, 한만중, 한날, 한길수, 한경희, 하정호, 하인호, 하승우, 하승수, 하순배, 하광봉, 탁동철, 최희성, 최현숙, 최현미, 최진규, 최주언, 최정윤, 최정아, 최은희, 최은정, 최은영, 최은숙, 최은경, 최윤미, 최원해, 최영식, 최영미, 최연희, 최연정, 최애영, 최승훈, 최승복, 최슬빈, 최선영, 최선경, 최봉선, 최보람, 최병우, 최미영, 최미선, 최류미, 최대현, 최기호, 최광용, 최경미, 최경련, 최강도, 채효정, 채종민, 채윤, 채옥엽, 채민정, 차종숙, 차용훈, 진현, 진주형, 진용용, 진영준, 진낭, 지정순, 지수연, 주윤아, 주순영, 주수원, 주희정, 조형식, 조현민, 조향미, 조해수, 조진희, 조지연, 조준혁, 조주원, 조정희, 조용현, 조용성, 조원배, 조용진, 조영현, 조영욱, 조영실, 조영선, 조여은, 조여경, 조수진, 조성희, 조성실, 조성배, 조성대a, 조성대b, 조석현, 조석영, 조문경, 조남규, 조경애, 조경아, 조경삼, 조경미, 제남모, 정희영, 정희선, 정홍윤, 정혜령, 정현진, 정현주, 정현숙, 정혜레나, 정태회, 정춘수, 정철성, 정진영a, 정진영b, 정진규, 정종헌, 정종민, 정재학, 정이든, 정은희, 정은주, 정은균, 정유진, 정유숙, 정유섭, 정원탁, 정원석, 정용주, 정예슬, 정영현, 정영수, 정애순, 정수연, 정선영, 정보라, 정민형, 정미숙a, 정미숙b, 정명숙, 정명영, 정득년, 정대수, 정남주, 정광호, 정광일, 정광필, 정경원, 전혜원a, 전혜원b, 전정희, 전정훈, 전유미, 전세란, 전병기, 전민기, 전미영, 전명훈, 전난희, 장홍월, 장현주, 장인하, 장은하, 장은미, 장유영, 장원영, 장시은, 장상욱, 장병우, 장병학, 장근영, 장군, 장경훈, 임혜정, 임향신, 임한철, 임지영, 임중혁, 임종길, 임정은, 임선수, 임은우, 임수진, 임성비, 임성무, 임선영, 임상진, 임동헌, 임덕연, 이희옥, 이희연, 이효진, 이화현, 이호진, 이혜정, 이혜린, 이현, 이혁기, 이향숙, 이한진, 이태영a, 이태영b, 이태구, 이충근, 이초록, 이진혜, 이진주, 이진숙, 이지혜, 이지혜b, 이지현, 이지향, 이지영, 이지연, 이중석, 이주희, 이주탁, 이주영, 이종찬, 이종은, 이정희a, 이정희b, 이재형, 이재익, 이재영, 이재두, 이인사, 이은희a, 이은희b, 이은행, 이은진, 이은주a, 이은주b, 이은영, 이윤숙, 이윤정, 이윤엽, 이윤슬, 이윤선, 이윤미, 이윤경, 이유진a, 이유진b, 이월녀, 이원남, 이용환, 이용석a, 이용석b, 이용기, 이영화, 이영혜, 이영주, 이영아, 이영상, 이연진, 이연주, 이연숙, 이연수, 이승헌, 이승태, 이승연, 이승아, 이슬기a, 이슬기b, 이순임, 이수정a, 이수정b, 이수연, 이수미, 이수경, 이소영, 이성희, 이성호, 이성원, 이성숙, 이성수, 이설희, 이선표, 이선영a, 이선영b, 이선애a, 이선애b, 이선미, 이상훈, 이상화, 이상직, 이상원, 이상미, 이상대, 이명준, 이병곤, 이범희, 이민아, 이민경, 이미옥, 이미래, 이문영, 이명훈, 이매남, 이동철, 이동준, 이덕주, 이노민, 이남숙, 이난영, 이나경, 이기규, 이근희, 이근철, 이근영, 이광연, 이계삼, 이경화, 이경은, 이경숙, 이경선, 이경렴, 이건진, 윤홍은, 윤지형, 윤종원, 윤우람, 윤영훈, 윤영백, 윤상혁, 윤병일, 윤규식, 유효성, 유재을, 유은아, 유영길, 유수연, 유병준, 위지영, 위양자, 원지영, 원윤희, 원성제, 우장숙, 우지영, 우완, 우승인, 우수경, 오혜원, 오중근, 오제혁, 오정오, 오재홍, 오은정, 오은경, 오유진, 오수민, 오세희, 오민식, 오명환, 오동석, 염정신, 여희영, 여태진, 엄장호, 엄지선, 엄재홍, 엄기호, 엄미숙, 양회연, 양해준, 양지선, 양우주, 양은숙, 양영희, 양애정, 양선화, 양선형, 양서영, 양상진, 안효비, 안찬원, 안지현, 안지윤, 안지영, 안준철, 안정선, 안용덕, 안옥수, 안영신, 안영빈, 안순억, 심향일, 심은보, 심승희, 심수환, 심동우, 심경일, 신혜선, 신혜경, 신총일, 신창호, 신창복, 신중화, 신중식, 신정환, 신은정, 신은경, 신유준, 신소희, 신미옥, 신관식, 송호영, 송혜란, 송현주, 송한별, 송정은, 송인혜, 송용석, 송승훈, 송명숙, 송근희, 손호만, 손현아, 손진근, 손은경, 손성연, 손미정, 손미숙, 소수영, 성현주, 성현식, 성윤진, 성용훼, 성영록, 성열균, 성상영, 설은주, 설원미, 선휘성, 선미라, 석옥자, 석경순, 서혜진, 서지연, 서정오, 서인선, 서이슬, 서은지, 서우철, 서예원, 서명숙, 서금자, 서강선, 상형규, 변현숙, 백현희, 백영호, 백승범, 배희철, 배주영, 배정현, 배정원, 배이상헌, 배영진, 배아영, 배경내, 방득일, 방경내, 반영진, 박희진, 박희영, 박효정, 박효수, 박환조, 박혜숙, 박형진, 박형일, 박현희, 박현주, 박현숙, 박현석, 박춘애, 박춘배, 박철호, 박진환, 박진수, 박진교, 박지희, 박지홍, 박지해, 박지인, 박지원, 박정화, 박성아, 박정미a, 박정미b, 박은하, 박은정, 박미희, 박은경a, 박은경b, 박유나, 박옥주, 박옥균, 박영실, 박신자, 박숙현, 박수진, 박세영a, 박세영b, 박성규, 박선영, 박복선, 박미희, 박명진, 박명숙, 박명수, 박도영, 박덕수, 박대성, 박노해, 박내현, 박나실, 박고형준, 박경화, 박경진, 박경주, 박경이, 박건형, 박건진, 민은식, 민애경, 민병성, 문정용, 문용석, 문영주, 문순옥, 문수현, 문수영, 문수경, 문성철, 문경희, 모은정, 마승희, 류형우, 류창호, 류정희, 류재향, 류우종, 류영애, 류명숙, 류경원, 도정splash, 도방주, 데와 타카유키, 노상경, 노미경, 노경미, 남효숙, 남정민, 남윤희, 남우경, 남원호, 남예린, 남미자, 남동현, 남궁역, 날맹, 나규환, 김희정, 김희옥, 김홍규, 김훈태, 김호영, 김효은, 김화석, 김혜란, 김현기, 김현진a, 김현진b, 김현주a, 김현실, 김현정, 김헌택, 김하종, 김필일, 김태훈, 김춘섭, 김천영, 김찬영, 김진희, 김진도, 김진명, 김진, 김지훈, 김지연a, 김지연b, 김지미a, 김지미b, 김지광, 김중미, 김근연, 김주영, 김종현, 김종진, 김종원, 김종욱, 김종성, 김정희, 김정주, 김정식, 김정삼, 김재황, 김재민, 김인순, 김이은, 김이민경, 김은파, 김은영, 김은아, 김은식, 김은숙, 김윤주a, 김윤주b, 김윤우, 김윤석, 김우영, 김우, 김용훈, 김용양, 김용만, 김용란, 김요한, 김영희, 김영진b, 김영진c, 김영주a, 김영주b, 김영자, 김영역, 김영태, 김규태, 김광희, 김고종호, 김경주b, 김연오, 김연미, 김애숙, 김애령, 김아현, 김순천, 김수진a, 김수진b, 김수정a, 김수정b, 김소연, 김세호, 김성탁, 김성진, 김성숙, 김성보, 김선희, 김선철, 김선우, 김선미, 김선구, 김석준, 김석규, 김상희, 김상정, 김상일, 김상숙, 김빛나, 김보석, 김보현, 김병희, 김병훈, 김병기, 김미희, 김민선, 김민곤, 김미경, 김미향a, 김미향b, 김미진, 김미숙, 김미선, 김무영, 김묘선, 김명희, 김명섭, 김동현, 김동훈, 김동일, 김동원, 김다영, 김기용, 김기태, 김광희, 김고종호, 김경주b, 김경엽, 김갑용, 김가연, 기세라, 금현진, 금현욱, 금명순, 권희중, 권혜영, 권태윤, 권자영, 국찬식, 구희숙, 구자혜, 구자숙, 구완회, 구수연, 구본희, 구미옥, 꽹이눈, 광흠, 곽혜영, 곽현주, 곽진경, 곽노현, 곽노근, 공현, 공영아, 고순식, 고진선, 고은미, 고정희, 고유준, 고영주, 고영실, 고병헌, 고병연, 고민경, 강화정, 강현주, 강현정, 강현이, 강한아, 강태식, 강준희, 강인성, 강이진, 강은영, 강윤진, 강영일, 강영구, 강순원, 강수미, 강수돌, 강성규, 강석도, 강서형, 강병용, 강경모

※2021년 5월 20일 기준 809명

* 이 책의 본문은 재생 용지를 사용해서 만들었습니다.
* 자원 재활용을 위해 표지 코팅을 하지 않았습니다.